U0870595

黑龙江冰雪民俗体育文化发展研究

冷 超 王克臣 林 岚 著

中国纺织出版社
国家一级出版社
全国百佳图书出版单位

图书在版编目（CIP）数据

黑龙江冰雪民俗体育文化发展研究 / 冷超，王克臣，林岚著 .-- 北京：中国纺织出版社，2019.4

ISBN 978-7-5180-6118-1

Ⅰ.①黑… Ⅱ. ①冷… ②王… ③林… Ⅲ. ①冰上运动—民族形式体育—体育文化—研究—黑龙江省②雪上运动—民族形式体育—体育文化—研究—黑龙江省 Ⅳ. ① G812.735

中国版本图书馆 CIP 数据核字（2019）第 071590 号

责任编辑：赵晓红　　责任校对：王花妮　　责任印制：储志伟

中国纺织出版社出版发行
地址：北京市朝阳区百子湾东里 A407 号楼　邮政编码：100124
销售电话：010—67004422　传真：010—87155801
http: //www.c-textilep. com
E-mail: faxing@c-textilep. com
中国纺织出版社天猫旗舰店
官方微博 http://weibo.com/2119887771
北京虎彩文化传播有限公司　各地新华书店经销
2019 年 4 月第 1 版第 1 次印刷
开本：710 × 1000　1/16　印张：16
字数：200 千字　定价：68.00 元

前言

民俗是人类文化的重要组成部分，是社会文化的重要分支之一。我国56个民族分布在不同的自然环境当中，几千年来为了适应不同的自然环境而形成了各自的风俗习惯和生活方式，共同为中华民族创造了丰富多样且各具特色的民俗文化。而民俗体育正是这个文化殿堂中的瑰宝之一。它们从不同的侧面和角度呈现了各个民族发展的历史文化和社会生活等，在整个中华民族文化的发展和形成过程中扮演着十分重要的角色。

我国是一个有着悠久历史的文化大国，各种物质文化遗产和非物质文化遗产都相当丰富。随着网络技术的普及和文化传播的全球化，我国面临着各个层面的挑战。作为我国宝贵的非物质文化遗产之一的民俗体育，也面临着多个层面的挑战。全球化发展到今天， 世界上不同区域间可以便捷和快速地开展交流，不同文化通过不同的语言和不同的人群深入交流。在这个过程中，竞技体育已发展到较高的水平，奥运会、世界杯、亚运会等各种大型赛事将全世界的人汇聚一堂。作为大众体育文化形式之一的冰雪民俗体育文化，在世界各国体育运动的发展中起着非常重要的作用，它承载着国家和地区传统文化的传承与发展，是人们的精神寄托。冰雪民俗体育文化已成为各民族之间的交流手段和重要的沟通桥梁。为了弘扬传统冰雪民俗体育文化，助力黑龙江冰雪经济的大力快速发展，针对黑龙江冰雪民俗体育文化进行了调查研究并写成本书。

本书共分为九章，主要包括我国民俗体育的历史、我国民俗体育的发展、民俗体育的特征和功能、民俗体育文化的生成机制研究、我国民俗体育对外传播策略思考、我国民俗体育文化定位、民俗体育地域性发展、民俗体育新语境发展、民俗体育的现代化、大数据与民俗体育传承、民俗体育文化保护、民俗体育价值、我国少数民族民俗体育的价值及传承、黑龙江民俗体育发展研究、黑龙江特色民族民俗体育发展、黑龙江民俗体育的开发、黑龙江民俗体育文化的传承等内容。本书适合民俗体育科研工作者参考使用，也可以作为体育相关专业学生教材使用。

本书为 2017 年度黑龙江省经济社会发展重点研究课题“黑龙江省冰雪民俗体育文化发展对策研究”（17035）的研究成果。感谢黑龙江省社科联的大力支持，感谢黑龙江省嘉荫县体育局的大力协助，同时也感谢领导、同事和朋友等的帮助。本著作中冷超负责全书统筹及第八章撰写，林岚负责第一章至第三章撰写，王克臣负责第四章至第七章以及第九章撰写。

限于时间仓促和民俗体育事业的不断发展与进步，书中难免有不足之处，敬请读者朋友批评指正，以便不断修订与改善。

冷　超　王克臣　林　岚

2018 年 12 月

目　录

第一章　民俗体育概述

第一节　相关体育概念阐释

要较准确地理解民间体育、传统体育、民俗体育、民族体育的含义及其相互关系，最主要在于明确它们各自的本质不同。目前许多学者对民间、传统、民俗和民族的概念及其本质在认识上存在一定的分歧。

一、关于民间体育

要理解“民间”，关键在于理解民俗的“民”和民间的“民”。研究者们对民间的“民”的理解是一个不断理性、明晰的过程。我国现代民间文化研究中民间的“民”历来被看作“下层百姓”。这种理解曾经两次带来民间文化研究的高潮。新文化运动时期多数学者把“民”等同于“国民”。不过事实上新文化运动时期的“民”指的是“下层国民”。新中国成立后一段时期内，学术界基于劳动人民是社会的主人这一点明确把“民”界定为“劳动人民”。将“民”界定为“劳动人民”的“民”实际上正是国家意志的反映。改革开放后，旧的“民间”或“民”概念逐步被替代。

1983 年，钟敬文教授主张“民”为存在各种内部差别的民族全体，改变了以往“民间”或“民”仅指劳动人民的说法，他认为人民群众如果从民族这个角度来看指的是世界各个民族的人民大众。国外民俗研究界对“民”的认识也经历了从“乡民”“古人”“陋民”等阶段，到“民”这个阶段则指的是“社会的人，群体的人”。邓迪斯教授在他的著作中提出了“社会群体”

的概念。"社会群体"推进了对"民"的范畴的理解。"社会群体"界定的"民"指的是任何由两个人或两个人以上组成的具有一些共同点的社会群体。目前，研究者们对"民"的含义的认识不再局限于中下层普通人民群众或非官方，形成的共识是："全民"和"一切人民群众"。例如，钟敬文教授界定"人民群众"为"人民大众"。邓迪斯教授界定"人民群众"为"社会群体"。

基于钟敬文教授、邓迪斯教授的认识，高丙中教授合理地拓展了民俗学的研究领域，他对民俗学的理论统一性开展了完整的阐述。他把"民"界定为"具有模式化的日常生活与日常文化的任何社会群体"。在钟敬文教授、邓迪斯教授、高丙中教授等研究者的坚持努力下，"民间"这个概念的外延得到了极大的拓展："任何'社会群体'都能够构成'民间'。"这反映出"民间"具有明显的民间性、大众性的特点。民间性、大众性正是"民间"的本质所在。

"人民群众"外延的广泛决定了"民间体育"外延的广泛。人民群众单次发生的一次体育行为就属于"民间体育"的范畴。例如，一群年轻人某次在足球场开展一场足球活动。这个体育活动就属于民间体育的一种。只是这些年轻人的足球活动是偶然发生的，不是传统性体育行为，没有形成固定的制度和传统。因此这些年轻人的足球活动不属于传统体育的类型。属于传统体育的如每年端午节的赛龙舟和黑龙江省回族的木球，朝鲜族的跳板，达斡尔族的波依阔、打滑跐溜，满族的冰嬉、珍珠球，蒙古族的赛马、摔跤，赫哲族的叉草球、拉爬犁、冰磨。龙舟比赛产生于民间，属于民间体育；同时，龙舟比赛又具有鲜明的传统性，在这个意义上还属于传统体育。

民间体育的主要特征是高度的组织化、制度化、专业化的体育活动形态。对于某个特定的体育活动，它在某种条件下开展可以被认定为民间体育，但换个条件也可能不属于民间体育。但是假如这些运动只是在人民群众的日常生活中开展，即使它不具备高度的组织化、制度化、专业化特征，这些体育活动仍然属于"民间体育"的范畴。

可依据是否具有传统性特征将民间体育分为传统体育、非传统体育。实际情况是，常常对比传统体育与现代体育。从历史发展和现实状况来看，传统体育与现代体育并不是泾渭分明、截然不同的。传统体育中孕育着现代体育的元素；现代体育吸收着传统体育的营养。两者其实是相互交融、“你中有我，我中有你”的。如今世界上流行的许多现代体育活动，大多数源自传统体育活动。例如，跨栏运动由18世纪英国青年牧羊者的追逐游戏演变而来；铅球运动由欧洲士兵掷炮弹演变而来。可以说，现代体育是传统体育的延续。在本书中打破传统体育、现代体育相对立、相独立的认识，依据起源时间把民间体育分为传统体育与非传统体育（这里把非传统体育界定为还没有形成传统的体育活动）。

笔者认为，一方面某个体育活动在被发明早期，由于未形成传统，没有被人民群众所传承，但是已经具备发展成传统体育活动的因素和趋势。例如，霍布斯教授在其《传统的发明》一书中列举了很多集中发明于19世纪的体育活动。霍布斯教授认为很多集中发明于19世纪的体育活动正是发明的传统所在。另一方面一些人从其他地区或者文化中学习特色的体育活动，然后赋予该体育活动新的元素或新的玩法，最终使该体育活动衍生成一项传统体育活动。例如，20世纪20年代，江西省永新县南唐村当地人民群众借鉴盾牌舞的活动形式，通过与当地的文化习俗相结合，赋予其生活化、仪式化特征，逐渐把盾牌舞融入当地人的民俗文化中。就这样，盾牌舞在当地逐渐演变为典型的民俗体育活动。基于此，笔者认为，非传统体育的一种发展路径就是演变成民俗体育或民族体育；非传统体育的另外发展路径就是没能得到延续、传承，最终走向消失。

综上所述，笔者认为，民间体育指的是在一定人群的日常生活中开展的组织化、专业化、制度化的体育活动。民间体育的组织化、专业化、制度化程度相对于奥运会、亚运会、世界杯、世锦赛等赛事来说还较低。例如，国际足联每四年举办一次的世界杯，是世界足球的盛世，就不属于民间体育；

世界各地的足球爱好者在日常生活中举行的足球活动则属于民间体育性质。这一点可以从以下方面进行理解。

第一，民间体育具有大众性、普遍性、易操作的特征。大众性、普遍性、易操作说明民间体育的特色自身并不十分突出。我们在界定民间体育的内涵与外延时没有必要突出它的特色。如果我们不能够充分证明民间体育的特点表现在哪些方面，就很容易压缩民间体育的外延，从而与学术界认可的“民间体育是一个外延极其宽广的概念”相冲突。因此，笔者认为，民间体育指的是存在于一定人民群众日常生活当中，还没高度制度化、组织化、专业化开展的体育活动形式。按照是否具有传统性的特征，我们可以将民间体育分为非传统民间体育和传统民间体育。

第二，民间体育的外延较为宽泛，它被分为非传统民间体育和传统民间体育。这一点可以理解为：有的民间体育不具有传承性的特点，有的民间体育具有传承性的特点。具有传承性的具体如民俗体育、传统体育和民族体育等。拿龙舟比赛来说，我国的民间龙舟比赛具有传承性的特点，它属于民间体育的范畴；现代竞技龙舟赛就不具有传承性的特点，对一些国外人来说，竞技龙舟赛就不是他们的民间体育活动。

第三，主体的类型不同。任何社会群体都有可能成为民间体育的主体。我们不应将民间体育的主体局限于人民群众。以民间体育的承载主体为例，某一民间体育活动的主体未必是该民间体育的创造主体。从大的方面看，民间体育由人民群众创造，而在某一项民间体育活动被创造出来后都可能被其他人民群众或者人群所开展。这一点说的是，特定人民群众所创造的民间体育活动并不仅仅由这一特定的人民群众所开展。民间体育扩布性和传承性决定了民间体育可以为任何地域、任何时代的人民群众所传承和开展。例如，发源于河南省温县的陈氏太极拳在创造出来后既在当地人民群众中传承，又传播到世界各地，受到世界上热爱太极拳的人民群众所传承。陈氏太极拳已经成为我国传统文化的瑰宝之一。基于这一点考虑，笔者认为，谁是主体直接创造对民间体育的概念界定影响不大，在界定民间体育内涵和外延时，不必探讨民间体育的创造者是谁。这是因为民间体育的创造主体并不影响对民间体育性质的界定。

二、关于传统体育

韦伯教授最早对传统和现代的类型学作出区分。韦伯教授之后，学术界在很长一段时期内就徘徊在传统与现代、过去与现在相对立的二元论中。不过，随着社会的发展和学术研究的深入，一些学者开始从二元论中挣脱出来。这些学者认识到，传统和现代、过去与现在并不是简单的对立关系，而是相互延续的共同体。诚如C. 克拉克洪教授所提出的“所有人类的社会，从最原始到最进步的，构成一连续体”，现代与传统并非泾渭分明。基于这一点考虑，一些学者深入探讨了传统的概念。例如，吉登斯教授认为所有的传统都是“被发明的”，他还认为，传统会基于各种因素被发明。我们不该总是认为，只有过去才有有意发明传统的情况，这种情况也存在于现在和未来。伽达默尔教授则把传统看作“一个流动的、生成的过程，而不仅仅是一种已经生成和已被规定了的在者”。

我们可从上述研究者对“传统”的界定中发现以下观点。第一，从时间和空间的角度来看，传统不是绝对的和静止的，而是相对的和动态的。传统一直处于不断形成、变化的过程中，只有经过一定时期的传承和积淀才可以称为传统。传统可以在过去和现在形成，还可以在未来形成。传统能够成为传统的非常重要的特征就在于其延续性。传统的延续性说明传统有扩展性。传统被特定的群体创造出来后，极有可能被其他群体传承，并成为这些人民群众的新传统。传统的延续性可从以下两方面来解释。①一些传统能够从其产生之时一直延续至今。②一些传统则是在历史上延续一段时期中断了，但对现代社会未曾产生影响。第二，传统与现代不是对立的。一些学者在研究中区分传统、现代只是论述的需要，不能说明传统、现代是绝对对立的。

第三，传统的创造主体是人本身。上述学者的观点并未强调传统仅由特定民族创造、延续。尽管世界各国的人民群众创造了所有的传统，但不能据此就说传统是由某一特定的民族独创的。原因在于，一些传统的创造主体并不具有民族的特点。这一点说的是传统不仅是由某一民族所创造和延续。例如，一些传统由某一行业和职业人群所创造并延续。这里的传统就不具有民族性特征。

基于对“传统”一词的理解，笔者认为，传统体育是某一民族、某一地区或某一群体的人民群众所创造的、能够传承的体育活动。例如，荡秋千是由我国苗族创造出来并在华夏大地上广泛流传的传统体育活动。黑龙江省冰雪运动项目是由黑龙江地区人民群众所创造并传承的传统体育活动。发源于古代战争的盾牌舞是由江西地区人民群众所创造并传承的体育活动。要断定某个体育活动是否属于传统体育，不是看其是否消失，而是看其是否能经一定时期的传承。那些在历史上曾经传承了一定时期但已消失的体育活动依然可以被看作传统体育活动。

例如，我国古代的体育活动——马球、投壶、樗蒲、蹴鞠等尽管已消失，但这些体育活动曾存在一定时期，且在当时的社会中具有一定的意义。因此，这些古代体育活动也属于传统体育活动。况且，并不是目前已不存在的体育活动就是永远消失在人类社会中。随着时间的发展，一些已经消失的传统体育活动仍有可能在某个时期重新回到人民群众的日常生活中。例如，原始的奥运文化在消失一段时期后，于19世纪又实现了复兴。历史学家汤因比教授曾在论述“文明的发展”时提出“退却与重回”的问题。这一点表明是否消失或消失过不是判断传统体育的本质和标准所在。我们对传统体育主体进行分析就会发现，在被创造出来后，传统体育活动既可在创造其的人民群众中得到传承，也能够在其他地域、其他民族、其他人群中得到传承。例如，荡秋千活动在许多区域、许多人群中间广泛流传。可以说，荡秋千活动富有明显的地方特色和民族特色。黑龙江省冰雪运动项目目前已经在很多地区受到人们的喜爱。陈氏太极拳目前不仅在河南省陈家沟流传，更流传在华夏大地上。起源于江西永新南唐村的盾牌舞已发展成为当地深受欢迎的传统体育活动。

从时间和空间的角度来看，传统体育可以是历史上被某个地区、某个民族或某个群体的人民群众所创造、传承。传统体育也可以是未来被某个地区、某个民族或某个群体的人民群众所创造的体育活动。例如，盾牌舞由古代士兵创造。不过，盾牌舞的创造者在盾牌舞被创造出来前并没有预测到其能传承至今，并且成为我国传统体育文化中的瑰宝之一。盾牌舞的创造者也不可能预测到盾牌舞能够发展成为他们后人所传承的民俗体育活动。

笔者认为，传统体育活动的传承性特征是由“传统”的本质决定的。传统体育和“传统”一样也一直处于被创造的进程中。当然，传统体育活动一直在不断地发展变化。传统体育活动在传承中出现变异是必然的。例如，荡秋千活动出现以后在我国各地区、各民族的呈现形式是不尽相同的。山西长治的“车链秋”、山东荣城埠柳乡的“龙门秋”与流行于云南的“转转秋”“磨秋”就各有其不同的特点。

综上所述，笔者认为，传统体育指的是人民群众创造出来的一种体育活动。对于后人来说，前人创造、传承的体育活动属于传统体育。从延续性的视角看，传统体育必须经过一定时期的传承。传统体育能够经过世代传承。在历史时期中曾传承一定时期但已消失的体育活动也属于传统体育。上文中说的马球、樗蒲、蹴鞠、投壶等已不存在的体育活动也属于传统体育。从时间的视角看，传统体育的创造主体可以是古人，可以是今人，也可以是后人。我们以现今作为参照界定传统体育的内涵和外延，不是我们否定传统体育被创造的实际情况，只是出于方便界定的目的。

三、关于民俗体育

国内学者关于民俗体育的界定还没有达成共识。《体育科学词典》一书将民俗体育界定为：“在民间民俗文化以及民间生活方式中流传的体育形式，是顺应和满足人们多种需要而产生和发展起来的文化形态。”余万予教授把民俗体育界定为：“在民俗活动中产生，依赖民俗节日发展，并在一定时空范围内流传的与健身、娱乐、竞技、表演有关的活动形式。”张鲁雅教授把民俗体育界定为：“民俗活动中的体育。”我国台湾民俗体育学者蔡宗信教授将民俗体育界定为：“一个民族在其居住的地方慢慢共同创造形成传统而延续下来的一种身体运动文化习惯。”综合上述概念，我们借鉴民俗学的相关理论，认为民俗体育指的是在一个民族或国家中，由广大人民群众所创造、运用和传承的一种特殊的体育文化形态。具体而言，民俗体育主要包括两方面内涵：第一，民俗体育是被广大人民群众所传承的一种特殊的文化形态。民俗体育在空间上可以扩布和传播，在时间上可以世代传承。第二，民俗体育存在于广大人民群众之中，人民群众既是民俗体育的创造者、运用者和传承者，又是民俗体育的载体。

如上所述，“任何社会群体都能够是民俗的‘民’”回答了民俗的“民”的相关问题。接下来，还必须弄清什么是民俗的“俗”。近些年来，国内外学术界对民俗的“俗”的范围认识也得到不断扩大，例如，钟敬文教授就把“俗”的含义界定为“类型的、集体的、继承的和扩布的”，具有这些特征的就可以称为俗。我们知道，“民俗”的“民”和“俗”并不是简单相加，我们只有充分理解民俗的本质才能理解“民俗”。有学者认为，民俗作为民俗学的研究对象，它指的是某个国家或民族中广大人民群众创造出来并不断传承的一种生活文化形式。尽管文化生活多种多样、五花八门，但能够被看作“民俗”的只有那些反映普遍模式的生活文化。从本质上来说，民俗是一种仪式化、程式化、模式化的生活文化。从这个角度看，民俗正是一种具有普遍模式的生活文化。从行为类型的角度看，我们也必须承认，民俗是一种传统的、扩布的、集体的、继承的行为，而不是人民群众中随机发生的行为。某个体育活动持续的模式化重复就构成了体育民俗。民俗的重复也不是随机或者随意的，而是按照严格的流程运行。这一点正说明，民俗中体现着一定的仪式化、程式化的元素。所以，仪式化正是民俗文化的重要特征之一，仪式是勾连民俗文化体的中介。从仪式的角度看，民俗文化也是一种蕴含着一定精神寄托的民间文化。

厘清了民俗的本质再来分析民俗体育的本质就水到渠成。作为民俗文化的重要组成部分，民俗体育的本质就在于其模式化、仪式化、传统性和集体性的特征。

民俗体育属于具有类型化、模式化的体育民俗文化。民俗体育不仅具有生活化的特征，还具有模式化的特征。在某一特定的群体的生活中存在着各种各样、五花八门的体育文化形式，其中只有具有模式化特征的体育文化才属于民俗体育文化。这些民俗体育的规则、制度在这个特定的群体的日常生活中不断复制，这些民俗体育的规则、制度在不断复制并被这个特定的群体的成员认同和遵守。例如，每年端午节，我国许多地方都会举行的民间龙舟比赛。这种民间龙舟比赛就是一种当地人民群众普遍认同和遵守的民俗体育活动形式。这种民间龙舟比赛的结构和模式都较为稳定，被人民群众多年不变地坚守着和践行着。

从本质上来说，民俗体育属于生活文化的一种。民俗体育贯穿于整个人民群众的社会生活之中。民俗体育主要依托人民群众日常生活中的风俗习惯。人民群众日常生活中的风俗习惯会传承民俗体育文化应有的责任和使命。民俗体育主要为适应人民群众的社会生活的需要，是人民群众日常生活的重要组成部分，为人民群众的日常生活服务。民俗体育可以作如下解释。

（1）民俗体育是在一定人民群众中流行的体育活动。人民群众传承和践行民俗体育活动，因此可以说人民群众正是民俗体育活动的“媒介”。民俗体育被人民群众创造出来后，就会在人民群众中传承，最终成为人民群众的民俗体育文化。不过，民俗体育的传播轨迹表明，民俗体育不仅被其创造者所传承，同时也会被其他地域、其他时期的人民群众传承和发扬。这一点可以以其他地区、其他民族、其他国家的人民群众都在参与龙舟比赛这一点来证明。

（2）民俗体育的仪式化。民俗体育常常融合在一定的仪式中，借助仪式化的力量得到持续的传播和传承。民俗体育常常融合在一些习俗和祭祀仪式中。例如，龙舟比赛在我国一些乡村地区常常和祭神或祭祖仪式结合在一起。这套祭神或祭祖仪式具有程式化和很强的稳定性等特征。

（3）民俗体育是传统体育文化的一种形式。从时间上来说，民俗体育会长期延续。民俗体育需要在时间上传承一定时期才能最终形成。有的民俗体育活动会传承一段时期后中断，然后又在某一时期复兴。例如，现代奥运会风靡全球，它正是古奥运会（古希腊民俗体育活动）在延续上千年后中断，然后又复兴称为现代奥运会的。这样的案例还有很多。从空间上来说，民俗体育会扩布到更大人群、传播到更大区域。在空间上，民俗体育可以扩布。这一点会使得民俗体育得到更多人民群众的传播。只不过民俗体育在传播到其他群体中后会衍生出多种样式。例如，龙舟比赛在我国许多少数民族中流传，并且已经成为这些少数民族的民俗体育活动。有的民俗体育活动被其他群体吸纳和借鉴，但是并未成为这个群体的传统体育，而仅仅是这些群体的民间体育。例如，龙舟比赛对于国外群体来说就不是民族体育活动，更不是民俗体育活动，而是民间体育活动。民俗体育毫无疑问属于传统体育。这一点说明，民俗体育持续处于被发明的过程中。民俗体育既可能出现在和过去，也可能出现在当今社会和未来。不过，民俗体育从来不会一成不变，它常常以发展、变化、创新的样态被传承。我们应该正视的一种情况是，一些民俗体育也会逐渐消失。

总体而言，笔者认为，民俗体育是为一定群体所传承的具有生活化、仪式化特征的传统体育文化。民俗体育是生活文化，也是体育文化。民俗是内涵和外延非常丰富的文化形式。民俗体育依附于某个民俗文化母体，它是某个民俗文化母体的重要组成部分。例如，龙舟比赛依附于传统民俗节日端午节，它是端午节文化的重要构成。民俗体育的形式不单纯是体育活动，它是文化统一体。我们可以将文化统一体分解为形式、内容和功能（或意义）三个要素来理解。基于此，笔者认为，我国一些少数民族也可将“荡秋千”活动依附于相应的民俗文化。在这些少数民族中，“荡秋千”活动蕴含着丰富多样的文化内涵，反映为相应的祭祀仪式需求。这里的“荡秋千”就不仅仅是强身健体的体育活动，而是具有了生活化、模式化、仪式化、传统性的特征。在这种情况下，“荡秋千”运动就具有民俗体育的元素和特质。而现今流行于一些公园、游乐场、商场里的“秋千”等并不属于民俗体育的类型。公园、游乐场、商场里的“秋千”等不属于民俗体育主要基于以下两点考虑。

（1）公园、游乐场、商场里的秋千活动的发生较为随意。公园、游乐场、商场里的秋千活动没有模式化和仪式化的特征，只是一个单纯、普通的体育健身形式。

（2）公园、游乐场、商场里的秋千活动将民俗文化统一体中的核心形式剥离出来，许多民俗体育文化体中的固定要素（如意义、功能、仪式等）都已经被淡化。在这种情况下，秋千的运动形式被保留下来，但“荡秋千”的民俗体育文化体中非常重要的仪式、意义、价值等已经荡然无存，突出的只是其娱乐、健康功能。

综上所述，经过现代化改造后的“荡秋千”“竹竿舞”“舞狮”等体育活动，就不属于民俗体育的范畴。笔者认为，要理解民俗体育的内涵和外延，必须把握以下几点。①民俗体育文化本质上是具有生活化、模式化、仪式化、程式化的传统体育文化。②民俗体育不单单是体育活动。它是民俗体育文化的集群，需要以一定的民俗文化母体为基石才能焕发光彩。

四、关于民族体育

笔者认为，理解民族体育的内涵和外延，关键点在于厘清民族的本质。根据学术界目前对民族的研究和认识，我们将民族研究分为三种学派。第一，强调纯主观性（如行为、感受、情感等）。例如，本尼迪克特•安德森教授指出：“民族认同是以一种想象的政治共同体，并且它是被想象为本质上有限的，同时也享有主权的共同体。”第二，通过强调民族的客观性，来界定“民族”的内涵和外延，如习俗、语言、文化背景、领土、制度和习惯等。这个流派的典型代表是斯大林。斯大林将“民族”定义为：“民族是人们在历史上形成的一个有共同语言、共同地域、共同经济生活以及表现于共同的民族文化特点上的共同心理素质这四个基本特征的稳定的共同体。”第三，针对上述两个学派概念的缺陷和不足，选择超越主观和客观因素的标准定义民族，典型代表是安东尼•斯密斯。安东尼•斯密斯将民族界定为：“具有名称，占有领土的人类共同体，占有共同的神话，共享的历史和普通的公共文化，所有成员生活在单一经济之中并且有着同样的权利和义务。”

尽管上述三个学派的观点侧重不同，但这些学派都公认民族认同的价值（例如，安东尼•斯密斯教授的“对公共文化认同”观点、本尼迪克特•安德森教授的“想象共同体”观点和斯大林的“表现于共同的民族文化特点上的共同心理素质”观点）。上述三个学派公认的“民族认同意识”是指对构成本民族特色文化的价值观、象征物、神话持续复制并重新解释。上述三个学派的观点中共同的点是“民族的本质在于其民族认同功能”。某个民族的文化传统和传统文化能够使得某个民族产生民族认同意识。安东尼•斯密斯教授说：“占有共同的公共文化并对这一公共文化传统认同是民族的关键特征。”因此，作为某个民族文化的重要组成部分，民族体育的本质是“能够使该民族产生民族认同意识的文化”。民族体育能够被称为民族体育，原因在于民族体育是为特定民族所共同占有和传承，并对民族认同意识的产生发挥重要作用。因为在特定的民族中有多样化的体育文化形式，只有那些为特定民族共同占有、传承并对民族认同意识的产生发挥作用的传统体育文化才属于民族体育，其他的已经存在的体育文化则不属于该民族的民族体育类型。例如，现代足球运动是流行于全世界各民族的体育活动，不过要认定足球运动为某个民族的民族体育就很难做到。这是因为，只要是特定民族所占有和传承并有利于该民族产生民族认同的传统体育文化就是特定民族的民族体育。

这可解释为：

（1）虽然许多民族体育活动的主体是该民族体育的传承主体，但是这并不是说某一民族体育的主体就是这个民族体育的直接创造者。一些民族完全可能从其他文化或者民族中吸纳某个体育文化活动。这些被吸纳的体育文化活动被改造以后，逐渐融合了特定民族的元素、气质。这些被吸纳的体育文化活动经过不断传承、发展成为特定民族占有、传承并产生民族认同的民族体育文化。如前所述，我国许多地区吸纳了赛龙舟文化，然后赋予赛龙舟文化各自文化特有的特质，最终成为特定民族的民族体育。

（2）许多民族体育并不为某个民族独有。许多民族体育也不单为一个国家独有。反过来说，民族体育可以由多个民族或国家所共同占有。例如，龙舟比赛存在于我国的许多民族和地区中，而荡秋千既存在于我国许多地区，也存在于朝鲜和韩国。所以，从这个角度看，民族体育在很多情况下超越了国家的界线。

民族体育作为民族文化的组成部分，也属于这个民族的传统文化。因此，笔者同意部分学者的“民族体育就是民族传统体育”的观点。理由如下：第一，民族体育属于传统文化，这说明民俗体育是动态的体育文化形式。民族体育可以产生于古代，也可以产生于当代和将来。第二，民族体育属于传统文化，这表明民族体育必须在一定民族中经过传承和完善。只有那些借助民族特色而产生民族认同意识的体育文化才能称为“民族体育”。民族传统体育在形式上属于民族体育。这一点如现今各个民族的民族体育文化。有些民族体育活动在某个民族中曾经延续一定时期并为民族认同发挥过作用，但如今已消失并对社会发展没有任何影响的体育文化形式也属于民族体育的类型。第三，从文化变迁的角度来看，民族体育并非一成不变，而是以变化、创新的方式而传承，其发展、变迁有多种路径可能。这些路径包括：一些民族体育可能会中断或者消失；其他的民族体育也可能以非民族体育或非传统体育的形式存在。例如，虽然龙舟比赛活动是我国的民族体育活动，但许多外国人开始喜欢并参与到龙舟比赛中来。对外国人来说，龙舟活动不是他们的民族体育，更不是他们的传统体育。

民族体育的主体多种多样，这一点可以概括为民族体育主体的多样性。民族体育主体的多样性表明民族体育的创造主体不等同于传承的主体。在创造某个体育文化活动后，某一特定民族可使得该体育运动形式在其内部持续传承。该体育运动形式也在不断传承的过程中成为该民族的民族体育，并带上自己的民族特色。与此同理，其他的民族也可能借鉴并传承该体育文化活动，并结合自身民族文化演变成民族体育。民族体育主体的多样性包括以下几种情况。

（1）民族体育的主体可能是一个民族中一部分特殊的人民群众群体，如苗族的“八人秋千”是苗族的民族体育活动之一。“八人秋千”主要流行于湘西地区，为当地的苗族群众运用。尽管“八人秋千”没有在所有的苗族人民群众中流行，但它依然能够使当地人民群众产生民族认同的情感。虽然许多民族也存在着“荡秋千”这个体育形式，但“八人秋千”这个活动形式应发源于我国苗族地区。

（2）民族体育的主体也有可能是某个民族的所有人民群众。例如，我国纳西族广大人民群众共同传承的“东巴跳”，就是产生民族认同意识的一种民族体育文化。

（3）民族体育的主体还可能是几个民族的人民群众。例如，龙舟比赛活动存在于我国许多民族中，为我国许多民族的人民群众所喜爱。尽管龙舟比赛在各个民族中各具特色，然而从整个中华民族的高度看，龙舟比赛就是中华民族的传统体育活动。

因此，民族体育是为某一个或某几个民族的所有人民群众，或某一民族中部分群体所共同传承的一种特有的体育文化形式。由此可见，民族体育是民族传统文化的组成部分。它能够使该民族的人民群众产生共同的民族意识。笔者认为，作为民族体育的本质属性所在，有没有产生民族认同是判断民族体育的问题所在。其他如“民族体育是该民族所创造的”“民族体育为一个民族或国家独有”等特征，不作为界定民族体育内涵和外延的关注点。我们在理解民族体育的本质以外，在判断民族体育时还应重视其传统性和主体多样性等特征。

第二节　我国民俗体育简史

作为我国传统文化的一部分，民俗体育具有较为漫长的发展历程，也积淀了很多优秀的文化形式。改革开放以来，我国社会各方面都取得了飞速发展。如今我国许多城市的基础设施建设越来越完善。越建越多的高楼已经严重挤压了人们娱乐活动的空间，可供民俗体育活动开展的场地也被压缩得所剩无几。加上人民群众对新的娱乐和体育运动方式的喜爱，使得许多风靡过往人们生活中的体育民俗活动（如掷沙包、跳皮筋、钓鱼、抖空竹、打陀螺、放风筝、跳绳、踢毽子等）渐渐淡出了人们的日常生活。

一、民俗体育的心理基础

我国古代由于交通基础设施和交通工具十分薄弱，整体的交通状况十分落后，使得我国古代大多数人民群众都居住于平原地区。基于自给自足的小农经济形成的民族心理导致了我们民族的生存过分依赖自然环境，而对自然环境的开发和拓展一直处于较为初级的水平。自强不息是中华民族精神的集中代表，中庸和谐的文化心态等是我国体育民俗文化形态形成的决定性因素。各种因素最终使得我国民俗体育形成了内向型、弱对抗性、弱竞争性、以追求身心平衡发展为目标的特征。

二、民俗体育的起源

1. 风筝的历史

风筝的支架最早用竹木制作。在我国古代，风筝又被称为木鸢。匠师鲁班是古代制作风筝的一把好手。鲁班曾经用竹木制作木鸢，木鸢制作成功后在天空上飞翔三天都没有落下来，传为千古美谈。到了五代十国时期，匠人李邺别出心裁地将竹笛拴在风筝上，风筝飞上天空时，在风的作用下飘舞翻飞，竹笛发出美妙的声音。正是从这时起，木鸢因而被命名为风筝。直至今日，风筝还是人们十分喜爱的民俗体育活动。

2. 陀螺的历史

陀螺的雏形“千千”最早出现在宋朝。它是当时深宫中的嫔妃、宫女用来打发时光的游戏形态。千千是针形物体，长约三厘米。人们将千千放在圆盘中，圆盘由象牙制成。人们玩千千的时候用手猛烈拧动，最终谁的千千转得最久，谁就是赢的一方。到了明代，千千变成了“陀螺”这个名词。最早记载陀螺的是明代的《帝京景物略》一书。该书详细记载了陀螺（木制）的造型和游戏规则。陀螺由木材制成，呈圆锥体形，上面大下面小。陀螺制作的重量和大小没有明确的规定。人们在玩陀螺游戏时先用绳子缠住陀螺的上半部分。然后猛然将陀螺放置于平地上，同时将绳子抽动，使陀螺产生旋转运动。陀螺在今天依然受到人们的喜爱，陀螺的制作也更加精良。

3. 踢毽子的历史

在我国，踢毽子是一项有着悠久历史的民俗体育形式。经常开展踢毽子活动有利于锻炼身体，有益于健康。我国的踢毽子活动起源于汉朝时期，于六朝、隋唐时期走向盛行，直到今天依然流行。这一点已经有很多文物及文献记载的证明。宋代高承所著的《事物纪源》一书中详细记载了踢毽子活动。其中有一段是这样的：“今时小儿以铅锡为钱，装以鸡羽，呼为毽子……毽儿者，垫以皮钱，衬以铜钱，束以雕翎，缚以皮带。儿童踢毽子，足以活血御寒。”明、清以后一直到今天，踢毽子活动得到了更加深入的发展，毽子的制作工艺也越来越丰富多样。

4. 跳绳的历史

我国古代，人们将跳绳称为跳百索。明代沈榜所著的《宛署杂记》一书中详细记载了跳绳活动。该书记载，明代北京城的孩童每年在新年后，常常聚集在一起开展跳绳的游戏。跳绳如今在我国少年儿童中仍然开展得十分普遍。

5. 荡秋千的历史

荡秋千活动最早出现在我国湘西苗族地区。在苗族地区流行的主要是“八人秋千”。荡秋千的其他游戏方法还有单人形式、双人形式、四人荡形式。清代诗人所写的“绿阴门前打秋千，无数娇娃争上前”这句诗正描写了许多儿童争相玩荡秋千游戏的情况。那个时候，有的人家在打谷场上架置秋千，供儿童玩耍；还有人家在大树下架置秋千；还有富裕人家在自家院落内架置秋千。近代以来，我国许多乡村小学、城镇小学及儿童娱乐场所几乎都架置秋千，供学生锻炼身体和游乐使用。

三、民俗体育的发展现状

1. 踢毽子

在如今的一些运动会（如民族运动会）中，踢毽子比赛已经发展成为一种对抗性较强的比赛。踢毽子运动的发展十分迅速。踢毽子运动无论是战术水平还是技术动作等方面都取得了显著提高。基于战术水平和技术动作的不同，踢毽子运动被分为多种类型，如单项比赛、团体比赛、单人比赛、花毽比赛等。踢毽子于 1984 年被正式列为比赛项目。这一年，国家体育管理部门组织开展了全国第一届踢毽子邀请赛。从此以后，踢毽子运动在体育管理部门的组织下走向了全国各省（市、直辖市）。各省（直辖市、自治区）相继组织开展了不同类型的踢毽子比赛，越来越多的人民群众参与到了踢毽子运动中。这一点充分证明踢毽子运动具有强大的生命力。在民间踢毽子活动广泛开展的前提下，一批高水平运动队和运动员如雨后春笋般出现，运动员技术动作的难度也日益加大。扣球、倒勾、凌空扫射等高难度动作大大提高了踢毽子比赛的观赏性。踢毽子运动的水平也取得了质的飞跃。踢毽子运动于1995年举办的第五届全国少数民族传统体育运动会上正式成为赛事固定比赛项目。随着我国改革开放的不断深入，踢毽子运动借助越来越多的对外文化交流活动走向了世界各地。例如，我国踢毽子队相继出访德国、日本、英国等许多国家，为世界人民带来了好的运动形式，传播了我国的传统民俗体育文化。

2. 打陀螺

打陀螺作为深受我国各地人民群众喜爱的传统体育活动，常常由人民群众自发组织。每逢春节等传统节日，我国许多地区的城乡居民都会举行打陀螺比赛。打陀螺比赛对场地的要求不高，只要平整即可，不需要很大，一片闲地、一块操场就可以称为陀螺活动的比赛场。陀螺目前按照尖部的形态可以分为平头、尖头两种。平头陀螺呈倒圆锥体形态，它上面平整，下面尖锐。尖头陀螺在一些地方被称为鬼头陀螺，它上面与下面皆尖锐。平头、尖头陀螺的比赛规则或玩法差别不大。目前，位于我国云南的基诺族会在每年举行的特莫克节上打陀螺。打陀螺已成为基诺族的传统民俗活动。

3. 跳绳

跳绳可以分为双人跳绳、单人跳绳，也可以分为短绳和长绳。如今，跳绳已成为我国各地基层运动会最常见的比赛项目之一。跳绳运动的玩法主要为：踏跳、摆绳动作协调一致；绳子摆动以后可以跳一次、跳两次或者跳三次；

跳绳者还可以根据个人情况做出花式跳绳动作。跳长绳时在绳子两端各有一人摇动绳子，一般需要至少 8 人参加。跳长绳输赢的规则为在一定时间内跳过的总人次数最多者为获胜一方，反之，为输方。跳短绳比赛一般需要 3 ~ 10 人一组组队参加比赛。跳短绳目前已成为一些体育项目训练中的辅助训练和体育比赛准备活动的一般内容。跳短绳对运动员的基本素质的锻炼和比赛状态的保持有较好的热身效果。随着跳绳项目的发展，短绳出现了带有计数器跳绳、闪光跳绳等高质量的辅助器材。1953 年，跳绳已被确立为全国少数民族传统体育运动会的固定比赛项目，并且延续至今。

4. 风筝

如今放风筝活动几乎风靡国内外。可以说，放风筝已经成为当今世界人们十分喜爱的民俗活动之一。放风筝活动适合每年的春季进行。风筝样式多样，大小不同，一般由竹条扎在一起形成骨架，然后把薄绵纸或者布等糊在骨架上，在骨架的几个部分系上长线。放风筝的时候，风筝需要凭借风的力量才能飞上天空。

风筝从翅膀上可以分为硬翅和软翅两种。风筝的形状上也多种多样，可以有人物形状或者动物形状等。风筝式样灵活多样，评价风筝制作得好坏主要为风筝的造型是否美观，风筝放飞以后能否飞得很高。自 1984 年开始，我国山东省潍坊市每年 4 月都会定期举办国际风筝节。“潍坊国际风筝节”每年举办一届。目前，潍坊市已经相继成立潍坊市风筝艺术研究交流协会、万华缘风筝艺术发展中心、山东省风筝艺术专业委员会等民间组织，以风筝为平台，树立潍坊的品牌，拉动当地经济社会的发展。国际风筝会的举办已经让潍坊市成了世界公认的“风筝之都”，也使得潍坊市的品牌传播到了全世界，对城市的经济、社会发展起到了很好的推动作用。放眼全国，随着宣传力度的加大和不断深入，风筝活动被人们赋予了新的意义和含义，放飞风筝自 1986 年开始作为竞技体育的一种已经受到越来越多人的喜爱，并被纳入了相关体育赛事的体育竞赛项目。

5. 玩沙包

沙包活动可供一个人、两个人、多人同时参与。它可以锻炼人民群众的脚力、腕力、臂力，对增强人民群众的肢体灵敏度和协调能力效果明显。沙包活动正是广大青少年喜爱的一种体育活动。沙包的玩法主要有掷沙包、顶沙包、抖沙包、丢沙包、抛沙包、抓沙包、绕沙包等。以掷沙包为例，具体玩法为：投掷者站在投掷线的后边，然后高举过肩向前方投掷沙包，哪一方投掷的比较远就算哪一方赢；丢沙包是一项相对简单易行的活动，它离不开团队配合，离不开团队意识，同时，丢沙包这个活动十分看重速度，这一点无疑能训练青少年的反应速度、移动速度，培养青少年的团队意识和集体主义精神。

6. 荡秋千

近期以来，随着田径运动和球类运动等现代体育活动的不断普及以及人们对体育锻炼的重视程度的提高，在我国许多地区，荡秋千活动已越来越普遍，成了青少年的定向活动。荡秋千在许多超市、儿童游乐场所、公园游乐场、公共活动场所等地随处可见。荡秋千活动于 1982 年第二届全国少数民族传统体育运动会上被列为表演活动。1986 年，国家体委制定、颁布的《秋千竞赛规则》中规定，荡秋千比赛有单人比赛、双人比赛和团体比赛等。荡秋千比赛在运动会中的比赛项目主要有高度赛（秋千板距地面高者越高的一方获得比赛的胜利）、打铃赛两种玩法。同一年，荡秋千在湖南省首届少数民族传统体育运动会上被列为比赛专项。荡秋千在 1986 年于第三届全国少数民族传统体育运动会上被列为竞赛项目。目前，荡秋千活动已经成为全国少数民族传统体育运动会的固定比赛项目。

7. 跳皮筋

跳皮筋在广大青少年中十分受欢迎，尤其是女孩。因跳皮筋不受气候、场地、人数等的限制，直到现在在我国许多地区还广受欢迎。跳皮筋主要有单人跳和集体跳两种玩法。单人跳的规则为：两人于两端拉着三四米长的皮筋，多人依次或单人轮流从晃动的皮筋间跳过，一定的时间内跳过的人数越多则获胜。集体跳需要多条皮筋，由多人同时参加。人们将这些皮筋拼成各种形状。这些形状可以是菱形、波浪形、八字形、斜线形等，也可以是五角形、四方形、三角形、多边形等。集体跳的方法与单人跳基本相同，不同的地方在于规则方面。这个不同主要体现在参与的人数。跳皮筋具有经济实惠、简便易操作、趣味性强等特征。参与者在这个过程中可以锻炼身体，陶冶情操。

四、民俗体育的新进展

我国的民俗体育是中华民族灿烂文化中的瑰宝之一。民俗体育在一定程度上反映了我国的历史、宗教、社会、政治、经济、文化、风俗、民族心理等，它是我国传统文化的重要组成部分。因而，我们应该在促进民俗体育发展中坚持科学发展、合理引导的原则。

1. 加强创新研究，走科学发展道路

现阶段，我们应不断加强民俗体育的创新性研究。我们可以借助经济学、社会学等学科的理论与方法，多角度、多方位地研究民俗体育的理论。只有不断创新，走科学发展的道路，民俗体育才能满足不同个体的不同兴趣需求。民俗体育的内容应适应现时人民群众的需求。民俗体育必须适应社会的发展需求，在满足以“全民健身、终身体育、大众体育”为主要内容的提高中华民族身体素质的需要，最终培养广大人民群众的锻炼习惯。健全民俗体育发展的理论体系，优化民俗体育锻炼项目形式和内容式样，使广大人民群众从总体上了解民俗体育的特征、民俗体育锻炼的相应影响。

2. 加强竞技性，走规范化道路

体育运动的魅力和优势最主要的就在于它的竞技性。竞争是人类社会发展的主要节奏。战胜对手、通过竞争获取胜利，最终超越自我局限，这一点恰恰是与人们不断开拓、追求进步的崇高理想相适应。另外，走规范化道路也要求建立完善的民俗体育活动竞赛规则。这样做的主要目的是践行公平竞赛的体育精神；定时举办全国民运会，树立民俗体育运动会的品牌和口碑。以目前来看，民俗体育规范化发展的方式主要为组织民俗体育比赛。我们应该加强对传统民俗体育活动的提高、改革和推广，通过完善民俗体育的游戏规则来增强民俗体育的可操作性、竞技性、针对性、社会性、有序性和时代性，充分挖掘民俗体育中的文化价值，为民俗体育带来现代性，推动民俗体育的创新。

3. 增强娱乐性和强身健体功能

审美和强身健体是体育活动最基本的目标。早在原始社会的末期，我们中华民族的祖先就出于强身健体的需要发明了“消肿舞”。“消肿舞”可以活动人们的关节，疏通血脉，最终促进身体的健康和协调。目前我们所推动的健康战略，无疑十分有利于弘扬民俗体育。民俗体育鲜明的娱乐性和强身健体功能，会使不同地域的人民群众都能够开展民俗体育活动，使参与全民健身活动的人遍及神州大地。同时，随着人们生活水平的提高，经济承受能力和宽裕的时间也是民俗体育发展的必要条件。在发展民俗体育的时候，我们可以将政府、社会力量、个体相结合，通过协调发展使民俗体育以更好的形式面向中华儿女，服务好人民，以此提高广大劳动人民的身体素质，增强广大劳动人民的健康。民俗体育活动以强身健体为目的。民俗体育的表演性项目和娱乐性项目较多。这些民俗体育活动一般都在下班以后或者放假以后进行。民俗体育活动可以用来庆祝佳节、丰收、婚姻等。在开展民俗体育的时候主要是将体育运动与娱乐元素融合起来，乐趣无限，能够很好地增强欢乐的气氛。民俗体育活动能通过体育运动愉悦人民群众的身心，陶冶人民群众的性情，最终满足人民群众的精神文化需求。

4. 加强民俗文化资源的开发

民俗体育目前还有待深入开发。民俗文化承担着重要的社会整合功能和意义。民俗文化与社会的稳定发展关系十分密切。作为民俗文化的表现形式之一，民俗体育具有生动、凝练的特征。民俗体育是世界各国文化交流的重要平台。民俗体育文化在国际文化交流中扮演着特别明显的角色。民俗体育的价值体现在体育领域和地区经济发展领域。民俗体育的社会价值主要体现在健康、娱乐、审美等方面。这些方面也是人们生活中的重要需求。深入开发民俗体育文化的过程一定是一种经济资源开发的有效过程。民俗体育促进经济贸易发展是十分重要、特别值得借鉴的经验。近年来，我国许多地方开展的民俗体育文化节就是很好的实践，如山东省潍坊市的风筝节。风筝节通过开展国内外的体育交流活动与风筝比赛活动，把风筝这种民俗体育活动的品牌宣传到世界各地，极大地促进了当地经济的发展。这种民俗文化节也是当今各国常用的方法和手段，受到世界各地的欢迎。很多在有限空间或者场地中进行的民俗体育活动正是在世界体育文化交流的过程中持续沟通、交流、互通有无才传播到世界各地。换句话说，我们还可以将民俗体育文化资源与旅游资源融合发展。通过创造条件把当地的体育民俗文化结合到旅游市场中来，积极调动人民群众参与体育文化的意识和热情，开发创意型的民俗体育活动。许多地方可以通过开展特色鲜明的民俗体育文化节，吸引人民群众观光旅游。通过发展旅游业来加强广告宣传效果，建立当地民俗体育文化的品牌效应，吸引更多的国内外投资，最终促进地方经济和社会发展。民俗体育的发展历史悠久，内涵和外延都特别丰富。体育民俗文化对经济、社会的发展，对自然资源与人文资源的整合发展有着十分深刻的启发与借鉴功能。民俗体育文化本身的开发利用已经成为经济、社会开发的重要资源宝库。

民俗体育常常以当地的经济、文化发展为背景，它在民间得到了充分的发展。随着社会观念的转变和人民群众生活方式的变迁，民俗体育的教育功能受到了一定的局限。笔者认为，我们当前传承发展民俗体育的主要目标就是深入研究民俗体育。我们应该摈弃民俗体育中那些迷信的、不科学的成分，去除其负面功能。我们应做精做细一些民俗体育项目，整合体育民俗文化资源，主要突出民俗体育与众不同的功能。目前，我们可以按照竞技性项目、休闲娱乐性项目、养身健体项目的分类将民俗体育文化项目传播到世界各地，以此来弘扬优秀的民俗体育文化。我们还可以发掘积极向上、科学合理的文化内涵，赋予这种文化以新时代的精神内涵，积极向全社会传播民俗体育文化。我们还可以借助不同手段尤其是互联网手段来宣传我国的民俗体育，将民俗体育作为体育文化的重要内容，最终使民俗体育文化在广泛开展的基础上得到更深入的发展，成为现代社会文化交流的重要形式及现代体育的有机组成部分。

第三节　我国民俗体育的发展

民俗体育是中华民族文化宝库中的瑰宝之一。多种多样的民俗体育从不同角度深刻地反映了中华民族的历史文化、民族心理、社会生活等。民俗体育在整个中华民族文化的形成、发展过程中扮演着特别重要的角色，发挥特别重要的功能。不过，在我国城镇化不断深入推进的今天，许多宝贵的民俗体育项目的发展正面临着越来越多的挑战和困难。本章笔者将对民俗体育发展中存在的问题进行分析，并对民俗体育的发展提出应对措施。

一、民俗体育厘析

因为现阶段民俗体育的研究还没有建立起明确的概念体系，目前仍然处于初级阶段，加上国内对于民俗体育的研究缺乏统一的标准和共识，我们很容易将民俗体育与传统体育、民间体育、民族体育等相关的概念混淆。

民俗体育是各种各样体育游戏和体育运动的总称。民俗体育与其他民俗文化紧密关联，它已经融入人们的日常生活、生产中，具有鲜明的风俗性和地域性特征。民族传统体育主要是指一个国家或民族在长期发展过程中不断形成的具有民族特色的体育活动类型。民族传统体育强调的是体育活动的民族性、传统性。从表层含义来看，民间体育指的是不同于官方组织的或区别于来自官方的所有体育活动形式。民间体育具有很强的基层性、群众性。传统体育强调的主要是历史意义。传统体育指的是在长期的发展过程中受社会、经济、文化、自然环境等影响而形成的、世代相承并流传至今的体育活动类型。民族体育主要强调体育活动的民族特征。民族体育指的是具有共同语言、共同生活、共同文化、共同价值观念的集合体所实践的体育类型。民俗体育、民间体育、传统体育、民族体育几个概念各有不同的侧重点，不过因为它们都植根于相应的民俗基础，这就是它们所具有的共同的民俗性。

民俗体育立足于民俗风情。民俗体育以其特别的娱乐性、仪式感吸引着越来越多的人参与到民俗体育活动中来。而人们通过举办这些活动来表达对神灵、先祖、自然的崇拜。这些活动不仅可以抒发生活中的各种情感，还可以传递对情人的爱慕之情，以满足人们的精神生活需求。而这些正是民俗体育能够延绵不绝、流传至今的主要原因。

二、我国民俗体育的发展现状

1. 民族体育运动会与民俗体育

改革开放以来，我国的社会事业发展不断走向深入，不断走向繁荣。同时，随着经济社会的不断发展，全国各地的民俗体育活动也不断发展。民俗体育近年来受到的重视程度亘古未有。许多民族体育运动会在全国轰轰烈烈地开展起来，不但全国性的民族体育运动会，省（直辖市、自治区）一级的民族运动会也开展得有声有色，为民俗体育的发展和推广贡献了应有的力量。全国少数民族体育运动会每 4 年举办一次。省（直辖市、自治区）一级的民族运动会一般是 1 年或者 2 年举办一次，有的则是 4 年举办一次。市（地、州、盟）及自治县（旗）不但要承办各省级运动会，有的还会举办低级别的少数民族传统体育运动会。目前，在我国各地已经形成了层次多样、规范有序的民俗体育竞技状态。各级别、各类型运动会的举办对我国的民俗体育活动带来了积极的意义。它们是民俗体育运动会展示和参与的很好的平台，能够很好地挖掘、推广和继承各种民俗体育活动。

2. 各种民俗体育活动日益增多

城乡民俗体育活动在各级政府的强力支持下发展日益普遍。这主要表现在：民俗体育活动在基层社区中开展得越来越多；参与到民俗体育活动中的人数越来越多；民俗体育形式多种多样；民俗体育活动在人民群众中的影响也越来越大。例如，辽宁省锡伯族民族乡在每年的农历四月十八都会举办西迁节，在西迁节上，人们举办摔跤、射箭、赛马等比赛项目；在广西的侗族、壮族居住区，许多乡镇都要于每年的正月十五、二月初二、三月初三举办“抢花炮”比赛，“抢花炮”比赛场面特别热闹，是民俗体育文化成功发展的典型体现。另外，许多民俗体育活动已成为城镇居民从事体育锻炼活动的主要内容，如土家族的“摆手舞”；彝族的“阿细跳月舞”；各族的“龙狮舞”。在一些主要的节庆期间，各种民俗体育活动都会作为人民群众开展活动的首选。这期间，政府和各个单位组织的民俗体育表演会占据荧屏或者街头。一些县城还会有贯穿整个城市的民俗体育表演。例如，毽球是北京的社会指定活动项目；上海也把毽球确定为社区居民的健身项目；而重庆市石柱土家族自治县则将摆手舞、竹龄球、板凳龙等活动纳入城市全民健身规划。

3. 人才培养走向正轨

1982 年，第二届全国少数民族运动会在内蒙古呼和浩特市成功举办。这之后，许多省（市、直辖市）都开始搭建局域特色的民族体育基地。搭建这个基地的目的是培养专业的民族体育人才。目前，全国已有近两百个民族体育基地成功运行。这些基地主要分布在各个高等院校里。例如，在北京市，中央民族大学、中国农业大学、北京体育大学、首都体育学院4所高校被北京市民委正式命名为“民族传统体育训练基地”。这4所高校主要进行蹴球、木球、抢花炮、高脚竞技、珍珠球、陀螺等民俗项目的强化训练。民族体育基地既负责民俗体育运动员的选拔和培养，也负责民俗体育运动员的集训。可以说，民族体育基地为民俗体育的传承和发展立下了汗马功劳。

随着全社会日益重视民俗体育的发展状况，许多学校都相继开设了层次不一的民族体育课程，完善了民俗体育课程体系，将民族体育教育融入学校正常的教育体系。自2000年开始，许多民族院校、体育院校和综合性大学的体育学院都先后开设了民族传统体育专业，部分院校还获批了相应的硕士点甚至博士点。这些高校为社会培养了大量的民族传统体育专门人才。

4. 与经济结合获得新生

21世纪以来，体育、旅游越来越走向融合发展。这种体育与旅游的融合发展使得我国的体育旅游产业突飞猛进、一路高歌，受到了人民群众的热烈欢迎。基于民俗体育文化的独特与多样，“民俗体育 + 旅游”的发展模式对我国整个体育旅游业具有十分重要的意义。例如，“环青海湖民族体育圈”把高原的旅游资源、民族风情、民俗体育融合起来，极大地树立了青海“民俗体育 + 旅游”的品牌，推动了青海民俗体育和旅游业的发展。“环青海湖民族体育圈”目前已经被国家体育总局确定为全国仅有的几个“体育圈”之一。

三、民俗体育发展中存在的问题

1. 民俗体育生境基础的破坏

不同类型民俗体育的基石和土壤是一定的生活生产方式、自然环境、文化底蕴和价值观念。当然，在当今全球化深入发展的背景下，民俗体育正受到强有力的挑战和困难。许多困难和挑战阻碍着民俗体育的生存与发展。自然环境是民俗体育产生、发展的基础条件，它为民俗体育的发展带来物质基础和空间。我国自然环境的多样与复杂在很大程度上塑造了民俗体育的丰富和地域特色。不过，随着经济、科技、交通、通信等的不断发展和完善，自然环境这个基础条件逐渐被淡化。人民群众的时间和空间观念日益被替代和更新。物质基础的改变和淡化使民俗体育失去了屏障，因此日益承受着外来民俗文化的巨大冲击和挑战。

民俗体育活动的产生与人民群众的生活、生产方式紧密相关。大部分民俗体育活动其实就是从人民群众的生活、生产经验中演变而来。例如，斗牛、跳竹竿、荡秋千等民俗体育活动起源于农耕生产方式；摔跤、骑马、射箭等民俗体育活动起源于游牧生产方式。不过，全球化进程的深入发展正给这种传统的生产方式带来撕裂式的改变。这是因为，全球化进程的一个内容就是现代生产方式的全球化和现代化。全球化进程在改变人民群众生活、生产方式的同时必定会改变原有民俗体育的生存和发展。

民俗体育的精神源泉是文化信仰和价值观念。文化信仰和价值观念对民俗体育的传承和发展起着十分重要的带动作用。基于这一点，许多外来文化的影响，极大地改变了人民群众的生活习惯和思维习惯。生活习惯和思维习惯的改变进而会改变人民群众的价值观念和文化信仰。许多少年儿童对现代体育文化的喜爱和追求导致他们完全没有兴趣，也没有耐心去学习传统体育民俗文化，传承就更谈不上了。

2. 民俗体育传承不足

民俗体育活动的持续开展、各式各样民族体育运动会的举办都给人民群众造成一种假象。这种假象就是民俗体育正走在一条越来越宽广的道路上。然而，我国的民俗体育正面临传承不足、人才缺乏的现实情况。一些体育民俗文化在现代化的冲击下已经消亡或者正在走向消亡。真实的情况是，我国社会正从农村化向城市化发展，体育民俗文化的特色区域受到挤压，并逐步减弱，甚至消失。

3. 民俗体育的不良变异

和面临消失危机、传承危机的民俗体育文化相比，那些能够为区域带来经济发展并得到更大区域的人民群众喜爱的民俗体育则牢牢地握住了时代发展的脉搏。当地政府的强力支持、商业化的运作模式、人民群众的主动配合等因素综合起来，推动着这些民俗体育的迅速、稳步、良性发展。不过这种发展的背后，也存在功利化倾向，弱化了民俗体育的祭祀、娱神、娱乐功能，不断减弱宗教意识、宗教感情，民俗体育原有的古朴、粗犷的气息被现代化的操作方式彻底改变。

四、民俗体育的发展对策

我国城镇化进程的不断加快和深入发展改变了原有传统的乡土化生活。传统的生活方式日益向现代生活方式转变。在这个过程中，传统的民俗体育形式或者规则的衰微在所难免。如何抢救、挖掘和保护许多优秀的体育民俗文化，并使这些体育民俗文化在社会主义建设中发挥活力是体育民俗研究的重要课题。

1. 挖掘整理

民俗体育与其他民俗文化形式一样属于我国的传统精神瑰宝。政府和研究机构应致力于民俗体育的保护、挖掘、整理及其相应的开发，通过复原、记录保存和提炼研究这些宝贵的民俗文化遗产来实现对其的保护。这个工作一方面离不开政府的长期投入（包括资金、人力、政策等）；另一方面需要科研工作者深入的研究。

2. 提高认识

民俗是人民群众的风俗习惯。民俗反映着人民群众的生活模式、行为模式、发展模式和思维模式。民俗产生于人民群众的日常生活中，并在人民群众的日常生活中发展、变异甚至走向消亡。由此可知，探讨民俗体育走可持续发展之路的主要措施，在于增强人民群众的自觉民族意识，增强他们对民俗体育的认同感，还可以通过开展比赛活动激发人民群众对民俗体育的兴趣和激情。当人民群众对民俗体育的认知度提高到一定程度，他们就会积极、自觉地继承优秀的传统民俗体育。只有不断创新、发展民俗体育，才能使民俗体育在社会的变迁中实现真正的发展，促使民俗体育保持强大的生命力。

3. 鼓励良性创新

社会的不断发展加上自然地理生态环境的不断变化，必定会使民俗体育在传承过程中发生变异。民俗体育文化的变异是必然的。不过，只有与时俱进、满足人民群众需求的变异，才是民俗体育文化能够生存、发展的最好途径。那些不适应时代发展变化及人民群众体育需求的民俗体育文化必定走向消亡。基于此，我们要使得民俗体育得到可持续发展就只有正确引导、积极鼓励民俗体育向良好的方向变异。

4. 构建以学校教育模式为主的发展机制

各级别、各类型学校是民俗体育文化持久传承的主要阵地。学校是培养民俗文化传承人才的场所。这就要求学校在课程设置、教学内容设计中适当增加民俗体育方面的技能和知识性内容。这样做十分有利于民俗体育文化的保护、传承。因此，我们应该通过各级别教育积极培养民俗体育的师资、从业者和科研人员，借助基础教育来完善民俗体育的发展链，培育以学校教育模式为主的民俗体育传承机制。

5. 全球化、产业化发展

全球化是大势所趋，是不可逆转的社会发展潮流。全球化难免会给黑龙江省的民俗体育发展带来影响。全球化和产业化发展已经被看作现代市场经济发展的三大基本趋势之一。作为一种文化现象，民俗体育要想在全球化的大趋势下求得生存空间，在市场经济浪潮中站稳脚跟，走国际化、产业化发展，就必须积极探索其全球化、产业化发展的路径。市场化道路是民俗体育传承的必经之路。民俗体育的产业化有利于带动区域经济、社会的发展，有利于推动民俗体育的多样化和生命活力，有利于有效地防止体育文化的同质化发展。目前，这一点已经得到一些民俗文化旅游项目的成功案例的充分证明。

第二章　民俗体育的特征、功能与价值

第一节　民俗体育的特征与功能

笔者认为，要深入理解民俗体育的特征，可以从两个角度来着眼。①民俗体育的本质属性所展现出来的特征，正是民俗体育的本质所在。②民俗体育在时空及社会发展活动中所呈现出来的特征，正是民俗体育的形象特征。本质特征和形象特征融合起来就构成了民俗体育的所有特征。

一、民俗体育的本质特征

1. 民俗体育的竞技性

“竞争”是自然界和人类社会赖以发展的规律所在，是生命界普遍的社会现象。民俗体育的竞技性是民俗体育的重要特征之一。这里所说的竞技性主要是指民俗体育活动中所包含的争胜心理。一般情况下，民俗体育中普遍含有程度不同的争胜心理。无论是水上类民俗体育、体操类民俗体育、跑跳投类民俗体育、球类民俗体育、射击类民俗体育、骑术类民俗体育、舞蹈类民俗体育、角力类民俗体育、游戏类民俗体育，还是其他类别的民俗体育活动，大都以竞争、输赢为乐趣。民俗体育的竞技性特征能够使得人民群众在竞争中获取愉悦感和满足感，还能够开启人民群众的心智、锻炼人民群众的意志。

例如，北魏时期，有一位叫游肇的侍中。游肇发现，北魏时期流行的各种棋牌类游戏都以“征杀攻取”为方法，其中包含着十分浓厚的竞技性元素。这一点与中庸的儒家思想相悖相杀。于是游肇发明了以“温、良、恭、俭、让”

为根本宗旨的以让为胜、以让为美的儒棋。最终这种饱含儒家思想的棋类游戏并没有在人民群众中流行起来，也没有取代那些含有竞技性元素的棋类游戏，原因就在于这种饱含儒家思想的棋类游戏违背了民俗体育的竞技性特征这一根本规律。所以，这个棋类游戏遭到人民群众的抛弃，始终没有流行、传承起来。因此，从这个角度来说，竞技性就是民俗体育的本质特征之一。失去了竞技性的民俗体育也就失去了娱乐性，从而进一步失去它赖以生存的社会基础。

2. 娱乐性特征

民俗体育的娱乐性特征主要是指人们通过民俗体育活动，可以迸发潜在的内在能量，可以享受到生活的乐趣，使得人们发自内心地抒发感情，增强对人生的信心。民俗体育在其产生初期并没有娱乐性，而是紧密结合生产劳动、军事斗争等与人类发展息息相关的活动。民俗体育的娱乐性是在发展到一定阶段后才逐渐强调出来的。

例如，放风筝最初产生是被用来“禳灾”的巫术。得病的人把疾病涂抹到风筝上，然后放上高空，再剪断风筝的长线，就意味着这种疾病随风筝飘飞而去，脱离病患，从而恢复健康。

再如，我国南方的采茶舞、台湾地区高山族的杵舞、秧歌舞及佤族的春臼都是人民群众对自己熟悉的农业生产劳动的模仿。采茶舞、杵舞、秧歌舞及春臼都透着富有象征性、主题审美体验的娱乐价值。一旦民俗体育被当作文化娱乐活动，它的主要用途就在于满足人们的生存、发展和享受的基本需求，因而民俗体育就具有了娱乐价值。正是从这时开始，民俗体育渐渐成为人民群众强健体魄、自娱自乐、沟通情感、美化生活、增强社会活力和凝聚力的重要载体和媒介。民俗体育以其丰富多彩的内涵、生动活泼的形态和扎实的地方特色，赢得了人民群众广泛的喜爱。因此，民俗体育已经成为人们娱乐活动的休闲娱乐和重要内容。

3. 民俗体育的依附性特征

民俗体育的依附性特征主要强调的是民俗体育的发展与人类社会的发展同进同退、紧追步伐。民俗体育的发展必须依赖人民群众的生活经验、生产劳动、婚丧礼仪、节令变化、文化信仰、图腾崇拜等行为。依附在生产劳动中的民俗体育活动各个群体都有。这一点大多表现在风调雨顺和五谷丰登、幸福安康等愿景。布依族的牛王舞，汉族的采茶、秧歌，壮族的蛤蟆舞等其实就承担了这个功能。以往，节庆项目特别多，在每个节庆项目中都必须有民俗体育活动的参与。

民俗体育的另一个主要功能是衬托婚丧礼仪的氛围。婚丧礼仪为一个人一生中十分重大的礼仪，我国各民族人民向来都非常看重。与此相适应的是，许多婚丧礼仪中都包含着一套完整的、流畅的民俗体育活动。有的民俗体育活动还和婚恋习俗中的民俗体育活动一样，依附在各个民族的丧葬习俗中。丧葬习俗中的民俗体育活动常常五花八门、式样繁多。例如，布依族有“甩糠包”、哈萨克族有“姑娘追”，云南佤族有“竹竿舞”“乌鸦舞”“摇篮舞”“扫帚舞”等。一些民俗体育则服务于信仰崇拜仪式，其功能也在传承与社会变迁中发生了嬗变。例如，彝族的摔跤活动初始功能在于祭神、禳灾、求雨，随着社会的发展，这种摔跤活动则融入彝族的传统节日“密枝节”“火把节”中，一步步衍变为饱含竞技性、娱乐性的民俗体育活动。一直到今天，民俗体育活动在人民群众广泛开展的广场文化、节庆文化、社区文化和文化下乡等活动中常常扮演着重要的角色，发挥着重要的功能。民俗体育正以其新颖的状态参与多姿多彩的活动中，多样、全面地融入各民族文化的历史长河中。

4. 民俗体育的差异性特征

民俗体育的差异性是民俗体育的重要特征之一。对于我国这样一个地域广袤、民族多样的国度，民俗体育文化必然存在明显的差异性特征。我们强调的差异性指的是同一民俗体育在不同民族中所具有的不同，以及在不同的地域中有不同的民俗体育活动世代传承。这种差异性特征是其在各个地域文化和物质生活的发展进程中一步一步形成的。例如，我国一些民族的民俗体育活动中，藏族的赛牦牛、傣族的孔雀舞、彝族的跳火绳、朝鲜族的顶水罐赛跑、纳西族的东巴跳等都是独一无二的，在其他民族和其他区域中是没有的。这些独一无二的民俗体育活动正反映了民俗体育的差异性特征。不过就算是同一类民俗体育活动，在不同的民族中也各具特色。就拿“摔跤”这项民俗体育活动来说，在不同的民族中就有不同的叫法和游戏规则：维吾尔族式摔跤被称为且西里，蒙古族式摔跤被称为博克，藏族式摔跤被称为北嘎，彝族式摔跤被称为格。这些摔跤活动都属于“摔跤”这一民俗体育形式，但在不同的民族文化中又各有不同，各具个性，因此都具有明显的差异性。

5. 共通性特征

民俗体育的共通性特征是民俗体育非常广泛、深刻的特征。世界范围内许多民俗体育的形成过程中都或多或少存在着相近、相似的元素。这些相近、相似的元素决定了民俗体育活动常常具有全人类的共通性。这一点是人类文化交流、融合的必然结果。以赛马活动为例，赛马是国际上许多民族的重要民俗体育活动之一。我国的回族、蒙古族、彝族、藏族、汉族、维吾尔族、水族、哈萨克族、苗族等都会或多或少地在各自的民俗仪式中开展赛马活动。我国蒙古族赛马比赛是那达慕活动、敖包会活动中最重要的戏份之一。

另外，蒙古族人民群众在婚礼中也会开展赛马活动。哈萨克族、锡伯族、塔吉克族、柯尔克孜族等民族中盛行的叼羊比赛也是赛马比赛一种特有的形式。哈萨克族的“姑娘追”也是赛马比赛的一种，具体游戏规则为：青年男女各骑快马，自由结对，男骑手在前面跑，女骑手在后面追，先追上的为获胜方。尽管不同民族赛马活动的形式和规则、玩法都有所不同，但它们仍然具有共通之处，就是都以马为游戏的核心。民俗体育的共通性特征是人类社会发展到一定阶段的产物。基于这一点，在世界各民族文化的传播、交流、融合中，那些具有民族特色的民俗体育活动有的已经演变为世界性的民俗体育项目，它们已经被全人类接受和认同。例如，流行于我国各地以及日本、泰国等国的龙舟比赛，已经逐渐成为世界性的竞技项目。

二、民俗体育的形象特征

1. 历史性特征

民俗体育的历史性特征指的是民俗体育在特定的历史时期所表现出来的形象特征。因为这种形象特征是民俗体育在特定的历史时期发展下形成的，所以，这种特定的历史时期发展下形成的特征被称为历史性特征。例如，我国的民俗活动之一——舞龙活动历史悠久、深入人心。根据相关文献的记载，最早在秦汉时期就出现了龙这种图腾的初期形象。西汉儒学家董仲舒在其所著的《春秋繁露》一书中记载，汉代就出现了“舞龙求雨”的活动。当时舞龙活动的主要目的是祭祀，仪式也十分隆重；也有一些存在于民间，满足人们的娱乐需求。当时的舞龙活动主要规则是春天舞青龙，夏天舞黄龙、赤龙，秋天舞白龙，冬天舞黑龙。这是受到“五行思想”影响的典型表现。董仲舒还记载了不同日期舞龙的颜色不同，判断舞龙输赢的标准也不一样。

另外，东汉学者张衡在其所著的《西京赋》中记载了舞龙的一种——“蔓延之戏”。“蔓延之戏”中记叙了舞龙表演的多种形式。当时舞龙活动的多样性反映了民俗体育的历史性特征。如今，我们在进行民俗体育研究与传承的过程中应该重视民俗体育的历史性特征。我们不能忽略民俗体育的历史性特征，这一点对民俗体育的发展具有十分重要的意义。

2. 地域性特征

十里不同风，百里不同俗。民俗体育的地域性特征指的是民俗体育呈现在空间上的特征。自然环境、社会环境、文化心态等方面的因素都会影响民俗体育地域性特征。民俗体育的地域性与民族性既紧密联系又有所不同。一定的民族会居住在一定的自然环境中，不同的自然环境会孕育出不同的民俗体育文化。一旦特定的文化传统和文化心理成为定式，民俗体育就会嵌入文化传统基因，搭载着文化母体被人民群众一代又一代地传承。这个时候，即使脱离了一定的自然环境，民俗体育本身还会继续传承与传播。

基于此，笔者认为民俗体育的地域性特征与民族性特征是有很大的区别的。相比于民俗体育的民族性特征，民俗体育的地域性特征就有更强的适应性。民俗体育的地域性特征受到一定地域的自然条件和地缘关系的制约，因而反映出不同程度的地域特色。例如，我国华北平原的季节性十分鲜明，地势平坦开阔，使得人民群众具备了广阔的活动空间。这种地域性特征决定了当地人民豪放豁达、开放坚毅的性格特征，基于这种性格特征所孕育的都是力量型的民俗体育项目，如赛马、摔跤、奔跑等就在我国北方比较流行。

我国南方地区地形以丘陵和山区为主，气候湿润温和，山水交融。这个地域特征孕育了人民群众细腻平和、富于思考的性格特征。这种性格特征孕育了技巧类民俗体育活动，如游泳、弈棋等。纵向来看，同一民俗体育活动内部也体现出明显的地域性。例如，我国北方的舞龙以“动”为主，突出龙豪迈、豁达的特征；我国南方的舞龙则以“静”为主，反映出龙的灵秀、敏捷的特征。

3. 传承性特征

民俗体育的传承性特征主要是指民俗体育在其发展过程中表现出来的延续性特征。这种延续性特征对民俗体育的发展来说具有普遍意义。从产生开始，民俗体育能够穿越历史长河不断传承，根本原因在于其契合了时代发展的要求。我们知道，任何文化在形成后都具有自身的规律，这种规律如基因般在人民群众中传播和传承。

正是这种规律性使得民俗体育文化绵延不绝、传承不息。民俗体育的传承性特征可以从以下两个方面来理解。①民俗体育的传承性特征可以理解为民俗体育在空间上的延长，这里主要强调的是民俗体育的传播过程。②民俗体育的传承性特征还可以理解为民俗体育在时间上的连续性，这里主要强调的是时间上的扩展。民俗体育的传承性特征使民俗体育文化成为一种时间文化与空间文化的综合体。这也就形成了民俗体育文化相互吸收、碰撞、发展、融合的现状。例如，起源于我国南方水乡的龙舟活动，经过上千年的发展传承，目前已经风靡全世界。不但我国各地，东南亚的许多国家也举办过多届各级别的龙舟大赛。可以说，龙舟比赛到今天已经发展成为国际性的竞技项目。民俗体育的传承性对一个国家的认同意识和凝聚力的培养十分重要。

4. 民俗体育的变异性特征

民俗体育的变异性特征指的是民俗体育在发展过程中所出现的渐进的适应社会变迁、时代发展的变化状态。这一点很好理解，民俗体育活动在古代是一个样子，到了现代则必须作出改变，要和现代人的生活习惯、心理特征相适应才能够真正地受到人民群众的欢迎。所以，民俗体育的变异性特征是必然的。我们传承民俗体育活动不是原封不动地、毫不变样地照搬照抄。相反，民俗体育活动正是随着地域传播、时代变迁，无论内容还是形式或者游戏规则都会有所变化，有的变化还显得十分突出。基于此，笔者认为，民俗体育的变异性特征和传承性特征是一对既对立又统一的特征。它们是民俗体育发展过程中的一对连体儿。只有在变异前提下进行传承，在传承的基础上发生变异的民俗体育才是真正有生命力的民俗体育。那些一味变异得不到传承的、只传承不变化的民俗体育几乎都消亡在人类发展的进程中了。民俗体育的变异性特征实际上是民俗体育文化得以发展和存在的根本动力。例如，我国的“傩戏”原是古老巫术的一种，主要功能是驱鬼逐疫。汉唐以来，傩戏不断发展、扩充、完善，样式越来越多，规模越来越大。随着社会的进步和民间艺术的发展，唐代后傩戏的性质发生了巨大的改变。这种改变主要体现在：①神秘的氛围逐渐淡化；②娱乐的价值不断增加。南宋时期，傩戏演变为傩舞。直到今天，傩舞仍在我国江西、湖南、贵州等省份的一些地区流传。

5. 民俗体育的观赏性特征

民俗体育的观赏性特征可以理解为：美的精神享受是任何地域、任何历史时代人民群众的共同心理追求。人民群众在参与或欣赏民俗体育活动时能从民俗体育活动中获取美的感受。人们借助感觉器官把这些富有乐趣的色彩、外形、声音、构象等美的元素相结合，最终形成了形式优美的活动形式。民俗体育活动能带给人民群众愉悦身心、沟通情感、撷取健康等美的感觉，能满足人民群众的精神文化需求和心理需求。例如，北方的秧歌和南方的花鼓或花灯，它们的共同之处在于特征性的动作都是“扭”。表演者以腰为轴进行扭动。扭动可以灵动地呈现出人体（尤其是女性）的曲线美。腰是一系列动作的发起点。一般情况下，一个节拍完成一次扭动。腰在承上启下中散发出一种扭的节律，给人以美的享受。再如，流行于我国民间的舞龙常常出现在逢年过节的民俗活动上。它集竞争性、技巧表演性、艺术观赏性、游戏娱乐性、趣味性于一体，给人民群众带来视觉的、力量的享受。我国的舞龙由于民族和地域的差异性，其种类、形式十分多样。不过这些舞龙活动均以娱乐心灵、锻炼身体为寓意，载歌载舞，鼓乐齐鸣，各种动作张扬又合理，充分反映出浓厚的人文特色和艺术美感，因而具有很高的欣赏价值。民俗体育大多融趣味性、健身性、观赏性、艺术性于一体。因此，我们必须科学开发、整理、利用、保护民俗体育文化资源，将民俗体育这个人民群众共享的宝贵文化财富发扬光大。

三、民俗体育的功能分类

一般情况下，我们可以从两个方面来理解民俗体育的功能：

（1）民俗本来应该能够承担的功能都是客观存在的，不以人们的理解不同、需求不同而强化或者弱化，因此这部分反映了民俗体育的“应然性功能”（应然性功能指的是能够直接被人们感知的、以显性功能的形式存在的功能形态）。

（2）我们还可以发现民俗体育功能的实用性、真实性。实用性、真实性功能主要反映的是民俗体育的实然性功能（因为这种功能大多数是被人赋予的，需要人们去领悟、去理解，不是民俗体育自然产生的，它是一种隐性特征，也是民俗体育功能的重要部分）。

因此，就民俗体育功能分类来说，民俗体育的功能主要体现在两个方面：①应然功能是民俗体育所自然具备的功能，是内在功能；②人类要求民俗体育具备的功能，即外在功能。从功能的表现形式看，我们可以将民俗体育的功能具体划分为隐性功能、显性功能两类。这两种分类方式表述上不同，本质上却相互对应。因此，为了阐述方便，我们将按照功能的同类性开展后续说明。

1. 民俗体育显性功能与内在功能分析

（1）民俗体育的显性功能。民俗体育的显性功能被人们掌握和理解较为容易。通过民俗体育这种文化形式人们可以很轻松地感受到它带来的推动教育、促进身心健康、娱乐心灵等功能。这些功能的表现方式有可能存在差异，不过，它们毫无例外地都能够带给民俗体育参与者最直接、最真实的感受。由此可见，这类功能都是民俗体育参与者能够在主观上感受的。我们可以发现民俗体育的这种功能具有一定的主动性。我们也可以说民俗体育的显性功能是主动生成的功能。

（2）民俗体育的内在功能。民俗体育内在功能主要包括四个：维系功能、促进身心健康、娱乐功能、教育功能。这四个功能可以看作民俗体育最基本、最原始的内在功能。这是民俗体育从体育、民俗两个母体文化中继承下来的显性基因。也就是说，只要有体育和民俗的存在，民俗体育的内在功能就会得到不断凸显。不过，这些功能也并非完全一成不变，这其中也会有一些细节上的变化，然后才呈现在人民群众的面前。例如，民俗体育具有增进身心健康的功能。身心健康功能在我国传统民俗体育文化中具体可以分为缓解心理压力、延年益寿等功能。这种功能使得我们更加注重民俗体育对于健康的调节作用。身心健康在西方民俗体育文化中更多的是指民俗体育对于健康的过程性功能，强调的是通过民俗体育塑造形体，调节在参与运动过程中的心理反应。不过，两者间存在的差异主要在于我国传统体育文化重内在、现代体育文化重力量和外在等。尽管两者的侧重点不同，但是民俗体育功能最终表现的结果却高度契合。综上所述，我们可以发现民俗体育的内在功能就是客观存在的。

2. 民俗体育外在功能与隐性功能分析

（1）民俗体育的外在功能。民俗体育的外在功能指的是民俗体育功能在实践过程中所呈现出来的功能。这个功能就是我们通常所说的人们需要民俗体育发挥的功能。民俗体育的外在功能主要包括民俗体育的被需求功能。在实际情况中，民俗体育的外在功能显然比应然功能内容要丰富多样一些，两者的形式也截然不同。这一点恰恰反映了民俗体育功能的融合性。民俗体育的外在功能主要表现在规范性作用方面。民俗体育的规范性作用更多的以民俗文化的规范性作用为基础，体育运动的形式只是一种辅助。例如，我国传统民俗仪式对婚嫁及男女间的爱情有着明确规范。这种规范非常严格、苛刻。民俗文化借助于体育活动的形式——民俗体育为青年男女的爱情提供了平台。例如，苗族在农历四月初八开展的打秋千、壮族在农历三月初三开展的抛绣球、布依族在农历六月初六开展的丢花包等都是在特定地点、特定时间所进行的，具有特定宗旨的民俗体育活动。因此，这一点正体现了民俗体育文化较强的规范功能。这是其他形式民俗文化所不完全具备的功能。

（2）民俗体育的隐性功能。民俗体育的外在功能几乎都是以隐性功能形式存在的。这一点主要体现在维系功能、规范功能两个方面。我国的传统婚嫁文化深受民俗文化的影响。婚嫁礼仪中常常会以很多仪式的方式充斥其中。基于此就诞生了很多民俗体育运动项目。例如，苗族的“抢牛尾巴”以及塔吉克族的“叼羊”等就是这样的民俗体育活动。这一类型的民俗体育运动项目所具有的显性功能就是娱乐功能。这种娱乐功能可以为婚礼仪式增添热烈、欢喜的气氛。但是，我们如果深入分析这一运动就会发现民俗体育运动同时存在维系功能、规范功能。“叼羊”和“抢牛尾巴”两种民俗体育其实都是隐喻和象征的手法。

怎样才能让其他人也享有战利品或者分享获取战利品的快乐呢？这个时候民俗体育就成为维系民俗功能、发挥民俗作用的平台。民俗体育文化对这种现象进行了调和，在一天一天的发展过程中就出现了“闹洞房”的风俗。“闹洞房”的目的在于让其他成员也能够分享战利品，这样就需要发挥民俗的维系功能，从而缓解其他成员的不良情绪、维系族群的团结和稳定。后来，随着社会的发展和进步，“闹洞房”这种民俗就被具有象征和隐喻意义的民俗体育运动项目所取代，这才有了今天大家所看到的伴随婚礼开展的“抢牛尾巴”“叼羊”等民俗体育运动项目。这一点指的是，除去娱乐的显性功能之外，这些民俗体育运动项目还有较为重要的隐性功能。而这些隐性功能对于规范人民群众的行为模式、维系族群的稳定有非常重要的作用。只不过很多时候，民俗体育的参与者并没有意识到这种功能的存在。基于此，笔者认为，民俗体育发挥其隐性功能常常需要借助参与者的参与过程。其隐性功能常常在无声无息中发挥出来。民俗体育的参与者大多数是一种被动参与模式。人们不是在民俗体育活动一开始就能够预料到所有结果的一种行为模式。这就意味着，与民俗体育的显性功能相比，民俗体育的隐性功能常常具有很强的被动性特征。因此，我们可以说，民俗体育的隐性功能是一种因为被需要而产生的功能。

四、民俗体育的功能

1. 自娱和和谐社会

作为与民俗文化相融合的不同形式的体育活动，民俗体育可使人们的情绪得到宣泄，心理得到充实，心智得到历练，因而最终民俗体育会有益于人民群众的生理健康、心理健康。民间游戏活动是民俗体育的重要组成部分。人类社会的民间游戏活动最早出现主要是劳动人民在劳作之后进行的一种自娱自乐的形式，这种游戏形式可以缓解疲劳，舒缓情绪，调节人们之间的关系。因为原始社会的生产力水平极其低下，生产关系也较为简单。当时的人民群众出于维持最基本的生存需要不得不付出十分艰苦的劳动。他们常常借助于闲暇时间的游戏活动来自娱自乐，其主要目的是通过平衡心理上的起伏和消除生理上的疲乏来调节人与人的关系，以及人内在的关系。

进入阶级社会以后，广大人民群众受到极为强烈的压迫，物质生活困苦、贫乏，生理上的负担沉重，心理上的压力也十分繁重。因此，一些民间游戏就成为普通人民群众进行自娱自乐和自我心理情绪宣泄的手段。由于民间游戏有利于协调人体功能，锻炼身体，抵抗疾病，还可以对心理的欢悦产生相当的影响。因此，这时候的民间游戏能够缓解不同层次人群之间的关系，为全社会的团结、稳定、安定等创造了一种和谐的气氛，有利于民族团结和民族认同的形成。因此，我国当时的一些统治者都希望借助与民同乐来加强对整个社会的和谐和稳定的作用。例如，到了盛唐时期，风调雨顺，粮食丰收，人民群众的生活相对稳定，社会经济达到了一定程度的繁荣。这个时候龙舟比赛活动得到了唐朝统治者的大力支持。他们每年都要在全国举办一次声势浩大的龙舟比赛活动。直到现在，龙舟比赛仍然是人民群众特别喜欢的一项民俗体育活动。再如，古代元宵节期间，各地都要举行观灯活动，这个时间段还有其他内涵丰富的民间游戏活动。这些民间游戏活动主要包括舞龙、扭秧歌、舞狮、踩高跷、舞狮等。这些游戏活动在传承的过程中其内涵得到不断的发展，最终形成了特有的娱乐风格和形式。这些民间游戏活动的特点是具有广泛的群众基础。人民群众以欣赏甚至参与到这类民间游戏活动或者叫作文娱表演中来而身心愉悦，参与的积极性很高。这样反过来也使得民间体育活动极大地得到了传承。

2. 承载优秀文化传统

民俗体育来自民间，它被人民群众共同喜爱和传承。民俗体育在人民群众的生产、生活中被一代又一代地践行和传承，世代相习。民俗体育的传承性主要依靠文化传统的统摄力、心理信仰的吸引力和习惯势力的约束力。民俗体育的传承性不是依靠法律规定、行政命令的力量。从文化变迁角度看，对我国大多数人民群众来说，当今世界流行的现代体育是一种外来文化。它是随着近代资本主义力量的野蛮扩张而传播到全世界的，不是由我国的传统民俗体育活动发展而来的。不过，正如我国的传统文化受到西方文化的冲击和挑战一样，随着体育活动的全球化和竞技体育项目的流行，我国民俗体育所受到的挑战和冲击也越来越多。从这个角度考虑，我国人民群众对于世界体育强国的愿望也越来越紧迫。有意或无意当中对民间、民俗体育的关注减少了，我国民俗体育的生存面临着较多的挑战。更可怕的是，一些人从心理上和习惯上对民间体育产生了漠视情绪——对自身民俗体育传统的漠视、否定甚至嫌弃。正是由于这一点，许多专家和学者都在呼吁找回自我、文化回归，民间体育也义无反顾地承载着传播、传承我国的民俗传统的艰巨任务。

3. 培养认同感，弘扬中华民族精神

国家认同和民族认同是一个国家与民族能够长期稳定的重要文化内核。认同感是一种使其群体成员对某些人或者某种组织比另一些人或者另一些组织感到更亲近、更契合的情感。它是一种能够使人们能够凝聚在一个群体或者组织中的情感形式。认同感的形成必须以共同的价值观念和伦理观念，共同的文化背景和心理体验、心理需求为基础才能形成。从国家认同和民族认同高度来讲，一些民间民俗体育活动确实能够起到使本民族、本群体产生认同感的作用。民间民俗体育活动还能够促使群体或者组织内部产生亲近感和凝聚力，把群体或者组织牢牢地凝聚在一起。例如，流行于国内外的龙舟比赛、风筝比赛等民俗体育活动就很好地发挥了国家认同和民族认同的功能。作为中国人，无论走到哪里，只要见到这些文化基因深处的民俗体育活动，都会产生深深的国家感情和民族感情。

早在三千多年前，我国的文献就有民俗体育活动的相关记载。这些体育活动是民俗体育文化的过去形态，但又孕育着如今的民俗体育文化。它既发展着本民族体育文化的个性，又承载着世界体育先进文化的融合和共同语言，最终形成了民俗绵延世泽、重道德、尚人伦、自然质朴、尊祖先、理解情感、眷恋乡土、崇礼教的民族品格和精神。民俗体育具有民族文化特征。而现在流行的体育形式大多源自国外。这些现代体育形态很难满足我国人民群众体育活动的心理需要和情感需要。这种情况急需体育主管部门积极引导并从政策上鼓励优秀的民族体育文化。

第二节　民俗体育的价值

一、民俗体育价值概述

价值是什么？这个问题关系着关于价值的讨论方面最基本的当然也最难回答的问题：那就是从价值本质上来说究竟是什么？无疑，我们这里所说的价值，是作为各种具体形式的价值而抽象存在。抽象主要代表了一定的价值对象对人类来说所具有的不同意义。各种价值学说对此观点基本认同：价值是主体与客体之间的价值关联。不过，在更进一步对价值的本质进行理解时，不同的学术流派观点截然不同。

总体来说，在价值本质问题方面拥有一定学术影响力的学说包括：关系说、观念说、属性说、实践说和实体说等。

观念说认为，人们把价值看作是人的情感观念、意向等，即看作一种精神现象。

实体说认为，价值是以独立形式存在的实体存在或现象存在。

属性说认为，价值是作为某些实体所固有的特殊属性而存在的。

关系说认为，价值不是实体所固有的属性，而是人特有的对象性现象。

实践说认为，价值是一种关系现象，是作为一种特定的关系态、关系质而存在。

实践说还认为，价值是人类生命活动即社会实践所特有的对象性关系——主客体关系，这些关系的基本内容和要素组成价值。

价值的本质，是客体属性同人的主体尺度之间的一种统一。在论及价值本质关系上，我国学者大多坚持了实践说，即用实践中的主客体关系去全面把握和衡量事物以及人的价值。第一，民俗体育主要通过人民群众的实践活动来完成。实践是民俗体育价值的主要来源。在人民群众的民俗体育实践中，民俗体育是通过相关的游戏规则、组织形式、器材器械和民俗体育参与者等来实现，其目的是要达到开展实践活动所期望达到的结果。在民俗体育实践过程中，凝结在民俗体育中的功能被人们逐渐发现和利用，并通过认知和评价，民俗体育价值和反价值才逐渐被人们认识和区分。民俗体育价值以民俗体育实践为基础，离开了实践，就不会有民俗体育价值。第二，民俗体育价值体系是人们与民俗体育之间进行交流的双边主导作用。民俗体育的价值在实践活动中逐渐被人们认识，这正是实现民俗体育价值的过程。更重要的是，人们还要将活动的价值反馈给民俗体育。人们在体验过民俗体育后，就会和原来认识的民俗体育价值展开对比，在对比过后，如果符合自己的意愿就接纳，不符合自己的意愿就放弃，如果部分符合就开展改变，使之符合自己的意愿。通过这样的双向交流与反馈，逐渐使民俗体育越来越符合人们的需求与意愿。第三，民俗体育的价值是立足于人民群众的需求，并满足人民群众的需求的体现。我们需要的是促使人民群众进行现实活动的动力和吸引力，在实践活动中这种需求主要表现出多样性、广泛性、层次感、多样性等特征。随着人们实践活动的深度认知与拓展，人们的需要层次也不断提高。民俗体育与人们不断发展变化的需要程度决定了民俗体育价值的大小。因此，民俗体育的价值也具有层次性，其外延随着人们的需要程度不断发展变化着。

二、民俗体育价值的主体

李德顺教授在其著作《价值论》中提出，主体指的是某个对象性行为中的行为者。民俗体育价值中的主体只能是人民群众。不但民俗体育活动是人的活动，而且民俗体育活动的最终目的也应当是人的幸福、健康以及全面发展，这正是科学发展观中以人为本的题中之义。这一点正如赵云宏、肖林鹏教授所说的：社会是人的社会，人是社会的人，社会的发展即是人的发展……把人置于发展的中心正是人类发展观转向发展目标的社会化方向的重要步骤，即从以往的以物为本位发展理念和发展模式转变为以人为本位的发展理念和发展模式。这种发展观的实质是人的全面发展的转折，并促进人的个性全面发展，促进人的各种潜能发挥。民俗体育价值主体是人，人的现实需要结构以及需要形式决定了人们对于民俗体育的价值认知与选择。不但马克思对人们的需要有生存需要、享受需要和发展需要的区分，众多社会学家、心理学家也从不同角度阐述了自己的观点与学说，比较有代表性的是美国心理学家马斯洛教授的需求层次理论。在马斯洛先生的理论中，人类的需要被分为生理需要、尊重的需要、安全的需要、自我实现的需要和爱的需要。例如，观赏类民俗体育活动——“斗拐”为例，我们可以很明显地发现，“斗拐”活动在初创期间主要以满足人民群众的生理需要（这种生理需求表现在人们对身体力量发展和灵活性提高等基本需要方面）为前提。人们在第一层次的需要得到满足以后，才能在参与过程中不断发现自己从实践中所提取的与人各种需要相对应的价值。例如，民俗体育活动中压力可以得到释放、身心可以得到愉悦，还可以加强与他人的沟通交流，在活动中获得集体归属感、自我实现感、自我挑战感等。承认和重视人的主体地位，就是在发展民俗体育过程中，注重人的主体性，一切以人的发展、自由与幸福健康为出发点和归宿。

人的主体性是指人在自己对象性行为中的权利和责任，具体来说，就是人自身的现实结构和规定性，人在其对象性关系和行为中的“为我”倾向，人的主动自为性以及人的自律和他律的统一。人作为主体在实践中与民俗体育这一客体发生价值关系时才能表现出他的主体性，在民俗体育发展过程中应当客观地分析人在民俗体育中的主体性，理性对待人的主体需要，将人的身心健康和社会适应能力的提高以及人的全面发展作为民俗体育的终极目标，杜绝主体异化和为发展民俗体育而发展民俗体育的片面发展观。人类作为主体，主要分为个人主体、社会主体、群体主体、类主体等类型。社会主体、群体主体、类主体等形式的存在实际上证明了人的社会属性。马克思在分析人类的社会属性时强调，人是所有社会关系的综合体。假如说个体的价值需求是基本因素，则社会主体、群体主体和类主体的价值需求则是由这一基本因素在人与人、人与社会的相互关系条件下的综合体。群体主体等主体形式的价值观以个人主体的价值观为基础，然而又高于个人主体的价值观，客体对不同的价值形式所表现出来的价值也有所不同。仍以民俗体育活动斗拐为例，当个人作为价值主体时，人们可能更多地注重斗拐的健身价值、娱乐价值等；当群体主体，比如将城市社区中的人看作一个整体群体来作为斗拐这一项目的主体时，人们可能更注重它在促进社区居民情感交流、维持社区安定繁荣所表现出来的价值等，这也就是民俗体育价值主体的多元性特点。主体形式的多元性必定带来主体需要的多元性，主体需要的多元性则成为民俗体育价值多元性的重要因素。

三、民俗体育价值的对象

客体指的是对象性关系中的行为对象。客体的基本属性是价值形成的必要条件、前提、基本要素之所在。客体有层面的不同。民俗体育这一概念是从众多具体的民俗体育活动和民俗体育文化中抽象出来的，当我们在谈论这一共相的某些价值时，是以民俗体育这一抽象概念而言的。当然，民俗体育作为客体体现它的价值更多的是以各种具体的民俗体育活动而言，这就是另外的一个层面。作为民俗体育价值的载体或物质承担者（这里的物质承担者准确地说是对应于价值主体的客观性而言的），民俗体育活动的器械、形式、规则、内容等都成为人们价值评价和选择的资料。打陀螺是一项深受人民群众喜爱的、普及度较高的民俗体育活动，一直以来都受到人民群众的青睐。这主要是因为，民俗体育规则简单、易于操作、老少咸宜、场地和器材均容易得到。这些优势让陀螺活动的流行范围越来越大。以打陀螺为例，陀螺、抽打陀螺的鞭子、项目的规则、打陀螺花样繁多的内容，甚至当我们作为观众观看别人打陀螺时由参与者和陀螺活动构成的这一现象都是在与打陀螺发生价值关系时的价值客体。我们从陀螺这一实物上体验到审美价值，可以从打陀螺规则上体验到促进个体社会化的价值，可以从繁多的打陀螺形式上体验到愉悦身心的健心价值，也可以从观看别人打陀螺中体验到娱乐价值等。客体的形式多种多样，客体本身的规定性是为我们提供价值的载体。不过，客体必须符合主体的价值规范和尺度，才能被认定为有很好的价值。当我们发现，打陀螺活动可能会导致自己或者他人的身体损伤，并且这些身体的损伤可能比其带来的优势要突出时，我们就会避免参与打陀螺活动。当我们发现一个人打陀螺已经不能给自己带来更多享受的时候，我们可能就会和别人比赛；当我们发现陀螺的尺寸太小，不能给自己带来更多的乐趣的时候，我们可能就会换更大尺寸的陀螺。价值活动伴随着人类的实践活动，价值客体的外延随着实践活动的广化和深化也在横向上扩展、纵向上拓深，价值主体与价值客体就是在价值这个范畴体系中互相作用着，彼此影响着，构成了人类形形色色而又博大的价值体系。

四、民俗体育的体验、评价

1. 民俗体育的体验

这里所说的体验指的是在主客体相互作用下人的情绪产生的过程，或者是人对自身需求满足程度的情绪反应。体验与情绪紧密相关，与人们的需求也有极为密切的关系。换句话说，体验就是客体对主体需求的满足程度——完全满足、部分满足、无法满足——所产生的情绪和感受。这种情绪和感受主要包括满意（快乐、高兴等积极情绪）、部分满意（一般、还可以）和不满意（不高兴、无兴趣、不快乐等消极情绪）。体验发生在主体与客体产生直观作用的第一刻，是人活动的起点，同时也是价值关系的起点。体验产生了情感，情感被人的意识所评价。具体到民俗体育价值体系中来说，民俗体育体验指人们参与民俗体育过程即与民俗体育发生直接关系，并产生相应的情感反应。骑马打仗是北方儿童常常开展的一项民俗体育活动。同一个活动，一些人参与之后就喜欢上并继续参与相关的活动，另外一些人却对其变得淡漠。原因在哪里呢？其实首先是不同人的体验相异使然，有的人在活动中体验到了快乐，体验到了集体合作带来的快感或是体验到了力量的增加等，而有的人却体验到了沮丧或是体验到了活动中产生的身体不适。正是这些不同的体验，使得不同的情感进入了人们的评价体系中，从而产生出不同的评价结果，并作出不同的反应。

2. 民俗体育的评价

民俗体育评价主要是针对民俗体育的价值进行评价、解释、预估、发现和权衡。也可以说是对人类在民俗体育活动中的体验的判断与评估。

第一，作为人的精神性活动，对民俗体育价值的评价包含并表达着以人为尺度的内容及表现形式，如态度、选择、情感、意志等。随着社会的发展和人的发展，人的主体尺度也在发生着相应的变化，面对同一项民俗体育活动，人的态度、情感也可能发生相应的变化，所以，对民俗体育价值的评价总是不断发展变化着，人们对于民俗体育较早形成的评价内容和评价结果又会在下一阶段的评价中成为一个对象，亦即在评价上的否定之否定。

第二，民俗体育评价是体验、实践和认识民俗体育的介质。民俗体育评价作为民俗体育不同层面的认识过程的介质，可能是下一阶段进行民俗体育改造、创造活动的出发点。民俗体育评价是中间环节，在这个环节实现了从体验民俗体育转变到认识民俗体育，再从认识民俗体育转变到实践民俗体育。在这个过程中，人们对于民俗体育的需求不断增强、需求的层次也不断提高，发展和规划民俗体育的行为也不断涌现，于是就产生了民俗体育评价的结果。

第三，民俗体育评价标准具有多样性和流变性。由于参与民俗体育的主体形式是多种多样的，不但个人主体对民俗体育的渴求程度和期望水平不同的，而且不同的群体主体对民俗体育也有不同的要求。这些不同的需要和期望就对应着不同的评价标准，这使得民俗体育的评价标准具有多样性的特点。从纵向来看，随着民俗体育实践的深入和社会各个方面的不断发展，人们需求的层次也不断提高。在基本需求得到满足以后，人们就会产生新的、更高的需求，而评价民俗体育的标准也会相应地表现出变化、发展的特征。

第三章　民俗体育文化的形成与传播

第一节　民俗体育文化的形成

“文化”一词在我国的传统词源中本身就具有先天形成性的特征。“文”字一般是指播种、耕耘的意思；“化”字的本意则是生成、造化、变易。因此，民俗体育文化这个经过人民群众不断发展、不断加工的典型的“次生文化”形态也就具有了先天形成性的文化特征。经过我国人民群众几千年来创造性的发挥，经过我国体育文化土壤和民俗文化土壤的孕育和培养，民俗体育文化所衍生的内容已经包括了传统文化、民俗文化、体育文化等多种文化形态，这使得民俗体育文化的生成机制特别复杂，需要继续进行探究和剖析。

一、民俗体育文化形成路径

要想理解民俗体育文化的形成路径，我们应该关注文化概念中的本体性特征。本体性特征指的是把“文化”作为社会运转、群体生存的基本方式。只有理解了文化的本体性特征，我们才能对人类的生存、发展与社会的进步理解得更加到位、准确。基于上述理解，笔者认为，民俗体育文化很难存在过时的情况，因为凡是过时的民俗体育文化都已经被淘汰或者被抛弃。

过去许多学者都认为讨论民俗体育文化的方法一定要向往回看、向后看。民俗体育文化看起来容易和“古旧”“腐朽”“滞后”等名词紧密关联。但是，实际情况却不是这样的。这种关于民俗体育认知方面的偏差已经阻碍了我们对民俗体育文化进行更加深入的研究。

（1）我们必须明确的一点是，民俗体育文化是历史的凝结、结晶或者说遗产。能够世代传承的民俗体育文化必定要符合社会发展的趋势和人民群众的文化需求，能够与一定的时代精神相契合。我们在这里需要关注的是，这里的时代指的不是“现代”这个时间段，而是“当代”这个时间段。

我们对于民俗体育文化的解读应该放在具体的时代背景中，而不能简单地以如今的时代背景生搬硬套。例如，清末民初山东省鲁西南地区盛行叫作“拜罗圈”的民俗体育活动。“拜罗圈”的游戏规则为：游戏者需要三个人以上，人们互相手拉手，围出一个圆圈。然后一边唱歌跳舞，一边进行体育活动。当人们唱到“钻”这个字时领头者带动其他参与者低头弯腰，从自己相邻的一位游戏者的胳膊下钻过去，最终产生一个外圈。游戏参与者就这样载歌载舞，并反反复复地重复“钻”这个动作。这个动作在今天看来虽然十分简单，但笔者认为这个简单的活动却蕴含着深远的历史文化精神意义。“拜罗圈”主要是以女孩子为主开展的民俗体育运动。如果以今天男女平等的价值观念去评价这项活动，我们就会发现它十分普通平常，但作为清末民初兴起的民俗体育活动却有着十分重要的价值和意义。因为自古以来我国的女性在整个社会中的地位都没有男性高。女性被儒家思想中的“三从四德”和宋代开始的“裹脚”等牢牢禁锢。在古代，女性想要参与到民俗体育活动中是很难想象的。那时候的女性只能过着“大门不出、二门不迈”生活，只能终生与女红为伴。不过，就是在如此的社会背景下，“拜罗圈”的兴起就是典型的“进步文化”。

（2）民俗体育文化的焦点是“点”，而不是“面”。文化的生成方式有多种可能。几乎所有的民俗体育文化都以一个单点的状态表现出来。之后众多的“点”再堆积成一条主线。这条主线就是民俗体育文化发生的路径。不过需要注意的是，这些堆积成直线的“点”并不是排列成一条直线。这些点是围绕着一条主线堆积在主线的周围，最终形成一条生发的轨迹。

许多民俗体育运动项目看起来经过时间和空间的传承才发展到今天，实际上，我们经过仔细分析就会发现民俗体育文化的发展轨迹正是由许多单发的点汇聚而成的轨迹。例如，“走百病”这种民俗体育活动就可以划分出几个明显的发展节点。“走百病”这个民俗体育活动在我国先秦时期就已经流行起来。当时人们把“走百病”这个民俗体育活动称为“追傩”。根据文献的记载，“追傩”几乎在所有的驱鬼、祭祀仪式中都有所呈现。这时候这个活动是与祭祀活动紧密相关的。“追傩”发展到明朝的时候已经摆脱了祭祀的约束。在明朝它演变成“驱疫鬼”。再后来，随着社会的发展，“追傩”就逐渐形成“走百病”“消百病”等活动形式。尽管这时的“走百病”活动终极价值导向以及形式并未发生太明显的改变，但是差异还是有的：该活动从祭祀活动演变为驱鬼除魔的封建迷信活动；最后逐渐演变为特定日期进行的活动。“走百病”活动主要在每年正月十五夜晚举行。因为据说这天夜晚地下鬼穴，人间是空的。此时在外活动可保护人们一年之内不生病。

现在仍有许多类似“走百病”的民俗体育活动。它们依然流行在人民群众中间。一些类似“走百病”的活动都选择在傍晚或者夜间进行。不过，这类活动目前已经没有了封建迷信的影子或者说元素。今天的“走百病”活动其实是一种人们追求健康生活方式的形式。这种民俗体育活动的生成轨迹主要体现在：它开始注重人类的身体健康，这种轨迹体现在由过去的被动祈求演变为参与者主动锻炼身体；通过现代运动项目自身我们还可以发现，过去的“走百病”反映了过去文化传承的痕迹。过去的“走百病”基本是开展于正月十五的晚上。而现在的“走百步”依然开展在晚上，只不过对于时间的要求没有过去那么严苛和烦琐，因此才有了“饭后百步走，活到九十九”的民谚。

二、民俗体育文化生成的动力

这里我们要思考民俗体育文化的生成动力以及推动民俗体育文化的演进的原因：创造性和超越性。这种解释不难理解，但是是谁的创造性和超越性却值得深思。

1. 民俗体育文化的生成动力之一：人类对自然的创造和超越

笔者认为，文化最根本的价值在于人类不断积淀、凝结而成的生存模式。这种生存模式就体现了文化的人本规定性（人本规定性是最原始、最根本的规定性）。文化体现着人对自然、对人本身的提升和超越。文化是人类不同于其他物种的最基本、最朴素的特征。基于此，笔者认为，民俗体育文化同样发自人类对于自然和本身的不断超越。从民俗体育功能的角度来看，民俗体育主要承担着两方面功能。

（1）祭祀仪式的组成部分(包括巫术)。早期的人类由于科技落后，大自然的神秘感让人们对其充满了敬畏感。当人们遇到自身无法理解的困惑时就把希望寄托在神灵的保佑上。这种对大自然的敬畏感当然包括人们对生命发展本身的诉求。随着时代的变迁和物质生活水平的提高，人们开始不断认识所处的自然界、认识自己、认识世界。健康长寿就日益成为人们所关注的问题。人们开始认识到，运动对于身体、人体心肺功能的锻炼价值。这个时候，民俗体育的功能已经从最开始的祭祀功能转变为体育锻炼、强身健体的功能。例如，我们的民俗体育运动舞狮、龙舟比赛（龙舟比赛在很长的历史时期都是由皇帝亲自主持开展的）、舞龙等最早出现就是以先祖的祭祀为主，只是随着社会的变迁才逐渐发展为竞技类的民俗体育活动。当我们的健康观念发生转变后，我们意识到人类的健康不仅包括身体健康，还包括心理健康，健康观念的转变使得人们对民俗体育的功能有了进一步的认识，即民俗体育既有利于身体健康，又有利于心理健康。愉悦身心、放松心情成为现阶段民俗体育的主要功能。这种功能性的变化导致了民俗体育文化的变异。民俗体育文化的核心从以往的“敬”和“畏”逐渐转变为对自身的一种关注。人类通过自身不断的认知过程实现了对自然的认识和改造。在超越自然之后所获得的民俗体育文化是一种崭新的民俗体育文化形势。现如今的民俗体育文化形式和内涵已经充分完成了对原始民俗体育文化的超越。

（2）民俗体育的另一种重要产生方式主要源于人民群众的生产实践。按照马克思的理解，文化起源于人的实践活动。文化是实践的对象化和历史积淀；作为人类的重要的实践活动之一，民俗体育活动体现了人类文化的所有特征：创造、自由、超越、社会化、目标性等。

民俗体育文化的创造性，实际上是起源于人类实践活动的创造性。可以说，从马克思主义文化学的视角来看，民俗体育文化所具有的创造性主要体现在两个方面。

（1）民俗体育文化是人与自然协调统一的产物。民俗体育活动起源于人类对自然的改造实践。民俗体育文化也就继承了这种实践的内核。纵观所有的民俗体育活动，我们可以发现，许多民俗体育运动项目的起源与大自然紧密相关。而且许多民俗体育活动总是将自然的元素融入活动中并最终成为民俗体育文化的组成部分。例如，打瓦、跳房子等民俗体育活动简单、易操作。打瓦、跳房子不需要如篮球场、足球场、羽毛球场那样标准化的场地，一块空旷的自然场地就能够满足开展活动的需要。滑冰、打水漂等民俗体育活动也是这样。但是，这种和谐统一并非民俗体育文化的全部呈现。作为一种运动形式的文化代表，民俗体育文化中还具有与自然的对立元素。人是大自然的一部分。不过人类文化在被创造出来以后却极大地超越了大自然。征服大自然一直是人类的目标之一。人类在实现这个目标的过程中与自然出现了分裂的情况。民俗体育文化就是如此的逻辑。很多民俗体育活动履行着现代竞技体育的规则。从这一点来看，民俗体育文化本身就是人与自然对立统一的典型体现。这既是民俗体育文化的发展基础，又是民俗体育文化演变、发展的主线。

（2）民俗体育文化是人与社会、人与人对立统一的表现之一。民俗体育文化是人类创造的。民俗体育文化的运行模式必须与人达成共识。从这个意义上看，我们可以发现民俗体育文化具有极强的文化认同功能。大多数民俗体育文化都需要依靠一定的社会文化才能顺利存在和运转。这些社会文化主要包括政治、法律、经济、教育、历史等。这样有所依据的民俗体育文化才具有存在的价值。

2. 民俗体育文化的生成动力之二：民俗体育文化自身的不断创造和超越

社会学家涂尔干先生在其文章中指出："文化是我们身外的东西——它存在于个体之外，而又对个人施加着强大的强制力量。我们并不总是感到文化的强制力量，这是因为我们通常总是与文化所要求的行为和思想模式保持着一致。然而，当我们真的试图反抗文化强制时，它的力量就会明显地显现出来。"一个民族在共同的民俗体育文化影响下可以表现出外在和内在的相似点。民俗体育文化是文化的产物，它不是文化的创造者。因此，民俗体育文化的特征主要从一个人内在的相关活动中体现出来。

这一点主要表现在两个方面。

（1）民俗体育文化在由人类创造出来以后并没有束手束脚，它是根据其内在规律不断发展的。人是文化的缔造物，同时也是文化的创造者。人类创造了民俗体育文化以后就不能真正地控制和左右民俗体育文化的发展方向。我们只能让民俗体育文化遵循它所属的文化体系的内在规律去发展。例如，我们近年来遭遇的民俗体育文化发展危机就能很好地说明这一点。一些传统的民俗体育文化历经上百年甚至上千年，发展到今天开始衰微。无论是在影响力方面还是从传播热度上都已经处于十分紧迫的边缘。此时尽管一些民俗体育文化的爱好者仍在想尽办法使民俗体育活动重振辉煌、重新回到人们的日常生活中去，但实际情况却不尽如人意。我们很难真正掌控民俗体育文化这个由人类创造的文化类型。我们竭力借助各种渠道、手段、方式来强化民俗体育文化的传播、传承，最后可能发现于事无补。根本原因在于，这种衰微的民俗体育文化可能已经不适应今天人们的生活节奏，无法起到相应的作用。如果民俗体育文化不想被湮没在人群深处，则必须依靠内部改造适应人们的需求来实现。

（2）民俗体育文化具有创新性基因。民俗体育文化具有内在的创新性基因，而这种创新性基因的动力来源于民俗体育文化本身所内含的创新精神。这一点可以这样理解：一是因为民俗体育文化是在征服自然的过程中形成的。民俗体育文化是人类实践活动的结果。民俗体育文化反映文化的创造性。二是民俗体育文化具有鲜明的群体性特征。文化发展积淀下来的被群体所认同或践行的思维模式和行为模式。民俗体育文化对人类个体的存在具有强制性。民俗体育文化一旦形成，就会反过来约束人民群众的社会生活和个体行为。基于民俗体育文化的内在力量，民俗体育文化一来具有一定的稳定性，这种稳定性能够使民俗体育活动不断地传承与发展。二来民俗体育文化具有创新性，这种创新性也能够促使民俗体育活动不断地发展、完善和丰富。民俗体育文化是一种在历史发展过程中生成的产物。民俗体育文化既不是因循不变的规范体系，也不是固定的形态。民俗体育文化是不断自我完善和自我创新的相对稳定的一种存在形式。

三、民俗体育文化生成内涵

民俗体育文化的生成主要包含深层文化——精神文化和表层文化——制度文化和物质文化的生成。人们在民俗体育文化产生时，很多时候都会尝试为其构造出一种亘古不变的模式。在这种亘古不变的模式确定后再将民俗体育文化填充在这个模式中。这种做法看起来特别顺理成章，但实际上却很难实现。因为民俗体育文化的生成自有其内在规律可循。

民俗体育文化的生成是一个十分复杂的过程。民俗体育文化的生成起源于人类的实践活动，自从它产生之后就超出了人类的控制范围。民俗体育文化的生成过程十分复杂，它是组织化的产物。我们必须首先尊重民俗体育文化，然后再试着去进入它、把握它。

1. 民俗体育文化表层文化分析

民俗体育一旦形成自己的文化体系、文化模式，它运行的规则、器械就普遍建立起来。这一点会在很长一段时间获得参与者的认同感。不过因为民俗体育文化的表层模式构建起来相对容易，往往给人们带来民俗体育文化的模式能够轻而易举构建起来的假象。即使民俗体育活动的功能、结构出现了或多或少的变化，我们也会发现新的模式很容易就去掉了旧的模式。这种模式的变化并不会对民俗体育运动带来改变。

2. 民俗体育文化深层文化分析

民俗体育文化内部还有深层次的模式变化过程。这种深层次的模式变化过程就是精神文化确立的过程。文化的基本功能是从深层次支配、约束、规范人类的社会行为和个体行为。因此，民俗体育文化的价值在于使人性能够更加丰富、具体地表现、呈现出来。这指的是，民俗体育文化建立在一定的模式基础上又超越这个模式。民俗体育文化是一种超越性的文化，它不依靠模式来影响民俗体育文化的发展路径而是由一种更深层次的精神模式来决定。正如我们所了解的,民俗体育文化结构主要包括人类实践活动这个客体结构、文化自身这个主体结构。人类实践活动这个客体结构、文化自身这个主体结构的共同基础在于两者同时产生于人民群众的实践过程中。所以，民俗体育文化必须建立在人类实践活动这个客体结构、文化自身这个主体结构同步的前提下。

当然，这种同步过程是动态变化的，而不是僵硬不变的。当我们试图认清民俗体育文化的发展模式时，常常会忽视文化深层模式的协调性、变动性。这一点指的是，文化的深层模式不会适应其表层模式，反而深层模式会对浅层模式产生阻力。这种阻力常常会带来两种结果：一是民俗体育深层文化模式一直在不断地进行自我调整，使之能够匹配表层文化模式，这种调整的结果就是民俗体育表层文化模式与深层文化模式共存、共生。二是民俗体育文化表层模式与深层模式相互冲突，很难和谐相处，这种冲突最终会导致民俗体育走向衰亡。例如，“骑马打仗”这种民俗体育活动发展到现在已经由最初的“单打”发展为“群打”。这种转变的原因在于深层文化模式契合了我国传统战车的文化因子。“骑马打仗”的运动方式更加讲究策略、更加重视智慧，而不是武力，更加追求礼仪化，而不是武力。这一点与“骑马打仗”产生初期的状态已经截然不同。

第二节　民俗体育的传播

一、民俗体育传播的内涵

民俗体育被界定为长期流传在民间的各种竞技与游戏活动，它主要以休闲娱乐和强身健体为目的，是一种有着独特、浓厚的民族气息的传统体育。我们从这个界定能够得出结论：民俗体育的形成和产生离不开特定的历史背景、特定的环境、特定的条件。民俗体育主要具有传统性、民族性、体育性、地域性、娱乐性和群众性等特征。

（1）民俗体育的传统性可以理解为，民俗体育活动是民俗文化的重要组成部分，民俗体育活动世代传承，这体现了民俗体育的继承性。任何一个民俗体育活动都离不开特定的历史文化背景。在这个过程中，人们群众会对其去其糟粕、取其精华，然后逐步发展直至最后走向成熟，拥有固定的理论支撑、成熟的发展模式、成体系的仪式感，并具有某个民俗的民族风格和民族气魄。

（2）民俗体育的民族性可以理解为，民俗体育活动的民族性主要表现在它的民族文化基因方面。这种民族文化基因主要体现在：民俗体育活动的起源、发展或者成熟主要以某个特定民族为基石。这一点体现了该民族的民俗文化习惯和民俗文化传统。这个民俗体育活动在该民族有着扎实的群众基础，受到这个民族广大人民群众的喜爱。

（3）民俗体育的体育性可以理解为，民俗体育活动都具有体育的特征。

民俗体育活动是人类有目的、有计划地依据一定的步骤和程序锻炼身体，使身体的各个部位平衡发展和协调发展。

（4）民俗体育的地域性可以理解为，民俗体育活动的产生离不开特定的地理环境和历史环境。可见，浓厚的地域色彩也是民俗体育活动的典型特征。因为以往我国有一些少数民族居住在高山上或者山谷中，这些地区的生产水平较低，交通较为不便，文化底蕴薄弱。因为地域狭隘，经济发展不足，这种地域所培育的体育民俗活动注定会带有特别明显的地域性特征。例如，蒙古人民因为草原环境而能骑善射，他们随草而生。这种随草而生的生活习惯形成了赛马、摔跤、射击、赛骆驼等传统体育活动；居住在青藏高原的藏族同胞，在日常生产、生活中离不开射箭、爬山、使用耗牛、骑马等，在这个基础上形成了赛马、射箭、登山、赛耗牛等活动；黑龙江省的鄂温克族、鄂伦春族、朝鲜族、达斡尔族、满族、赫哲族等由于所处地域天气较冷，冰雪较多，因此逐渐产生了具有当地特色的民俗体育活动——滑冰、滑雪比赛。总体来说，我国西北、西南和内蒙古草原上的牧业民族较喜欢和马相关的运动；我国南方地区由于水多，较为流行龙舟活动。这些都说明民俗体育活动与地域气候环境和地理环境息息相关。这些民俗体育活动也都表明地域性在民俗体育活动中的重要价值。另外，由于我国地域极广，不同地域的经济、习俗、观念差别极大，在这个基础上产生了风格多样、规则不一、内涵丰富、特色鲜明的民俗体育运动。

（5）民俗体育的娱乐性可以理解为，民俗体育活动都具有娱乐的价值，它的开展可以带给我们身心的愉悦和快感。具体来说，民俗体育竞技的本质就是为了娱乐身心和游戏取乐。民俗体育活动在比赛和训练中就具有很强的游戏、娱乐色彩。我们在对民俗体育活动的分类中有娱乐类民俗体育活动和游戏类体育活动。这一点也态度鲜明地体现出民俗体育中的鲜明的娱乐性特征。在民俗体育活动中，其游戏价值和娱乐价值大大超过了对抗的价值。虽然民俗体育活动中也比较重视输赢，不过我们更重视的是比赛的游戏价值和娱乐价值。

（6）民俗体育的群众性可以理解为，民俗体育具有十分广泛的群众基础和群众的适应面。民俗体育活动能够适应我国不同时期体育发展的整体节奏。民俗体育的群众性十分突出的原因在于：首先，民俗体育基本特征与健身功能相对稳定。这一点使得民俗体育活动只要是能够传承下来的，都一直受到人民群众的广泛认可、接受和参与。其次，民俗体育活动大多是原创性的活动形式。民俗体育活动的游戏方式较为简单，它的开展方式较为多样，无论老少都适合开展，都能从中获得快乐。这些都与我国如今的物质水平和精神水平的程度相适应、相协调。最后，民俗体育活动的健身性与人民群众的生产与生活紧密相关，能够从客观上使人民群众顺理成章地接受和适应。

二、我国民俗体育传播现状

我国是一个地域广阔、历史悠久的文明大国。民俗体育在我国的历史长河中就像汪洋大海中的奇珍异宝，它们从多个角度反映了我国不同地域、不同历史时期的政治文化、风俗习惯、历史文化和经济水平等。从我国几千年的进程中到现代社会生活，民俗体育都发挥了十分重要的作用。但是由于多种因素的影响，我国的民俗体育目前的保护效果不是十分理想。以往，由于每个阶段都不太重视民俗体育的发展，对其发展缺少扶持和引导，导致其只能自生自灭。因此，在新中国成立前一些优秀的民俗体育活动已经消失于历史的长河中，再也找不到踪迹。到了如今尽管时代取得了质的飞跃和进步，但民俗体育活动的状况在各种现代体育的冲击下并没有取得大的发展和繁荣。社会的发展、现代体育的冲击、科技的发展、人民群众体育爱好的转变等导致我国民俗体育一天天走向式微。

现阶段人民群众的生活节奏越来越快，尽管身体健康受到人民群众的更多重视，但是在如今生活方式的带动下，人民群众对运动的需求主要偏向实用性、可操作性、趣味性、效率性都很强的锻炼模式，如健身房、打篮球、打羽毛球、踢足球等。如今，全球化进程越来越深入，世界各国体育文化的交流也越来越多，但是全球化在带来许多便利的同时，也带来了“文化入侵”等问题。例如，我国民俗体育活动就在这个过程中受到了空间的挤压。这一点主要表现在现代竞技体育以强势文化向民间渗透、扩散，日益成为一些国际性运动，受到越来越多人的喜爱，相比之下，民俗体育活动则逐渐走向被忽略、遗忘的地步。我国有很多人，尤其是年轻人热衷于足球、网球、羽毛球、篮球、保龄球等体育活动，而民俗体育活动却被青年人日益冷落、忽视。另外，一个突出的原因在于我国民俗体育活动的竞争意识缺乏、运动强度不如现代体育，很难满足人们锻炼身体的需要和追求刺激的竞技心理。可以说，民俗体育的内容和形式都不适应当前的人民群众的需求，这就导致了民俗体育缺乏扎实、广泛的群众基础，由此也带来了推广上的难度。

虽然篮球、高尔夫球、足球、保龄球、台球、网球等现代体育项目花费较高，投资较大，但仍然因为其本身的特性而受到广大人民的欢迎。让人费解的是，我国的许多民俗体育活动无论对场地还是器材的要求都很低，操作起来也很容易，但关注的人却越来越少。其核心吸引力的问题使得民俗体育活动日益远离人民群众的生活。人民群众也逐渐减弱了对民俗体育活动的兴趣。这一点会影响我国民俗体育的深入、持续发展。

总而言之，我国民俗体育的爱好者和继承者都日渐缩减。民俗体育从整体来看，出现了衰微和远离人民群众生活的倾向。因此，随着社会变迁和时代发展，民族文化的振兴与壮大已成为政府和民俗体育研究人员越来越重视的问题。我们的民俗体育活动作为体育文化重要组成部分，它需要在一个现代体育占主导的时期承担更多的国家认同和民族认同、自我身份识别的重任。越来越多的人意识到保护、传承民俗体育的重要性，以及每个人所应该承担的任务和使命。这一点主要表现在：近年来，我国民俗体育活动的发展势头日益向好；国家及地方相关部门都相继制定了许多民俗体育活动的规则，还相继举办了各种形式、各种类型、各有侧重的民族体育运动会。

上述这些举动可以说为我国民俗体育的发展、传承打下了实实在在的基础。与此同时，一些地区经济发展越来越好，这一点为民俗体育的社会化打下了扎实的物质基础。另外，随着一些地区人民群众收入不断提高，人民群众有条件开展民俗体育活动。我国旅游业的快速发展也为民俗体育的发展带来机遇。例如，一些地区在开发旅游业时越来越多地与当地的民俗体育活动结合起来，“民俗体育＋旅游”的模式已经受到越来越多人的重视，也受到越来越多地区的重视。

三、我国民俗体育的相关传播策略

1. 构建以学校教育为主的教育体系

学校体育是推广我国民俗体育的最基础、最直接的路径。学校教育是民俗体育的摇篮，它是民俗体育不断规范化、普及化的试验场。我们应该通过学校这个平台对民俗体育活动进行发掘、整理及保护。对于高等院校来说，我们可以在一些民族类大学或者地方性大学进行民俗体育研究和教育。对于中小学学校来说，我们可以将经过创新和改造的民俗体育在更多的中小学进行推广，如充分利用课余活动、体育教学的时间开展民俗体育活动。

2. 加大宣传树立民俗体育的品牌效应

笔者认为，民俗体育的具体品牌有两点：①《关于加强少数民俗体育工作的意见》等文件中规定，在一些地区广泛开展以民俗体育活动，把民俗体育与一些地区的全民健身活动结合起来，把全民健身作为普及民俗体育的常用路径。②树立品牌意识，大力进行民俗体育文化的宣传工作。国家及地方的相关部门可以通过与各级媒体的沟通、合作，采用多种切实有用的宣传手段，加大对民俗体育的宣传力度，扩大民俗体育的影响，使全世界的人民群众都能了解到我国民俗体育的种类、意义和价值，认清我国民俗体育的基本理论、基本技能，为民俗体育的普及工作打好坚实的舆论基础。

3. 大力发展“民俗体育＋旅游”模式

“民俗体育＋旅游”模式是发展民俗体育最有力、相对有效的途径之一。“民俗体育＋旅游”模式是把民俗体育和当地某个旅游主题结合起来融合开展的模式。近些年来，许多地方在以民俗体育文化为主题的旅游开发中取得了举世瞩目的成绩。可以说，“民俗体育＋旅游”模式在推动一些地区经济发展、推广和传承民族文化、扩大对外文化交流、增强民族凝聚力等方面发挥了积极的作用。因此，积极开发独具民族和地域特色的民俗体育，既有利于推动民族经济的发展，提高民族地区文化旅游产品质量，又有利于使民俗体育通过旅游业的发展得到更多的经费支持，最终支撑民俗体育文化实现持久、可延续的发展。与此同时，“民俗体育＋旅游”模式也能为我国民俗体育的国际化传播提供了很好的平台。

4. 积极引入体育竞赛方式

缺乏完善的规则和标准也是阻碍民族体育活动持续发展的一个因素。虽然我国民俗体育活动的国家认同、文化传承、强身健体等功能人人皆知，但是由于许多民俗体育活动缺乏完善的游戏规则和标准，不利于开展竞技体育和进行量化考核，因此制约了我国传统民俗体育的大规模开展和常规化开展，进一步阻碍了民俗体育文化的国际传播。目前，我国的民俗体育活动主要是在各地民俗节日（元宵节、端午节、中秋节）活动中开展。民俗体育活动紧密联系于民俗活动，观赏性、技艺性有限，这也是制约民俗体育活动发展的一个因素。基于此，笔者认为，作为国家和地方的相关部门应积极推广民俗体育活动。例如，全国运动会、城市运动会、农民运动会、大学生运动会等各关注度较高的运动会中都可以增设那些发展较好的民俗体育活动，这样做不仅可以保留民俗体育的文化底蕴，同时还能弥补其不足，使其更适应现代竞技体育的要求。

5. 培养民俗体育优秀人才

民俗体育的发展离不开一支专业知识深厚的民俗体育人才团队。因此，加强民俗体育专业教育，培养一大批专业人才正是民俗体育发展的当务之急。具体做法包括：鼓励、支持开展民俗体育的教学活动，通过学校教育培养民俗体育专门人才；一些地区的体育院校和民族院校可以将民俗体育作为学校体育活动的重要内容进行民俗体育课程建设；一些体育院校和民族院校应重点支持民俗体育专业和方向，开展民俗的研究工作。

6. 对民俗体育进行大力革新

民俗体育起源于传统社会及社会进程中，它是人民群众传承而来的遗产和瑰宝，是特定自然环境和社会进程的产物。作为传统文化的重要组成部分，民俗体育必定是好与坏共存。不过，随着时代的发展，民俗体育已经不适应当今的社会环境和人文环境。基于此，笔者认为，研究者必须通过加强对民俗体育的研究，运用现代体育科学的方法与理论客观地分析与评价民俗体育。当然，我们在进行民俗体育活动改革时，也应该考虑对民俗体育的硬件条件进行必要的改进。

7. 充分利用新媒体技术和新媒体平台

目前，国内最大的社交网站以微信为代表，微信的用户几乎囊括了社会中的各类人群。针对动漫爱好者的相关特征，民俗体育可以采取以下方式进行动漫传播。

（1）在民俗体育活动中结合动漫游戏。民俗体育结合动漫游戏可以说是目前许多网站中特别受欢迎的传播方式。民俗体育结合动漫游戏主要的操作方式是以动漫游戏为话题，在民俗体育开展的过程中结合动漫游戏塑造一些新的民俗体育形象。民俗体育结合动漫游戏具有无与伦比的吸引力：互动性是很好的吸引力，自主选择和参与也能够很好地让更多人参与其中，能够很好地增强民俗体育动漫传播的效果。

（2）策划动漫主题活动。为了更加高效地传播民俗体育文化，我们可尝试在社交网站中策划多种风格、多种类型的动漫主题活动。在这些主题活动中，我们可以尝试融合民俗体育元素。这种做法不仅可以吸引越来越多的体育文化爱好者，还可以增强民俗体育文化的影响力。例如，我们可以通过网络平台海选民俗体育活动的动漫设计作品，借助网络扩大其影响力；我们还可以在参与者中间征集民俗体育活动动漫服装设计作品，以图文并茂、视频等形式在社交网站平台进行传播。这样做可以迅速扩大民俗体育的传播范围和传播区域，迅速到达民俗体育爱好者的视线之中。科技发展到今天，移动网络技术、互联网技术的发展让人们检索、浏览网站和网页越来越便利，浏览网页和网站已经成为许多人日常生活中的一部分。

“新媒体 + 民俗体育 + 动漫”的发展模式对民俗体育的传播意义重大。动漫类网页广告大大方便了传播者和受传者的互动，互联网时代的互动传播模式和双向沟通能够极大地强化民俗体育与受众的深入交流，增强人们的参与热情和积极性，通过对网络用户好奇心的满足来实现相关传播的效果。民俗体育还可以利用移动网络平台、互联网平台设计动漫广告，实现产品与受众的互动交流与互动传播，最终使网络受众接受民俗体育的网络形式，并加深对民俗体育活动的深刻印象。

民俗体育还可以借助微电影的产品形态进行传播。近年来，微电影越来越受到人们的关注和喜爱。微电影是一种精短、浓缩、表现力极强的电影艺术形式。民俗体育和微电影相结合可以为民俗体育的传播提供一个很好的尝试。

事实上，关于微电影概念的研究还没有一个普遍认同的定义。我们这里不对微电影的概念界定进行探讨，只关注民俗体育与微电影结合起来进行传播的可能性。从目前来看，微电影主要有以下特征：微电影的时长多在 30 到 300 秒，其制作水平与大电影水准相当，其内容主要涵盖文化艺术、教育、商业、喜剧、悲剧、体育等主题，具体形式可以单集出现，也可多集同时组成。由于微电影的叙事风格契合了如今人民群众的心理体验和艺术口味，其高浓度、高信息含量的优势获得了很多人的喜爱。微电影结合民俗体育适应了当前人民群众的精神追求，能够使得民俗体育借助电影艺术的魅力和传播力传入到人民群众中，增强民俗体育的传播能力和传播效果。微电影的传播特点主要包括：原创、开放、受众庞大及操作简单。以民俗体育为主题的微电影借助互联网平台（包括移动互联网）传播到千家万户，其短小精悍的优势能够极大地缓解观众的疲劳感，也能使得受众获取更多的民俗体育知识。

当前，一些民俗体育相关人士已经关注到动漫传播的便捷和高效。他们还尝试把民俗体育活动由真人表演与动漫传播结合起来，塑造新的动漫形象。例如，2008 年北京奥运会举办，为纪念这一盛事的召开，奥运博物馆（虚拟）揭开了“新媒体 + 民俗体育”进行动漫传播的新途径，吸引了很多人的关注，受到了广大观众的认可与好评，最终收到了很好的传播效果；有一些适合民俗体育传播的动漫网站也于近些年建立起来，这些网站主要利用动漫科技包容性的特点，主要产品形态有电子书、广告、游戏、电子杂志。这些多样化的产品形态能够实现动漫的多渠道、多形式、多样化的传播。

新媒体平台为民俗体育传播带来了更多的可能性，提供了更大的发展平台。因为民俗体育的许多制约因素阻碍了近年来民俗体育的广泛传播。动漫产品巨大的受众黏性及通俗、轻松的视觉冲击力使其吸引了越来越多的爱好者和追随者。如果能很好地结合新媒体平台，创作出令人耳目一新的民俗体育动漫形象，一定能够使得民俗体育扩大影响力，树立其口碑和品牌，最终从碎片化的传播形态中脱颖而出，形成属于自己的民俗体育 - 动漫文化产业链。

我国民俗体育的发展长达几千年，在这其中可以说经历了无数的风风雨雨。随着社会和时代的变迁，许多民俗体育活动都被湮没在了历史的深处。民俗体育活动作为我们宝贵的非物质文化遗产，我们应该竭尽全力保护和传承民俗体育文化，这也是我们每个人应尽的义务。同时，我们不能忽略对传统民俗体育进行改造和创新，使其焕发新的活力，还是社会发展的一个重要指标。所以，我们应该实事求是地面对民俗体育的存在，以正确的态度做好对其的创新与传承，去粗取精，使其焕发出新魅力和新活力。

第四章 地域性民俗体育文化的发展

第一节 地域性民俗体育文化

民俗是人类文化、社会文化的重要组成部分。我国春秋战国时期的相关文献就记载了关于地域民俗方面的情况。自古以来，我国的人民群众为了在不同的自然环境而获得生存的空间和时间，逐渐形成了特色鲜明、风格多样的生活方式和风俗习惯。通过一代又一代人的共同努力，人民群众为中华民族留下了丰富多样、各具特色的民俗文化遗产。民俗体育正是这个文化遗产中的瑰宝之一。民俗体育对整个中华民族传统文化的形成、发展、传承起着十分重要的作用。新中国成立以后的蓬勃发展为人们深入研究我国的体育民俗文化提供了崭新的样本。从这时候开始，我国民俗体育的研究也进入了一个崭新的阶段。我国民俗体育学者对我国民俗文化的认知是经过无数代学者的长期探索、积淀才不断走向深入的。当现代体育形式已经渗透到社会的方方面面的时候，我国各地的民俗体育文化就面临着越来越多样的、越来越激烈的挑战。民俗体育文化涉及的领域极为广泛，它在中华优秀传统文化的各个角落都有体现。另外，民俗体育文化是一个逐渐从我国传统文化中发展壮大的分支文化体系。民俗体育文化是民俗体育、区域文化的结合产物。它是民俗体育和区域文化相互融合的、相互作用生成的一种文化形态。弄清楚民俗体育文化的起源、发展、走向等是十分重要的课题。这些就使得民俗体育文化的研究方法和研究策略、定位选择的研究显得特别重要。接下来，我们将对这个问题进行详细的阐述。

一、我国民俗体育文化研究的定位

我们今天研究民俗体育文化常常是以现行的行政区划作为区分的界限。不过需要注意的是，在相关研究中，自然地理与行政地理、人文地理常常不重合。这种行政地理和人文地理、自然地理不一致的情况，常常会干扰人们对民俗体育文化的研究。比较常见的现象是某一个区域文化常常包括若干个亚区域文化，这些亚区域文化构成了整个区域民俗体育文化。例如，浙江文化主要包括越文化和吴文化。越文化与吴文化尽管同处浙东地区，但还是有很明显的不同。浙东北部的宁波和绍兴地区在文化习俗、语言表达方面与浙江北部比较相似。浙江东南部的温州则与福建文化有一些相似。在实际研究中，我们都需要考虑这些因素。针对民俗体育文化的研究正是我们研究亚区域文化的典型代表。

我们对民俗体育文化研究主要有两方面特征：①紧紧围绕人民群众的生活是我国民俗体育文化最鲜明的特征；②研究民俗体育文化主要是弘扬、光大我国民俗体育文化的优势特征。要想准确理解我国民俗体育文化的研究定位和研究方向，就需要我们厘清民俗体育文化的相关内涵。

1. 民俗体育文化是我国优秀的民俗文化的重要代表

我国民俗体育文化是各地区人民群众长期社会实践积累下来的物质文化财富和精神文化财富的统称。我国民俗体育文化的精神内核是各区域人民群众精神面貌、思想意识、心理状态、人生观念和人格特征的集中表现。我国民俗体育文化是民俗文化内核在某个地区的反射。我国的民俗体育文化根植于一定的自然环境和人文环境中，它是传统民俗文化的重要组成部分，也是优秀传统文化不断传承、不断发展的成果。民俗体育文化的精神内核和精神特质是特定民族的民族精神。我国民俗体育文化是在中华民族中由人民群众共同创造、共同传承，经历了千百年的历史积淀才形成的文化精品。它展现出千百年来镶嵌在一个国家或者民族精神深处的文化内核。

2. 我国民俗体育文化具有很大的影响力

伟大的共产主义者马克思和恩格斯曾经说过："一个民族或一个时代一定经济发展阶段，便构成为经济基础，人们的国家制度、法的观念、艺术以至宗教观念，就是在这个基础上发展起来的，因而，也必须由这个基础来解释，而不是过去那样做得相反。"我国民俗体育文化作为我国社会中生存、发展的重要生活形式正是这句话的典型反映。文化生产和文化消费是互为因果、共同进退的文化产业现象。没有文化消费就没有办法进行文化生产；没有文化生产文化消费也就无从谈起。基于这一点，我们理解民俗文化的消费和生产就较为容易。我们不但可以将民俗体育活动理解为物质化的人类行为，还可以将民俗体育文化理解为集中体现精神意识的隐形文化。但无论是隐形文化还是显形文化都与文化生产密切联系。不同的生产方式和地域特征会综合形成特色鲜明的民俗体育文化。

3. 我国民俗体育文化研究关注文化传统

我国民俗体育文化研究首先关注的是文化传统。文化传统主要是指传统社会的价值系统和整体生活方式的总称。文化传统可以以无形的方式、有形的方式两种形式存在。因此，弄清我国民俗体育文化传统的特征、充分呈现地方性体育文化的特色是地方性民俗体育文化传统研究的关键所在。我们必须首先准确把握好地方性体育文化的特征，才能准确定位地方性体育文化，才能确立民俗体育文化应有的地位，树立地方性体育文化的品牌和形象。

4. 我国民俗体育文化具有开放性特征

民俗体育文化是一个动态的概念，而不是静态的概念，它会随着社会的变迁而改变其内涵和外延。民俗体育文化属于上层建筑的一部分，它受到社会环境和经济发展的双重影响。民俗体育文化一经产生就具有一定的稳定性和动态变化性。它可以对经济的发展产生持续的作用力。民俗体育文化的生存、发展与成熟离不开一定的自然环境、人文环境。这就要求研究工作者必须坚持与时俱进和具体问题具体分析。实际上，民俗体育文化在社会发展中形成、发展和成熟，离开了特定的社会背景民俗体育文化就无从谈起。

二、我国民俗体育文化研究的策略

1. 选择我国民俗体育文化研究策略的基本思路

大力弘扬我国民俗体育文化的宗旨之一就在于借助我国民俗体育文化来推动全民健身和民间体育的发展。这么说来，我们就需要考虑如何选择我国民俗体育文化的研究策略和研究思路的问题。关于基本策略和基本思路，笔者有两点思考。

（1）开拓创新，在我国民俗体育文化现有的发展水平和发展条件上积极创造和拓展，将一些特色鲜明、紧贴时代的元素发挥出来。

（2）尊重历史，立足现实，在历史中发掘那些适应今天需要的民俗体育文化或者相关元素，使其焕发光彩，发挥应有的作用。

当今世界，我们已经处在信息融合、体育全球化、经济全球化的好时代。在这个背景下提出突出、弘扬我国特色的民俗体育文化正合适，原因在于，我国民俗体育文化的大发展和大繁荣将有利于为体育全球化和融合发展提供新的素材，注入新的活力。这样，我国民俗体育文化就能既与世界先进体育文化融合发展，又能长久发挥自身的特色。

2. 我国民俗体育文化研究的基本策略

（1）加强田野调查，直面现实和困境。田野调查是研究民俗体育文化的最基本方法。我国的民俗体育文化研究常常局限于民俗体育文化的学术方面，即使进行田野调查也仅仅限于进行纯粹的讨论，研究的成果忽视了民俗体育发展的社会现实问题。这就导致民俗体育的研究成果往往脱离现实，出来后也仅仅停留于学术层面。针对这个问题，一些学者提出民俗体育研究应该立足现实、关注人民群众、贴近民生，以解决实际问题作为民俗体育研究的主要方向：针对民俗体育文化的研究成果不应该仅仅停留在著书立说的层面上，而应该通过相关研究发掘民俗体育的实用价值，使其真正对人民群众的强身健体发挥功能；把民俗体育文化的专业知识与人民群众的体育生活、文化娱乐事业相结合，这样就可以使得社会效益、经济效益相协调；通过不断深化民俗体育文化的理论研究，拓展民俗体育的长效发展链条，最终形成民俗体育文化的良性循环。我们应该认识到，我国的民俗体育文化类型多样、五花八门，无论是经济开发还是文化开发，都具有很强的潜力。因此，民俗体育文化产业化具有十分广阔的发展前景。例如，民俗体育可以与某一地区的旅游业相互融合，采取“民俗体育 + 旅游”的模式，这样就可以推动旅游业的发展，同时也会推动民俗体育的发展。只要我们真正直面民俗体育文化的现实，关注人民群众的身心健康，我国民俗体育文化就能走出困境，我国的民俗体育文化研究才能真正发挥作用。

（2）深化我国民俗研究的内涵。关于我国民俗体育文化的研究，笔者认为其要以地方性民俗体育文化品牌的树立为宗旨。这就要求我们要站在新的高度认识地方性的民俗体育文化资源。各个地区几乎都有属于自己特色的民俗体育文化，而且这些民俗体育文化都有着源远流长的文化积淀。因此，研究地方性的民俗体育文化必须进行仔细的调查、准确的定位、科学的分类、清晰的脉络，积极树立地方性民俗体育文化的口碑和品牌，通过口碑效应和品牌效应提高地方性民俗体育文化的美誉度、知名度。

对我国民俗体育文化的研究还要站在发挥地方性民俗体育文化教育、示范作用的高度上。全国范围内，无论是中小学还是民俗体育相关的高等院校，都可以通过开展多种多样的民俗体育活动来发挥民俗体育的教化功能。这些活动的开展或多或少会让青少年掌握我国民俗体育文化的相关历史知识，也能够让青少年多掌握一种强身健体的方法。这对于我国民俗体育文化的传承、弘扬、发展意义重大。文化是历史与现实的交融与统一：历史在现实中沉淀和积累，现实则通过历史不断得到升华。研究我国民俗体育文化要有历史的眼光。对于民俗体育文化，我们应该加强革新，去粗取精，使其适应现代社会和现代文明，适应当下社会人们的喜好和习惯，使其特色得到保持，使其时代性得到体现。我们应该重视民俗体育的教育功能，对其提升素质、转变观念、促进人的全面发展等教育作用给予重视，以此充分拓展其教育功能。

对我国民俗体育文化的研究更要站在推进地方性文化资源的保护、利用及传承的高度。由于时代的变迁和历史的发展，许多民俗体育文化要么被遗忘在角落，要么消失在历史深处，要么只能在博物馆的字里行间、文物实体中看到，一些还在传承的民俗体育文化也由于近年来社会发展进程的加快而影响力渐渐衰微。由此笔者认为，目前挖掘、搜集、整理和传承民俗体育文化资源并将现存的民俗体育文化发扬光大才是当务之急。我们应该积极引导人民群众参与到民俗体育活动中来，使民俗体育活动能够在人民群众强身健体、丰富精神生活等方面发挥作用。

笔者认为，我国民俗体育文化的研究工作应该不断更新视角和维度，以取得新的实用的研究成果。近几年来，许多高等院校已经对我国民俗体育文化的研究进行了新的探索和尝试。在这个基础上，一大批优秀的民俗体育文化研究成果相继问世。这些成果无疑为我国民俗体育文化的深入研究开拓了新的道路、提供了新的方法和思路。

（3）立足区域实际情况，充分发挥区域优势，提升民俗体育的效益。《全民健身纲要》在全国实施以来发挥了十分明显的作用，具体表现在：人民群众的身体条件取得到了明显的提高，全民健身的理念在全社会得到了认可和普及。相关的主管部门应该将我国民俗体育与全民健身的特色相结合，充分调动一切力量，促成政府与社会、民间等共同出力来举办特色鲜明的民俗体育运动会。我们还应该充分发挥市场作用，积极引入市场机制和商业运营模式，以民俗体育的提高与普及相结合为根本目标。我们还应该积极开展社会体育指导员的培训工作，当把我国民俗体育活动纳入体育指导员的培训工作，从培训项目、培训内容、培训对象等方面狠抓落实，有系统地培训一支专业知识过硬、思想觉悟极高、饱含奉献精神的指导员队伍，并使这些指导员在民俗体育文化的宣传、推广中发挥应有的带头作用。

（4）有计划地挖掘整理，确立我国民俗体育研究重点。我国的民俗体育文化同其他类型的民俗文化形式都属于中华民俗的精神财富。政府应该积极引导研究人员加强对民俗体育文化及其文化背景和文化价值的研究，发掘、提炼、复原、记录、传承这些宝贵的文化遗产。这些工作离不开政府的大力支持，离不开科研机构的鼎力协助，离不开研究人员的奉献精神。另外，科学技术的作用也应该体现在民俗体育的挖掘、整理过程中。许多技术手段都可以被充分应用到民俗体育文化的合理化和科学化。笔者认为，要传承民俗体育活动，真正的措施是让其在人民群众的身体锻炼中发挥作用，而不是仅仅停留在文字的保存和文献的整理方面，毕竟民俗体育文化是行为性的民俗，而不是理论性的民俗。因此，借助高科技对民俗体育活动的规则和方法进行记录和保存，虽然能够在一定程度上做到对民俗体育的挖掘和展示，但也仅仅是第一步，真正地还需要把民俗体育文化融入人民群众的身体锻炼中来。

在实践中，我国民俗体育文化是民俗学研究和体育学研究的相对较新的问题。在全球化、现代化、网络化的背景下，我们该如何对待我国民俗体育文化，已经成为民俗文化研究和体育文化研究的重点选题，也已经成为地方性名片建设和发展区域经济等的重中之重。随着世界文化交流日益频繁及现代化进程的深化，民俗体育文化的经济价值、社会价值、文化价值越来越被重视。如何减少世界体育文化交往日益加剧给我国民俗体育文化带来的冲击和挑战，已经十分迫切地成为需要大家深入思考的问题。这个问题是所有民俗体育研究者和从业者的使命和责任所在。因此，我们必须加强研究民俗体育文化的相关理论和实践，选择合适的研究策略，确定正确的研究方向和定位。只有这样，才有利于我国民俗体育文化的记录与传承，有利于对民俗体育文化多样性的选择，有利于为民俗体育特点的发挥提供更大的发展空间。

第二节　民俗体育文化区域发展

我国民俗体育文化具有明显的地域性和原生态性特征。作为我国传统文化的重要组成部分，民俗体育文化能够很好地维护我国民族文化的安全性和多样化，它是我国民族传统体育文化和中华民族传统文化的典型代表和瑰宝。不过，在各国的不同文化不断交流、经济全球化进程不断深入的情况下，越来越多的民俗体育失去了其产生、发展，甚至生存所依靠的自然环境和人文环境，其生存空间不断被压缩，生存环境不断被剥夺。更加严峻的是，一些地域特色明显的区域性民俗体育文化已在现实生活中消失，仅仅存在于我们的文本中或者记忆中。因此，笔者认为，对地域性的民俗体育文化的保护和传承已经刻不容缓。

一、民俗体育文化地域性和原生态性

民俗体育文化的地域性指的是民俗体育活跃在一定区域，由特定区域的人民群众创造并传承的特征。例如，黑龙江的冰雪体育、新疆的民族舞、西藏的民族舞、内蒙古的赛马等都具有鲜明的地域特色，与当地人民群众的日常生活密切相关，与当地的自然环境紧密融合，深深受着风俗变迁、地理环境、生活习性等的影响。这些民俗体育在服装、活动规则、运动的名称、舞蹈的形式等方面都具有鲜明的地域性特征。因此可以说，地域性民俗体育文化是不同地域人民群众在长期社会实践中创造的成果的总和，它是自古以来原著人民群众在一定的自然环境下形成的多种多样的民风习俗，是我国传统文化的重要构成。区域性民俗体育活动是一个地域不同于其他地域的民俗体育活动，它融合了各个区域人民群众的文化特色，具有很强的地域特征。同时，地域性民俗体育文化具有动态性和开放性，它形成于社会发展过程中，并丰

富和完善于社会发展中。根据相关资料的成果，原生态被认为是那些没有被大众化，饱含乡土气息、乡土情结的、原始的文化形态，它没有受到外界的影响，也没有发生变异，是事物的原始状态和本真状态。原生态是一些地域性民俗体育存在于人类历史上最稳定的方式，它与人们生存的自然环境和人文环境中与各种因素和谐共存，维持着一个十分稳定的平衡状态。原生态体育形式具有随机性传承性、参与性，是省力的而不是刻意的，是自娱自乐的而不是纯体育性质的。它是原著人民群众日常生活中的一种必需的活动，也可以说是上古时期体育运动的起源。例如，云南丽江的东巴跳、湖北南漳县薛坪镇一带的端公舞、湖北长阳土家族自治县的巴山舞等民俗体育都显得质朴、粗犷、原始风情浓厚。它们成为当时人民群众表达美好愿望、寻求精神依托的一种形式。

二、民俗体育文化的特点

1. 原始的崇拜性

区域性民俗体育文化起源于科学技术落后、人民群众文化素养贫瘠的原始时代，它诞生于人们在处理与自然的相互关系的过程中。在原始社会的环境下，人们以基本生存为最大的目标，自然条件成为与人们生存密切相关的主要因素，人们需要风调雨顺来获取更多的粮食，需要变得更加强壮来狩猎，这让祈求风调雨顺和狩猎顺利成为祭祀活动的目的之一，也由此产生了民俗体育活动。在原始社会的图腾崇拜中，早期人类意趣盎然于模仿或者膜拜于大自然中的植物或者动物。不同的地域、不同的自然环境下人民群众所崇拜的植物或者动物是截然不同的，因为每个地域人们所崇拜的一定是他们所能接触的事物。例如，土家族主要崇拜白虎，纳西族主要崇拜金蛙，苗族主要崇拜孔雀，蒙古族主要崇拜雄鹰等。远古时期，因为人民群众对自然界的认识极其有限，因此，人们就会对人类认识不了的事物产生敬畏之情和膜拜之心，最终将某种动物、植物或者其他物种作为族群的先祖或者保护神。人们希望膜拜物能够无时无刻不护佑他们平安和幸福，人们还寄希望于从膜拜物的身上获得能力和解决问题的办法、幸运等。因此，从本质上来看，图腾是一种被人格化的崇拜对象，这种崇拜对象饱含着人们的美好愿望。例如，黑龙江鸡西的《老擓舞》就能够很好地说明这一点。鸡西的《老擓舞》是鸡西秧歌的一种。因为鸡西地区的人口来自四面八方，多种文化交汇发展，所形成的鸡西的《老擓舞》就很好地反映了原著民的地域特色，同时又融合了新居民的地域特色，体现了原始的崇拜。

2. 自然的场域性

法国学者布迪厄将“场域”定义为：“将一个场域定义为位置间客观关系的网络或一个形构，这些位置是经过客观限定的。”区域性民俗体育的缘起与发展离不开特定的生态环境。这个特定的生态环境主要包括一个区域的自然地理环境和社会意识形态。区域性民俗体育在社会不断发展变化的过程中，受到当地居民宗教信仰、社会风俗、族群习惯等的影响，其自然会表现出一定的场域性。在不同地域居住的不同民族所形成和发展起来的民俗文化具有很大的差异性。例如，满族的珍珠球、土家族的女儿会、瑶族的盘王节、壮族的歌婆节、羌族的青苗节等民俗节日中都会伴随大量的民俗体育活动，如扁担舞、巴山舞、芦笙舞、汤瓶舞等。由此可见，民俗体育具有显著的内生性，其产生必须依托各自的生存土壤，由内部机制的相互作用而产生，外部力量只起到推动或者阻碍作用，而无法起到根本作用。假如人为地改变民俗体育的发展环境、发展方式，必定会因缺乏天然的自我保护屏障而带来极大的破坏。由此可见，原始民俗体育只有在一定的场域内才具有强烈的稳定性和生命力，才能获取自身的可持续发展良机。

3. 固有的生活性

民俗体育是原著居民在日常生活中所形成的一种体育活动。它的开展反映了当地居民的生活习惯和生活技能。通过一些民俗体育可以找到原著先民抗击外敌的激烈场景、喜迎丰收的欢快情绪、不断迁移的难忘回忆、开创事业的丰功伟绩等。这些具有原始味道的文化常常融入人民群众的日常活动（如祭祀礼仪、节日庆祝、婚丧嫁娶、生活习俗等）中，成为人们增强气氛、释放激情的情感方式。例如，土家族居住在高山密林中，他们日常生产中上山下河的行为动作经过抽象演化就形成了今天的土家族的巴山舞。巴山舞代表性的动作是同手摆——上左脚摆左手，上右脚摆右手。这个动作要领是一种典型的上山下坡时的动作形态，反映了土家族人的日常生活。而汉水中上游地区流传的薅草锣鼓舞也是人民群众在生产活动中为带动群体、鼓足干劲、减缓疲劳的一种民俗体育形式。人们借助这种民俗体育方式激发劳动热情，推动生产发展。这些具有典型的地域性民俗体育活动成为人民群众日常生活、生产中的重要内容，极大地丰富了人民群众的文化生活和精神世界。

4. 特有的象征性

一般来说，原始的民俗体育起源于并服务于当时社会的各种仪式或者活动，是当时的人们节日庆典中的代表性项目。人们在节日里举行相应的民俗体育活动，主要用来祭祀祖先、神灵或对农业丰收的庆祝。例如，端午节赛龙舟，元宵节期间舞龙、舞狮，重阳节登高，中秋节舞火龙，清明节春游踏青等民俗体育都是民俗节日的主要活动，它们已经融入人们日常生活中成为传统民俗节日的代表性活动。另外，当一些民俗体育活动难以表达某种抽象性的意思时，就需要借助一些器物来传递某种信念或情感。例如，土家族的八宝铜铃舞中舞者舞动的铜铃上都雕有马头。这个马头主要象征先祖骑过的宝马，表达对先祖的一种尊敬和怀念。舞者舞蹈时翩翩起舞，手摇铜铃，高唱祈福祭祖的歌曲，怀念先祖并祈求神灵护佑，表达对亲人的思念。云南省丽江的东巴族人民群众在进行东巴跳这个民俗体育时，左手握板铃（象征太阳），右手持手鼓（象征月亮），表达了对大自然的一种敬畏。

三、区域性民俗体育的发展障碍

1. 外界环境不断恶化

早期的民俗体育可以被看作草根文化活动，其以特定的地理环境作为发展的土壤和源泉。然而，在如今全球化迅猛发展的条件下，区域性民俗体育正受到越来越多的挑战和冲击，这些挑战和冲击对民俗体育的生存、发展、保护和传承构成了威胁。这些冲击和挑战主要来自都市文化。

都市文化和现代体育的冲击导致许多民俗体育因为无人问津而面临消亡的窘境。我国区域性民俗体育的发展离不开特定的自然环境。这是因为，自然环境影响着民俗体育的地域性特色，是民俗体育赖以生存和发展的土壤。不过，随着各种高新技术的运用，以及我国城镇化进程的不断深入推进，使得我国社会正高速发生转型，即从乡土社会转变为城镇社会。在这种转型中，人民群众的观念也不断发生着改变，新的生活方式和生产方式已经取代了原始的、古老的生活方式和生产方式。这种变化导致区域性民俗体育的发展屏障被清理的荡然无存。民俗体育文化的区域性特征越来越找不到踪影。此外，大多数民俗体育的发源都与特定的生产方式紧密相关，许多区域性民俗体育活动就是由原始生产劳动中抽象、发展而来。例如，射箭和投枪的民俗体育从打猎活动中发展而来，巴山舞和薅草锣鼓从农业活动中发展而来。不过，随着现代社会科技的迅猛发展，原来的劳动方式和生产方式已经被机械化、自动化和工业化手段所代替，这种源头上的改变对一些民俗体育的影响是巨大的。自然环境的变化也会对民俗体育的发展带来不良影响，使其失去了赖以生存的土壤。

2. 政府保护力度有待加强

非物质文化遗产是党和政府保护与发展我国优秀传统文化的英明举措，更是我国民俗体育文化不断发展、走向繁荣的大的机遇。在如今传承、保护、挖掘传统文化遗产的潮流下，党和政府加强了对民俗体育文化的重视程度和支持力度。一些地方的民俗体育文化也得到了相当程度的传承与保护。但在一些地方由于仅仅追求短期的经济效益而忽视长远的社会效益等多方面的原因，导致一些地方的政府部门对民俗体育文化的传承和保护还仅仅停留在思想上，许多保护政策还没付诸切实有效的行动。还有一些地方政府以保护非物质文化遗产的名义套取经费，挪为他用，民俗体育文化的保护成为一些投机官员套取经费的由头。由此我们可以发现，许多区域性民俗体育的发展目前方式仍为自给自足、自生自灭。但是也有一些地方，党和政府对于区域性民俗体育的发展和保护政策许多还停留在纸面上，还有待落实和推进，民俗体育文化的发展前景令人担忧。

3. 文化认同不断减弱

文化认同是个体对于所属的文化及文化群体产生内化并产生归属感，从而获得、保持与革新自身文化的心理状态。随着文化融合与社会变迁的进程不断深入，不同地域的人民群众会出现不同的价值观、世界观，因此会出现不同的文化认同结果。美国学者奥博格教授曾经提出“文化休克”概念。文化休克指的是随着人类迁徙和社会变革，人们就会进入新的文化环境，而当人们进入新的文化环境后就会出现不协调的心理体验，进而就会对原有的文化体系产生怀疑和不信任，带来文化认同的弱化。随着我国经济、社会的快速增长，高新技术越来越多地走进了人们的生产和生活中，这一点对人们的思维观念、生活方式等都产生了明显的影响，而与原来的生活环境、生活习惯、思维方式已经不同了。方方面面的改变使得人们对传承下来的民俗体育失去了兴趣，对参与民俗体育活动的热情也逐渐变淡。这一点在如今的青少年身上表现得尤为突出。

4. 传承现状日渐衰微

随着全球化持续推进，世界各国不同文化的碰撞在所难免。尤其是现代体育的强势冲击，导致青少年对我们自身的民俗体育文化很难接触到，更别提对民俗体育文化继承的兴趣。许多因素综合起来导致区域性民俗体育正面临着后继无人的尴尬境地。因为大多数的区域性民俗体育都是行为性的民俗，其传承的模式主要是一代一代人的言传身教。不过，随着我国经济、社会的迅速发展，传统、单一的农业经济的发展方式已被市场经济的发展方式所代替，乡村的经济结构已经表现出多元化的趋势。随着乡村的人们越来越多地进入城市，大多数中青年人常年在城镇工作，所接触的都是城市文明，而对于民俗体育这个传统文化的情感日渐淡薄，对民俗体育的热情逐渐消退。由于乡村留守人群以老弱幼为主，且这些人也越来越少，使得民俗体育的传承和传播都面临很大困难，从而造成传承人逐年减少。随着区域性民俗体育活动传承人的离世，一些具有民族文化特色的区域性民俗体育就会出现传承的断层。

5. 发展模式不良变异

正常来说，地域性民俗体育文化的内涵十分丰富，具有十分鲜明的地方文化特色，这种地方文化特色常常具有一定的稳定性。不过随着社会的变迁，原始民俗体育的文化特征在发展中已经出现了变化，这使得民俗体育原本的祭祀神鬼的原始功能被弱化，而适应世俗的苗头不断增强，民俗体育文化的本色已经沾染上了如今社会的浮躁、肤浅的趋势。另外，一些急功近利的商业化开发，只会导致民俗体育的粗浅化和商品化。一些对民俗体育的改造措施只会照搬照抄、任意复制那些当地牛头不对马嘴的民俗体育文化，导致一些优秀的民俗体育要么开发有限要么吸引力下降，面临衰退或消亡的窘境。例如，我国贵州黔东南的独木赛龙舟活动正是远古时期竞技体育的萌芽和活化石，是一种反映特别民族特征的文化遗产，它的活动形式是对自身特有的模式的适应。不过，由于当地照搬一些国际化的规则对其进行改造，使许多当地人渐渐失去了参与的热情，使得独木赛龙舟运动的关注度逐渐降低。区域性民俗体育以功利性为手段的发展变化，对民俗体育的可持续发展和平衡发展较为不利。

四、地域性民俗体育原生态传承的策略

1.服务地域文化发展规划

民俗体育是区域性传统文化的代表。它既是该地区人民群众在认识世界、改造世界过程积淀的精神财富，也是该地区人民群众日常生活、文化风俗的写照，集中反映了该地区的整体文化风貌。因为单个文化势单力薄，在发展的过程中如果遇到强势文化就难以避免会被改变、整合。所以，地域性民俗体育的整体发展才是民俗文化发展的根本诉求，是一个地区传统文化传承发展的必然路径，是立足于世界文化的选择。由此可见，区域性民俗体育要想得到长足的发展、传承，就应该优先发展一个地区的整体民俗文化，使其能够自觉融入地域性文化的发展浪潮中，以增强地域性文化的发展活力，从而使其得到同样的发展、传承，使其获取更多的生存与发展空间。只有如此，才能使得民俗体育在地域文化发展中获取优先的位置，促进其可持续发展。

2.充分利用文化改造乡村

利用文化改造乡村说的是借助弘扬优秀乡村文化的过程，使得民间独特的文化和风俗习惯得到弘扬和壮大，以此抵消城镇化给乡村带来的冲击和挑战，并在这个过程中保留乡村社会中的人文情怀和精神内核。我们可以充分利用改造乡村的相关经验，在地方政府的引导和支持下，立足自身的特色和优势，以县、乡、村为单位发展多种优势明显的民俗体育活动，通过文化扶持确定民俗体育的传承人，设立民俗体育示范单位，以此带动区域性民俗体育的发展、保护。

3. 文化生态的活态保护

文化生态的宗旨在于阐释那些具有不同地方特色的模式和文化的起源。由于不同的地区生产方式、自然环境、社会组织的差异化发展，使得不同地区的民俗体育文化具有多样性和异质性特征。从这个角度来说，地域性民俗体育与当地的风土人情、民俗习俗、精神信仰、生活习惯等都紧密相关。民俗体育的传承一直与临近的文化类型共同前行。因此，地域性民俗体育的传承与保护必须紧密结合其所处的社会环境与自然环境，对其保护应该以文化生态的活态保护为主，即从该地区的整体文化生态出发，站在地域性民俗体育发展的高度上进行保护和传承，使其融入人们的日常生活，而不仅仅将其在申遗成功后束之高阁。只有如此，才能促进民俗体育活动在文化生态环境中进行自我革新，完成新陈代谢，从而获取更为广阔的生存空间和发展空间。

4. 去模式化发展

民俗体育的原生态发展必须遵循其特有的发展方式，我们不能急功近利地按照某一种模式来照搬照抄地对其进行规划。在民俗体育的发展中我们必须把握其原生态的价值体系，去模式化地探索其发展的道路。当前，忽视原生态民俗体育的本源意义、人为地再造民俗体育的形式、急功近利地对民俗体育进行建设与改造、生搬硬套的模式化给地域性民俗体育带来极大的破坏、伤害，这种非理性的革新只会使民俗体育在消亡的道路上越走越远。与此同时，模式化与区域性民俗体育的发展特点一点也不适应，模式化道路的结果只会导致民俗体育的民俗性、地域性、丰富的象征性走向消失，进而导致自身生命力的减弱。因此，在民俗体育的原生态发展过程中，我们应该遵循适合其发展的路径和方式，边抢救边发展，在保留其原有风貌的条件下使其不断适应新的环境，只有这样，才能使原生态的民俗体育的保护工作切实可行地落到实处，实现其可持续发展。

5. 增强青少年的文化认同

民俗体育的传承从根本上来说，没有人民群众的支持是不行的，我们必须重视对群众基础的重视。这一点对代表着祖国未来的青少年来说尤为重要，他们是我国民俗体育文化继承与保护的生力军，他们的认知、行为和态度会对我国民俗体育的传承产生直接的影响。由此可见，针对青少年的民俗体育文化宣教工作就显得相当重要。教育部门应该立足当地实际，因地制宜、因材施教，最大限度地为青少年体验民俗体育文化提供平台和条件，以让他们早期领略民俗体育文化的魅力与精髓。我们应该充分发挥教育、教学资源的作用，积极研发小本教材，开设校本课程，将民俗体育教育融入学校日常教学中，使青少年能够在早期充分了解我国优秀的民俗体育文化，增强其民俗体育文化的自信心，培养其对民俗体育文化的文化认同。另外，行政管理部门应充分发挥报纸、图书、期刊、广播、电视、互联网等媒体的作用，传播民俗体育文化。

总之，民俗体育文化是我国传统文化的重要组成部分，是中华文化的宝藏，是我国传统文化的典型代表。民俗体育文化蕴含着我国人民群众强烈的民族感情和民族精神。在现代体育的强势“霸屏”及越来越多人忽视传统文化的现实状况下，保护与传承民俗体育文化就显得相当重要。基于此，笔者认为，我国的区域性民俗体育要想取得长足发展，就必须立足本土文化土壤，树立文化自觉与文化自信意识，抓紧制定文化发展的整体规划和整体布局，努力保护、传承我国优秀的民俗体育文化。

第五章　民俗体育的现代化

第一节　新时代语境下的民俗体育

语境作为语言学的学术术语，于20世纪60年代引入民俗研究领域，它是指与言语交流相关联的社会背景和文化背景。“语境”的引入使得民俗体育的研究突破了以往的限制，使得民俗体育的研究从时代背景的抽象、独立的文本中脱离出来，进入了人们的日常生活领域。这一点可以理解为，立足民俗体育产生、发展的社会背景来观察民俗体育，探索民俗体育的形态、价值和影响。民俗体育文化是中华文化丰富历史积淀的记忆。它饱含着中华民族独特的生存观念、精神家园、文化想象力、思维范式、乡土情结。它直接反映了我国乡村社会的文化内涵和精神内核。民俗体育作为人类的一种行为语言与相关的社会背景和文化背景紧密关联。例如，近几年来，我们党和政府采取了一系列措施来保护民俗体育文化：积极推动的非物质文化遗产保护工作；大力推进和落实社会主义新农村建设工作；颁布了《国家“十三五”文化发展规划纲要》（以下简称《纲要》）等支持民俗体育的发展。这些政策的出台构成了民俗体育文化发展的当代语境。这个语境对民俗体育文化的发展和传承产生了积极的影响。

一、民俗体育文化的发展契机

1. 非物质文化遗产保护工作带来的机遇

非物质文化遗产是一个民族的DNA，它能够体现一个民族的身份，作为一个民族的历史文化活化石，是各民族在各自的自然环境、人文环境中创造出的中华民族优秀传统文化的重要组成部分。它在很大程度上体现了中华民族文化独特、多样的特征。随着现代化进程的深入和全球一体化趋势的强化，非物质文化遗产在这个过程中受到极大的挑战。这是因为，我国的文化结构已经发生了很大的变化。这种变化主要包括：民俗体育文化所依存的社会语境和文化语境已经发生了变化；民俗体育等主要依靠行为和口授来传承，其正在不断走向式微或者消亡。

1989年，联合国教科文组织第一次提出了非物质文化遗产这个概念。可以说，保护非物质文化遗产在世界上已成为势不可当的潮流，延伸下来，民俗体育文化的保护也是无法回避的潮流。从目前已经公布的国家级非物质文化遗产名录我们可以看出，一些民族舞蹈、杂技、民间竞技活动、民俗文化中都包含着特色鲜明、种类繁多的民俗体育活动。例如，江西永新的盾牌舞主要受到赣文化的影响，它是江西省民俗体育文化的代表性活动。作为急需受到保护和重视的民俗活动项目，它已经于2006年被列入国家级非物质文化遗产名录。自从改革开放以来，全球化和世界经济一体化的浪潮席卷我国各地，留给民俗体育文化进行调节及适应的时间、空间极其有限，民俗体育的体系、结构、基础、文化背景均受到了飞速的颠覆和重构。许多新事物使得越来越多的人开始迷茫和彷徨，并走上盲目崇拜新事物的道路。来势凶猛的全球化、市场经济，追求科技创新的工业文明和城镇文明对民俗体育的发展带来了许多挑战。

另外，广大乡村的空壳化使得许多民俗体育的传承后继无人。经济压力使得大多数青壮年劳动力进入城镇工作和生活，留守的大多是老幼。青壮年作为民俗体育文化传承和保护的主要力量，其人数的不足使得民俗体育的传承人也面临数量上的不足。与此同时，现代文明与传统文化的交流和碰撞使得民俗体育的传承及保护也面临着理念上的困境。民俗体育要保持其原来的文化精髓和精神内核，同时还不得不与人们今天的需求和时代的发展相适应，就必须面临城镇文化的大力冲击。民俗体育在被冲击和受保护的双重情况下生存，不但要探索发展和传承的道路，还必须面临城镇化的冲击和挑战。例如，江西省永新的盾牌舞已经申遗成功，得到了国际社会的保护和认可，但其现在已经被改造得找不到原来的那种激情四射、热烈浓郁、紧张兴奋的气势，其吸引力也大不如前。

2. 新农村建设的机遇

自从国务院颁布《全民健身计划纲要》（以下简称《纲要》）以后，我国的乡村体育事业开始走向蓬勃发展的新征程，但由于长期以来乡村体育事业面临着基础设施薄弱，相关投入不足，当地政府重视程度有限，乡民自身体育锻炼意识薄弱等诸多问题，使得乡村体育事业依旧是我国基层体育事业中的薄弱环节。而由于城镇化建设的加快和城镇各项设施的完善，城乡之间的基层体育事业存在的差距也越来越大。新农村建设是乡村的全面建设，也包括乡村人民群众的身体素质发展和精神文明建设。农村群众的文化素质、身体素质的增强是新农村建设成功与否的重要指标。而发展乡村体育事业正是实现这一目标的基本路径。

基于此，笔者认为，假如乡村体育事业的发展没有作为实现小康社会的目标和要求，必定会对新农村建设的效果产生直接影响。《纲要》的宏伟蓝图要想顺利实现，就必须考虑乡村体育事业的发展，就必须考虑乡村人民群众的健康事业。民俗体育在乡村体育事业发展中占据重要的位置。这一点主要是因为民俗体育以乡村为根基、以农民为传承人、以日常生活为依托。因此，新农村建设为民俗体育的发展带来了不可多得的契机、活力、条件、生机和文化氛围。新农村建设对发展、保护乡村民俗文化十分有利，因为它可以为保护和传承乡村民俗体育活动带来新的思维、理念、方法和技术。在我国群众体育管理体制已经出现了转变，这种转变主要表现在：政府单一管理型体制向“政府＋社会管理”型体制转变。新农村建设有利于民俗体育的主体力量的培养和组织队伍的建设，有利于打破农民间长久以来传统文化的局限，有利于农村群众完善其传承民俗体育的主体意识，有利于建立干群之间、群众之间和谐稳定、健康多样的人际关系类型，有利于改变、调整、整合农村群众的思想观念和思维模式，有利于农村人民群众形成健康的休闲娱乐方式，有利于不断提高农村人民群众的生活质量，有利于帮助农村人民群众抵制和矫正那些不良的价值和观念。

3. 政策的支持

《纲要》的颁布明确了民俗体育文化的地位，指明了民俗体育的发展方向。我国民俗体育既可以增强人民群众的体质，促进身心健康，也能够展现新时代我国人民群众的积极向上、乐观幸福的生活态度和精神状态，培养人们自尊、自信、自强的人格魅力，塑造人们不卑不亢、不屈不挠、不断开拓的心理品质。广大乡村地区是民俗体育文化的发源地，只要拥有合适的文化语境与文化空间，民俗体育文化就会爆发出极大的发展潜力。可以说，《纲要》的颁布为民俗体育的发展指明了方向，为其进一步保护和传承提供了更大的政策支持。在《纲要》的支持下，笔者认为，要想使民俗体育获得发展必须做好以下三点。第一，民俗体育应该紧密融合到教育体系中。例如，《纲要》在第三十条中指出：“中小学各学科课程都要结合学科特点融入中华优秀传统文化内容”“在人类无形知识和价值观念的传承过程中，教育的角色非常重要，尤其在那些传统知识传递链遭到人口增长和现代化进程所破坏的社会里，教育就更不能缺少了。”在第十条普及文化知识中提出：“高度重视义务教育阶段的文化普及教育，使广大中小学生掌握基本的文化常识和传统文化技艺。”教育领域汇集着社会发展的人力资源和智力资源。民俗体育与教育的融合发展有利于为民俗体育的发展和创新提供智力支持及人力资源保障。也可以使得我们能够从教育领域发展的角度观察和体验我们的民俗体育。第二，民俗体育应该积极走产业化发展。《纲要》第五章文化产业中明确指出："开发具有民族特色、地方特色、健康向上和技术先进的新兴娱乐方式，创新娱乐业态。"民俗体育作为反映一定地区人民群众的文化底蕴、思维、意识、情感和个性特征的载体，能够起到体现各种文化符号的作用。民俗体育所包含的丰富多样的符号类型可以作为文化产业发展的宝贵资源，提供文化产业发展的符号价值。例如，利用节日庆典这个平台来丰富"民俗体育＋旅游"的内涵，我们还可以通过开发民俗体育服装和器材等来带动手工艺品、服装产业、纺织产业的发展。经适当改造后，民俗体育发挥健身功能可开发健身培训市场等。第三，要充分利用民俗节日所搭建的文化平台和文化载体来传承民俗体育文化。笔者认为，保护和传承民俗体育文化，还应该把节庆与习俗的积极作用发挥出来，让其适应现代人的精神文化生活需求，与精神文明创建活动紧密结合，做好民俗体育内容丰富、内涵提升、形式创新等工作，保持民俗体育文化的基本元素。传统民俗节日是保护民俗体育文化的极好平台。这个平台作为文化传承、传播的载体之一，可以扩大民俗体育文化的影响。这个平台也是传统文化体系的重要组成部分。民俗体育作为传统民俗节日的重要组成部分，可以通过拓展传统文化创造的空间得到传承与发展。

二、文化语境发展的现实需要

1. 推动非物质文化遗产保护

民俗体育具有浓厚的乡村气息，它融入人民群众的传统习俗、节庆、休闲娱乐、礼仪中。民俗文化活动在举办的时候可以凝聚大量人气。当地的人们凭借地缘关系、亲缘关系、信缘关系、血缘关系等汇聚一堂，自然而然就会在心理上产生认同感。这个时候大力进行非物质文化遗产保护的宣传活动，可以有效地吸纳广大人民群众关注并参与到民俗体育的保护和传承中来，吸引更多的人加入非物质文化遗产保护工作团队，宣传民俗体育的保护知识，共同促使人们守护、建设我们中华民族的精神家园。发展民俗体育对塑造适合非物质文化遗产生存的环境十分有利。民俗体育是人民群众在其居住的地区长期生产、生活中创造、传承、延续而来的一种民俗运动形式，它体现着某个区域的传统文化，承载着一定区域人民群众的情感和记忆。人民群众借助开展民俗体育活动有利于加深其对本地区传统文化的理解、认同，有利于强化民族意识，强化自己在传承、保护、延续本地区文化传统方面的职责所在，从而从精神层面鼓励越来越多的人进入保护非物质文化遗产的队伍中。

2. 能够推动社会主义新农村建设

中央对我国建设社会主义新农村提出的总体要求："生产发展、生活宽裕、乡风文明、村容整洁、管理民主。"民俗体育对落实这个要求是很好的手段。这是因为：民俗体育的产业化发展可以帮助乡村群众多一条经济发展的路径，让人民群众过上更加富裕的生活；民俗体育活动能够帮助人民群众强身健体，增强体质，减少疾病，加快康复，增强人民群众的凝聚力，这样会进一步提高农村的生产力，促进农业经济的发展；开展民俗体育能够促进人民群众形成劳逸结合的生活方式，提高人民群众的生活质量；民俗体育具有教化作用，能够作为载体传播新时代的文化知识，提升人民群众的文化素质，推动精神文明建设。

相关研究表明，如今越来越多的地区借助开展民俗体育活动来凝聚人心，净化乡风，促进广大农村群众建立健康、科学、文明的生活方式，高效地占据了乡村文化的阵地，推动了农村民风民俗的持续好转。例如，一些乡村地区就出现了"建一片球场，少十个赌场"的提法。因此，我们应该充分发挥民俗体育社会主义新农村建设方面的重要作用。开展民俗体育活动有利于民间体育队伍的发展与壮大。同村的人主要通过地缘的纽带结合在一起，这其中亲情与同乡之情超过了其他一切的关系形态。这个社会群体在共同的生活中缔结出以乡情、亲情和地缘关系为基础的组织形态。它反映了以传统文化为底蕴的文化形态。在这个基础上，建立民间体育组织能够将传统文化与现代文化很好地融合在一起。

三、民俗体育文化的发展策略

社会主义新农村建设、非物质文化遗产保护及《纲要》等一系列政策的实施为民俗体育文化的发展构筑了新语境。社会主义新农村建设是民俗体育文化发展的动力所在，提供了新语境的社会基础；非物质文化遗产保护为新语境提供了表演和交流的平台，是民俗体育文化传承的关键所在；《纲要》是民俗体育文化发展的政策保障，为民俗体育的新语境提供了政策的支持。新语境给民俗体育文化的发展带来了巨大的机遇。在这种情况下，笔者认为，现在必须考虑的问题之一就是，新时代语境下的民俗体育文化采取怎样的发展策略。基于此，笔者认为，应通过以下方面来促进民俗体育文化在新时代语境的发展。

1. 把民俗体育文化传承人放在首位

关于民俗体育文化的发展，我们可以说，传承工作比挖掘、抢救工作更加复杂。这是因为，要想让一个已经失去生存土壤的民俗体育活动被人们所接受并认可，把其看作地区的代表性文化去自觉自愿地学习和传承是十分困难的。由于社会环境的变迁导致乡村社会出现空壳化的状况，这就要求我们对民俗体育的传承工作首先要解决传承人的问题，关于这一点，《纲要》指出了明确的方向，即民俗体育传承应该与学校教育结合起来。这一点和许多学者提出的民俗体育的传承路径相契合。不过，民俗体育文化借助教育领域来进行传承必须注意首先确定好其传承人。“从广义上说，非物质文化遗产的传承者并非某个个体，而应是一个群体；在这个‘群体’中可以划分出不同的层次：核心传承者、重要传承者、一般传承者。”按照不同层次划分非物质文化遗产的传承者的方法也适用于民俗体育文化。民俗文化传承人中的核心人物应该是国家机构认定的在某一个民俗体育的存在区域中有相当的影响力和权威性的民俗体育工作人员。这个核心人物需要在某项民俗体育活动群体中具有权威身份和主导地位。从学校教育教学的角度看，教师的角色就是民俗体育的重要传承者。这是因为，相对学生来说，教师队伍十分稳定，教师对民俗体育文化的传承更加稳定而持久，再加上教师的文化素养和教学能力普遍较高，因而就更加有优势发挥好民俗体育的相关功能。学生的优势在于数量上和学习能力上的优势。大量的学生能扩大民俗体育的传播空间，使得民俗体育的受众面更加广泛。

对于民俗体育的核心传承者来说，国家应该对其加强管理和支持，不能让其放任自流，而应该想办法激发其民俗体育工作的热情投入。非物质遗产保护工作为民俗体育的传承带来了政策、资金、组织等方面的强力支持，向国家级非物质文化遗产传承人提供一定的资金支持和荣誉支持，以扶持和奖励其为民俗体育文化传承所开展的工作。例如，江西地方政府已经对永新盾牌舞的传承人进行了物质上和精神上的奖励。盾牌舞的传承人也已经利用这个资助的经费开展了购置器材、组建团队等一系列的工作。各级政府应根据不同级别和不同层次向传承者提供不同的资金支持和政策支持。这个支持的钱数有可能数量不多，但必定会让相关的传承人产生强烈的自信和自觉意识。这种正能量的带动作用肯定是巨大的。当然，作为民俗体育的重要传承者，除了教师还可以从其他的人群中作出选择。民俗体育的爱好者只要满足身体素质、文化素质、技能素质等要求，就可以被吸纳到民俗体育重要传承者的队伍中来。

2. 坚持“人无我有”的原则

新的语境对民俗体育产业化会起到加速的作用，但在这个过程中也要防止对民俗体育进行过度开发和随意滥用。非物质文化遗产的现象提醒我们对民俗体育的产业化发展要遵循其本身的规律，不能任意套用一些成熟的模式或者做法。也就是说，对民俗体育的开发既要对民俗体育的发展、传承有利，得到好的社会效益，也要通过对民俗体育的开发产生一定的经济价值。当然，我们不能只考虑眼前的经济利益，而忽略民俗体育的文化价值，不能对民俗体育进行过度的商业化，因为过度的商业化只能取得揠苗助长、适得其反的效果。假如只从商业化的角度开发民俗体育，必定会使得人们产生拒绝、怀疑、不满的情绪。这无疑在一定程度上会破坏民俗体育的变异性、生态性、活态性、传承性等特征，使民俗体育偏离了非物质文化遗产保护的真实原则、人本原则、生态原则和发展原则，损害民俗体育文化的发展，从而危害民俗体育产业健康、和谐、有序的发展。这种情况也是我们不愿意看到的。新的时代背景要求在民俗体育的发展问题上必须以现代人的思维、意识和眼光，与时俱进地发展民俗体育文化，既要汲取传统的营养，又不要闭门修行，将自己孤立在世界文化大融合的文化背景，将人们对广博、多样的中华文化的情感诉求作为取舍的标准，建立多元并存的价值系统。当今时代，文化全球化和同质化的趋势十分明显，在这个背景下，我们在进行民俗体育产业开发时更应注意突出民俗体育文化的特征和内涵，强调某一民俗体育文化的差异化发展，本着“人无我有、人有我优”的原则探索民俗体育的产业化道路。历史经验和文化发展的规律告诉我们，只有当民俗体育自身的特色充分表现出来的时候，才有可能得到世界范围内的认可和欣赏；只有民俗体育文化中独特的、差异化的文化资源得到充分开发的时候，才能提高民俗体育产品的核心竞争力，才能使民俗体育文化实现真正的产业化发展。

3. 扩展民俗体育文化的发展空间

文化空间在《人类口头及非物质文化遗产代表作宣言》中的定义为“具有特殊价值的非物质文化遗产的集中表现。它是一个集中举行流行和传统文化活动的场所，也可定义为一段通常定期举行特定活动的时间。这一时间和自然空间是因空间中传统文化表现形式的存在而存在”。文化空间是联合国教科文组织“非物质文化遗产保护”项目的一个重要概念，属于非物质文化遗产的一个类型。我们从这个定义的角度看，分布在我国不同民族、不同地区的民俗体育活动都是民族特色的文化空间的典型代表。民俗体育作为传统节庆的重要组成部分，其必然是这些文化空间中固囿的内容。新的社会环境和文化语境能够为民俗体育文化的空间扩展带来可能性，为民俗体育文化的交流、融合与发展提供多元化的发展路径。

在现代化的进程中，我国人民一方面不断创造出现代文化以适应社会发展的需要和生产生活的需要，另一方面我们不得不承认，这种现代文化仍然受到传统文化的影响。我国目前正走在加速转型、全面改革开放的道路上，几千年流传下来的文化传统和思维模式，面对开放的社会环境肯定会产生文化震惊的情况。这一点说的是改革开放以来西方文化的涌入使我国国民产生了严重的心理压力和思想混乱。可以说，民俗体育所面临的一个主要问题就是文化空间不断被压缩。面对由物质文化飞速发展、非物质文化相对滞后的社会现实，笔者认为，民俗体育应保持发展的定力，认清自身的优劣，扬长避短，充分发挥自身的优势，有目的地扩展其文化空间。

首先，民俗体育的文化空间要立足于自身的优势，抓住新环境所带来的合适的社会环境，争取更多的宣传自己的机会和机遇。俗语说，“进攻是最好的防守”，从时间上来说，我们不必以传统节庆为固囿，而可以灵活处理，如可以在国庆、五一劳动节等全国性的节假日期间进行；从空间上来看，进行民俗体育活动并不局限特定的场地，只要符合民俗体育活动基本的条件、设施就可以；从形式上来看，只要抓住了民俗体育的核心要义就繁简皆可。例如，江西省永新“盾牌舞”参加 2005 年南昌国际傩文化艺术节踩街表演、江西省民间艺术节活动、首届泛珠三角“9+2”民间艺术表演比赛等都是主动进行对外空间的扩展。其次，在当前新的形势下，我们更应重视传承与保护民俗体育的精神内核，遵循其意义和价值规范。这是因为，尽管民俗体育起源的自然环境和人文环境都已经发生了变化或者已经荡然无存，但其精神内核经过上千年的发展和演变却变得越来越丰富。这种精神内核体现着一定地域人民群众的精神世界、思维方式和价值观念，不管外部环境怎样变化，其所蕴含的精神内核却能准确体现不同地域的文化特色。民俗体育是我们的文化传统传播和传承的媒介。它承载着厚重的、丰富的、多样化的民族情感，在人们的思维深处有着厚重的情结。随着我国社会的发展和转型，民俗体育文化也相应发生变化，在此过程中，我们应该明白，文化的延续发展离不开文化的“根”，这些积淀了几千年的民族精神和民族感情的“根”一旦消失，人类的损失就很难挽回。基于此，笔者认为，民俗体育文化的发展在新的文化语境中必须唤醒我国传统文化中所含有的随时代迁移与变革而被人们忽略的文化记忆，才有可能真正懂得人类文化整体的内涵与意义。

第二节　民俗体育的现代化

庞朴教授认为，人类的文化基本上可以从三个层次进行分类：物质的、制度的、精神的。其中物质是最活跃的，为文化的发展提供基础；制度是最具约束性的，它对文化整体的性质进行了规定；精神是相对保守的，它深刻影响着文化的形态和走向。因此，笔者认为，在文化的对外交流过程中，物质的东西交流起来相对容易，也很容易被接受；制度的东西交流起来相对困难，也不容易被接受；精神的东西最难交流，也最难被改变，但它一旦被改变，所产生的影响力却是最持久的。笔者认为，在对民俗体育文化进行交流的时候，更多的是非物质层面的东西也就是精神层面的东西在起作用，所以，尽管开发民俗体育非物质层面的东西难度较大，但其意义却更大且更为重要。

一、民俗体育现代化的必要性

民俗体育是不断适应人民群众的生产和生活需要而传承下来的一种体育类型。它是民俗文化的组成部分，属于相对原始的体育文化形态。它由广大人民群众创造、运用和传承，在风俗或民俗的外衣下发展。民俗体育具有下意识自我传承的特点，和现代体育相比，它对经济发展水平的依赖度较低。现代体育对社会经济的高度依赖正好映衬出民俗体育优势之所在。这一点正是民俗体育几千年来不断传承的主要原因。不过，当今世界，体育文化交流与融合的趋势日趋明显，民俗体育受到越来越多的现代体育的冲击和挑战。现实的情况是，现代体育已经占据了我国体育领域的90%以上，现代竞技体育项目在我国的竞技体育和学校体育领域占据着主要地位，而民俗体育在竞技体育和学校体育领域则只处于次级位置。之所以说现代体育是舶来品，主要是因为现代体育起源于古罗马和古希腊，主要以西方的文艺复兴和工业革命为社会背景，它随着工业化的发展而不断壮大，借助现代奥林匹克运动会的兴起而逐步成为当代体育文化的体育方式。民俗体育产生的文化土壤和时代土壤决定了它在如今社会发展的道路。

但以起源于农耕文明中的民俗体育与起源于工业文明的现代体育竞争是不合理、不明智、不科学的。

文化传统是根植在一个民族基因深处的要素，是一个民族创造新的文化力量源泉。而民俗体育正是属于文化传统的一部分。在这个问题上，我们既不能强行抵制现代体育，也不能漠视传统体育。最好的路径就是积极推动民俗体育向现代化发展转型，去其糟粕，留其精华，融合现代体育的优秀成果对其进行改造和创新，使其不失传统的民族特色得到发展和更新，紧跟时代发展和体育文化发展的潮流，实现其现代化转型，丰富新时代体育文化的内涵。

二、影响民俗体育现代化的因素

1. 知识、技能的个性和科学性

由于民俗体育的活动种类繁多，花样丰富，加上其强身健体的效果特别显著，因此民俗体育还是有着很深的群众基础。民俗体育在我国总数上成百上千，如放风筝、踢毽子、冰雪运动、赛龙舟、舞龙、舞狮等都属于民俗体育的类型。如今社会全球化、世界一体化不断深入，民俗体育在这种趋势下要实现传播和传承就必须首先对其内涵和外延完成现代化。民俗体育起源于人民群众中间并由人民群众传承，它是民间文化中一种相对原始的文化形态，其中难免包含一些消极因素。

例如，一些民俗体育活动中常融入神仙鬼怪等封建迷信因素，其常常被用来驱逐鬼魂和寻求心理安慰。基于此，笔者认为，我们在对民俗体育的发展中应该下决心去除那些消极的、对身体有害的、带有封建迷信色彩的元素，积极将其改造为有很强的健身强体作用、特征鲜明、深受人民群众喜爱、易于操作的民俗体育活动，使其既保持原本的文化特色又具有丰富的时代性，完成传统与现代的流转与融合，使其走上现代化、大众化、科学化的发展路径。例如，福建省厦门市每年举行的“嘉庚杯”“敬贤杯”海峡两岸龙舟赛就具有很好的借鉴意义。“嘉庚杯”“敬贤杯”海峡两岸龙舟赛要求每艘龙舟上要有一名鼓手，在赛龙舟的时候击鼓助兴。锣鼓是我们中华民族用来营造节日气氛的乐器。对于来参赛的欧洲队伍可谓大开眼界。民俗体育想要获得长足发展就必须具有一些共性，这些共行包括可沟通性、可识别性和可利用性。有学者认为，由于我国许多民俗体育项目缺乏可以量化的比赛规则，很难判别胜负名次和进行量化考核，因而严重限制了其传播、传承与发展。正是从这个角度出发，许多学者主张深入研究民俗体育的基本知识和技能，对其进行可以量化的规则设计，制定民俗体育的竞赛规则，使其更加科学化和规范化。

2. 技巧性、竞技性的提升

竞技性是体育运动的精髓，也是现代体育的最大魅力之所在。竞技性要求选手不断超越自我的局限，战胜对手；要求选手追求更快、更高、更强的体育运动能力。竞技性是现代体育运动项目的共性，也是优势所在。因为竞技性的存在才使得体育运动有了更强的娱乐性和观赏性。就像在学校体育方面，也十分强调其竞技性特征。因为学生们如果能够通过学校教育获得竞技水平的提升，其所获得的人生体验也值得终生回忆。加上学校是培养精英的场所，培养精英就必须通过竞技能力的提高得到体现，因此可以说，竞技性是创新民俗体育传承时必须融入的关键和精髓，民俗体育的竞技性是其走向现代化的关键点。同样地，技巧在拓展民俗体育的过程中也是必须考虑的。因为即使一些简单的运动项目，如跑步、竞走等也对技巧有很高的要求。一些项目，如拔河，尽管能够在两人以上中开展，且集体进行时具有十分热烈的气氛，健身的功能和娱乐的功能都很强，不过因为技巧性不足，且受参加人员体重的影响比较大，很少有发挥技巧的空间，因此很难满足人们需求的多样性。由此可见，民俗体育规则和技能的现代化对民俗体育的现代化路径来说相当重要。

3. 组织教法、锻炼方法的可接受性

民俗体育要想取得更长久的发展，就必须继承优秀的文化遗产，并且以开放的姿态走出国门、走向世界，以积极的心态迎接各种挑战和冲击，克服困难，找到属于自己的发展道路。积极发展具有中华民族特色、能被世界各国所认可的民俗体育，是今天大多数国人的共同期盼。不过，因为我国民俗体育项目多样，种类繁多，要求所有的民俗体育活动都走同样的道路是很难实现的。因此，在民俗体育的发展过程中，大多数民俗体育项目还是应该坚持走大众化、群众化、符合自身特色的发展道路。大众化和群众化应该是民俗体育发展的主要道路，人民群众体育素质的增强并不是由竞技体育的发展

程度来体现，而是由大众体育、群众体育的发展程度决定的。因此，我们在发展一些民俗体育活动的时候，必须根据某项民俗体育活动的实际情况，制定和选择切实可行的发展道路。不过，需要强调的是，无论怎样创新，强调大众化和群众化、扎根基层和服务人民群众，都是十分重要的。民俗体育应该在创新中重构，在重构中创新：一方面，我们应该对民俗体育的锻炼方法进行开拓创新；另一方面，我们应该对民俗体育的规则进行开拓创新，使其能够适应时代发展和社会发展的需要。民俗体育的规则和锻炼方法创新的前提是民俗体育锻炼方法及规则一定要简单易操作，符合人民群众身心发展的需要。我们更要兼顾城市和乡村的不同需求， 使其在城市和乡村都能够获得发展。

4. 价值观、情感态度的端正

在我国，多民族文化相互交融发展。五千年的华夏文明积淀了丰富、灿烂的文化遗产。这些文化遗产正是我国在世界上发展的一大优势所在。由于经济社会发展的压力，我们不可避免地忽视了保护自然环境和自然资源。我国的蹴鞠、投壶等极有价值的民俗体育，已经逐渐从人们的日常生活中消失，它们的相关资料只能在一些文献记录中觅得。 它们的消亡既有自身的因素，也有时代变迁、社会发展的因素，更和我们长久以来所形成的对传统文化漠不关心、任其衰亡的大众心理有关。相反，日本、韩国、新加坡等国家在这方面的工作就较为细致和完善。 这些国家有些民俗体育活动的起源基本上都可以追溯我国的传统文化。换句话说，这些国家的一些民俗体育活动源自我国传统文化。例如，蹴鞠就是在其他国家传承、发展，最后发展成为现代足球的例证。因此，我们必须创新观念、扬长避短、去粗取精地保护、传承、发扬民俗体育文化资源。对于那些优秀的民俗体育文化，我们一定要保护、发扬好，并努力在更大的居民中推广。自从西方文化强势侵入我国以来，囿于理念、认知、思维模式、行为习惯等的束缚，很多民俗体育仅仅停留在保护、传承的层面上或者对其的传承和保护也仅仅停留在文献的故纸堆里。我们需要把民俗体育文化看作是一种珍贵的文化资源，并未从根本上进行开拓创新。我们必须改变这种传统的认知模式和思维模式，强化对民俗体育的保护。随着我国近年来改革开放的程度越来越深入，以及文化自信的不断强化，那种自娱自乐、自我封闭和妄自菲薄的心理状态已经明显不适应我国社会发展的主流。我们要以开放的胸襟和世界的眼光来迎接不同体育文化的挑战，通过创新发展让民俗体育在本土化发展的过程中走向世界。我们应该充分重视民俗体育文化，让其发挥出特色，正所谓“越是民族的就越是世界的”。当然，我国的民俗体育文化也只能由我国的研究者去深入研究、发扬光大。我国的武术可以说是这方面的一个典范。1997 年，我国教育管理部门将民族传统体育列为学科方向，让许多研究者和传承者对民俗体育已经从情感态度上和重视程度上发生了根本的转变。人们不断加大对民俗体育研究和保护的力度。

5. 教学理念的革新和思想观念的转变

俗话说，“要革新，先革心”。教学理念在民俗体育的传承中产生十分重要的影响。从教育的发展来看，不管哪一个层级的教育改革都必须以教育理念的革新为先导，通过理念的革新带动行动的创新。不过理念的革新往往比技术、方法等方面的革新难度要大得多。例如，我们的体育课从小学到大学所教的内容都是围绕着跑、走、投、跳等基本动作展开，如篮球、足球、羽毛球、乒乓球等成了体育课上的常客。在众多民俗体育运动中，只有那些易于学习和操练的武术套路才会出现在体育课堂上供学生们学习，而其他的内容则只是简单地出现在体育课本上。例如，八段锦、太极拳等内容都会写在体育课本上，而其他丰富多彩的民俗体育内容则只能作为古老传说流传在一些文献中。从思想观念上来说，人们对民俗体育的理解还仅仅停留在略知一二的层次上，而对其精髓则知之甚少。尤其是各级别的体育类院校对民俗体育的重视程度还有待加强。因为，从中小学生到大学生，他们中的大多数几乎未曾真正系统地接触或者学习过民俗体育活动，他们最多是在体育课程的准备活动中玩过一些民俗体育活动的游戏。要改变这种状况仅仅依靠外在形式的推动是远远不够的。外在形式上的推动很难起到长远、深刻、持续的作用。笔者认为，只有从观念、理念上进行革新才能推动民俗体育实现真正的繁荣发展。

三、民俗体育现代化的途径

1. 突破传统的体育观念

我国的学校体育教育在经历了许多改革与发展后，已经取得了很多成绩。而近年来，随着健康中国的提出，体育教育的受重视程度也越来越高。目前校园内的体育教育课堂全是体操、足球、田径、篮球、游泳、排球等现代体育运动项目，以及与这些课程相适应的不同层次、不同类型的比赛。不过估计没有多少学生知道这些现代体育项目是如何传入我国的。而对于本民族的体育活动又知道多少？作为体育工作者必须反思，我们的比赛场和运动场上几乎看不到民俗体育项目，而流行的体育项目中超过九成都是国外传进来的。我们必须重视这个问题。造成这个状况的原因主要可以从现代体育运动的特点、社会转型的需求、国家宏观调控、学校本身的因素、个体的因素等方面来探讨。不过，从国家层面上，已经意识到了这个问题，国家于20世纪90年代将民族传统体育设立为一门学科。人们对民俗体育的重视程度已经得到提升，对民俗体育文化传承的必要性、紧迫性已达成共识。体育教育作为学校教育的重要组成部分，要真正贯彻落实素质教育理念必须摆脱竞技体育思维模式，认清民间体育和民族体育的自身特点及民族体育、民间体育纳入学校教育的价值。我们应该突破传统体育教育理念和模式，以开放的思想将民俗体育活动吸纳进学校教育体系，让民俗体育教育与学校教育融合发展。我们还应该在集中精力研究武术等民俗体育活动的同时兼顾其他项目，如放风筝、赛龙舟、跳绳、踢毽子、舞龙等。目前，我国各地每年都要举办的赛龙舟比赛和山东潍坊的风筝节活动正是很好的例证。

2. 提高民俗体育文化自信心

作为我国传统体育的重要组成部分，我国的民俗体育具有历史悠久、文化内涵丰富和生命力顽强等特点，这就使得我国人民群众对民俗体育具有十分强烈的文化认同感。不过随着现代体育传入我国并日益占据主要地位，我国的民俗体育开始式微，除了一小部分能够传承和流传，大多数只能存在于文献中。这种状况背后的原因是多方面的。任何民族文化都有优秀与落后两个方面，优秀与落后是相对的。当然，在我国的民俗体育文化中，优秀的一面一定占据着主导地位，这些优秀的方面正是我们中华民族凝聚力和生命力的来源所在。它的文明又怎么能经历千年而绵延不绝？我们应该具有文化自信，就是只要给以相应的时机，我们的民俗体育文化就一定能够重新焕发光彩，在民族凝聚、人民强身健体等功能中发挥重要作用。目前的状况是我国社会各界都十分重视传统文化，从国际上来说，也十分重视文化的多元化，这些都为民俗体育提供了良好的内部和外部环境。在这个背景下，我们必须对民俗体育的发展充满自信心。增强文化自信心，推动我国民俗体育走向世界体育的舞台，其最终目标是实现自我革新和自我发展，实现全球化背景下的文化多元化发展。

3. 以开放的心态迎接世界的挑战

我国改革开放的成功经验证明，唯有改革开放才会产生活力。从我国体育文化的发展历程来看，民俗体育是我国人民群众智慧的产物，既离不开我国丰厚的文化土壤，也离不开世界各国各民族优秀的体育文化的影响。可以说，我国的民俗体育文化本身就是一个对外开放的系统，也是我国对外开放的一个载体。系统论的观点认为，系统内部必须与外界不断进行物质、信息、能量等的交流，以满足生命发展所需；封闭系统，活动必然逐渐减少。因此，从系统论的角度来看，我国民俗体育要走向世界就必须以开放的姿态和多种多样的形式积极与世界体育文化开展交流和对话活动。交流和对话能够向世界各国展现自我，汲收先进文化的经验，最终激发自我发展和自我革新，实现与世界体育文化的互动、互融与共同发展。

4. 实事求是，与时俱进

大多数的民俗体育都与我国的民俗活动结合在一起，这与自古以来我国农耕文明的社会背景密不可分。从这个意义上说，这决定了民俗体育活动的传承与发展方式以无意识传承和自然延续为主。当前一段时期我国社会正处于转型期（主要指的是由农业社会转向工业社会），社会经济条件和社会背景都在发生着巨大的变化。这就要求我们在对民俗体育活动的传承上必须与时俱进，同时还要实事求是，要从无意识传承转变为有意识传承，也就是从被动传承转变为主动传承。笔者认为，现阶段传承民俗体育一个方法针对赛龙舟、舞狮、放风筝、舞龙等民俗体育活动进行改造和整合，把原来的观赏性民俗体育活动改造为竞技性体育活动，对其进行量化和规则化，使其走上组织化和规范化的发展道路。同时，针对一些民族舞蹈活动、太极运动系列等则可以进行大众化革新，使其能够满足全民健身的需要。当然，这些革新活动都需要循序渐进，在有步骤、尊重客观规律的情况下进行，不可随意改造，也不可逆规律而为。

第三节　民俗体育与全民健身

民俗体育主要产生于传统民俗活动中，并在传统民俗活动中发展。它以人们的身体运动为基本方式，以强身健体、丰富人们的文化生活、传播民俗文化为宗旨。我国民俗体育已经有几千年的历史。其内容丰富，形式多样，风格迥异，深受广大群众的喜爱。它集强身健体、娱乐、休闲价值等独特功能于一身，并且不受年龄、性别、体质条件限制，群众可以根据自己的特点而选择适合的项目去锻炼，同时不受场地、器材、气候、时间的条件限制，易于在群众中普及和推广。

全民健身活动是在国家的领导下，通过有步骤地动员并组织不同地区人群广泛参与各种形式的体育锻炼和健身活动。自 1995 年 6 月国家正式颁布和实施《纲要》以来，我国的群众体育事业得到了广泛的发展，国民素质也得到了大幅提高。但由于我国还处于社会主义初级阶段，全民健身工程即全民健身路径、全民健身活动中心、雪碳工程、全民健身活动基地建设刚刚起步，现阶段的特殊情况决定了人们的休闲娱乐方式不能普遍采用西方现代体育的发展模式，因此，在这种背景下民俗传统体育有了更为广阔的发展空间。全民健身计划的全面实施，为开展民俗体育提供了极为有利的条件，而且民俗体育在促进全民健身计划实施过程中也具有许多优势，对推动当今全民健身运动的发展起到了极为重要的作用。本书旨在探讨全民健身活动与民俗体育之间相互促进、协调的关系，为民俗体育更好地融入大众健身活动提供理论依据。

一、民俗体育的长处

1. 健身价值

民俗传统体育以身体活动为主，要求人们积极主动地参与运动，在享受运动带来愉悦的同时承受运动带来的一定生理负荷，在周而复始的循环中，促进了人的体能发展和体质增强。因此，民俗传统体育的这一特点就成为广大群众发展体能、增进健康的重要手段，强健体质就成为其主要的功效之一。同时也是我国实施全民健身的重要途径之一。

2. 民族特色

民俗传统体育不同于现代竞技体育，更不是世界性通行的体育运动形式。

民俗传统体育活动的发展受到民族文化、民俗风格和民俗性格熏陶的影响，它的活动规则和形式方法，受到民族文化、民族风格和民族性格的影响而形成运动技术动作上特有的风格，具有特定的民族特色。

3. 贴近群众

每项体育运动项目都有一定的群众基础，民俗传统体育也不例外，由于民俗传统体育的特点和健身功能具有一定的稳定性，被越来越多的群众所认知和接受，并且得到了广泛的传播和传承；由于民俗传统体育健身的特点和人们物质生活、精神生活紧密联系在一起，使得人们能在一定程度上接受它、适应它；又由于民俗传统体育活动方式简单易学，老少皆宜，健身效果显著，并且还是“土生土长”的运动形式，与我国现阶段社会主义发展的经济文化水平相适应，因而具有广泛的群众性。

4. 饱含趣味

民俗传统体育中许多项目是通过人们之间相互运动来达到健身与娱乐效果的，如部分武术、舞狮等动态健身体育活动，具有较强的娱乐性。随着我国经济不断发展，人们的物质和精神生活水平得到了很大的提高，闲暇时间的增多，各具特色及趣味性的民俗传统体育将成为广大群众社会生活的一部分，它将给个人、家庭和社会带来更多的乐趣、幸福与健康。

5. 教育意义

我国民俗传统体育从诞生那天开始发展到今天，自始至终与教育有着密切的联系，它的教育手段、方法、形式和内容，在我国历史发展过程中起到极其重要的作用。早期人类在没有文字的情况下实施教育，只能通过舞蹈、身体活动等办法把生存技能传授给下一代，新中国成立以后，出台了《九年制义务教育体育教学大纲》，把武术、五禽戏等列入其中，一些具有锻炼价值的民俗传统体育在高校或地方出版物中得以体现，一些大、中专院校开设了体育保健课，体育院校增加了武术、围棋等体育教学项目，作为学习或教育的主体，或教育的内容之一，其本身有着实在的教育特点。

二、民俗体育有利于全民健身活动的开展

1. 丰富多彩，便于选用

民俗体育已有数千年的历史，是中华民俗传统体育中宝贵的文化遗产之一。民俗体育活动繁多，运动形式千姿百态；各个地区都流传有丰富多彩的体育活动，广布于各地域和各民俗社会环境中。有的体育活动适合在山区开展，有的则适合在平原地区开展，有的适合在湖泊中活动，有的适合在草原或沙漠开展，有的则不受场地和器材的限制，随时随地都可开展。在纷繁多样的传统体育活动中，每个项目都有浓郁的民俗与地方特色。这些项目中，有的偏重趣味性，有的突出对抗性，有的讲究技巧，有的突出力量素质。但无论哪个项目都具有强身健体、锻炼意志的显著功效，大都是全民健身活动中灵活多样、便于选用的体育内容，这些是人们从事体育健身活动的基础，不仅便于普及群众性体育活动，也丰富了当今全民健身计划的活动内容。

2. 可以有效促进身心健康

民俗传统体育是寓意于阴阳、身心兼练的活动。武术运动具有强烈的感情色彩， 追求人与自然的和谐。动作出神入化，顺应自然，任情任性，天人合一。常常习武锻炼不但能增强体质，还能陶冶情操，振奋精神，增强民俗自信心。太极拳是内外兼修的运动，动作自然流畅，圆活连贯，绵绵不断，引人入胜，常常练习可以达到祛病健身、抗老益寿的功效。气功可以使人的阴阳平衡，做到人体精气神的平衡，内守不外泄，从而能有效地增强人体健康与抗病的能力。

3. 就地取材，可操作性强

目前我国体育经费严重短缺，体育活动场馆、器材严重不足，远远满足不了广大群众开展体育锻炼的需要。许多地区，社会经济发展还比较落后，山区多、贫困人口多、体育投资严重不足，其状况在短期内难以从根本上改变。这就要求我们在全民健身活动中从实际出发，因地制宜、因陋就简地开展群众性体育锻炼活动。这样，民俗体育就成为这样一个人口多、经济欠发达的国家最经济实用、最易推广开展的群众性体育活动。在一些欠发达地区，广泛开展以民俗体育活动为主的体育活动，植根于它们的生产生活环境，其具有淳朴自然、贴近生活、简单易行、群众喜闻乐见的特点。对场地器材要求不高，运动技术难度不大，许多项目只需一块平地或一片草坪，院前房后即可开展，活动器材只需利用身边的生产、生活工具和自然资源（竹、木、藤、石等）即可，极有利于在大众中普及开展。在目前经济状况下，民俗体育的价值就显得更大。普及民俗体育运动国家可以投资少、见效快，大众可以不投资或少投资就可终身受益，既经济又实惠，符合我国现阶段的国情，并能在全国范围内开展。因此，民俗体育的推广和普及对全民健身计划的推进具有极大的社会意义。

4. 可以减少体育投资

我国目前人均体育经费、体育活动场馆、运动器材严重不足，远远满足不了大众开展体育锻炼的需要。面对这种状况，民俗传统体育则可充分显示出其经济实用的价值优势。普及开展武术、气功、太极拳等运动，不受场地、器械的限制，大众不投资或少投资就可开展锻炼，既经济又具实效性。

5. 可以壮大群众体育队伍

民俗传统体育具有广泛的适应性， 是涵盖多个年龄段的运动。民俗传统体育种类很多， 有较大的选择余地。许多运动项目不受年龄、性别、体质条件的限制。群众可以根据自身的年龄，身体状况和爱好，选择适合自己的项目开展锻炼，从而有效增加体育人口，壮大群众体育锻炼队伍。

6. 可以促进学校体育与终身体育接轨

学校体育是培养学生终身体育意识、能力和习惯的重要时期。一些院校开设的武术、太极拳、气功选修课和课外活动协会，学生踊跃报名，锻炼积极性很高，收到了很好的健身、防病、娱乐的教学效果。学校体育通过大力普及开展民俗传统体育，不仅可以有效地调动和激发学生参加锻炼的兴趣和积极性，增进学生健康，还可帮助学生掌握行之有效和简单实用的体育健身术。这正是学校体育与终身体育接轨的最佳手段，极有利于培养学生树立终身体育思想，养成终身锻炼的习惯，使学生毕业后走向社会，不仅能自觉坚持体育锻炼，还能成为推动社会全民健身活动开展的骨干力量。

三、结合全民健身运动推动

1. 推广民俗体育活动，拓展其生存空间

全民健身计划的实施对民俗体育的发展具有积极的意义。在《纲要》第二期工程第一阶段实施计划中明确规定要“组织开展好民族传统体育活动，做好民族、民间传统体育和中华传统养生健身项目的挖掘、整理和推陈出新工作”。显然，政府从政策上肯定了民俗体育在全民健身计划中的重要作用。在全民健身热潮的推动下，民俗体育逐渐进入中小学校以及各大高校，尤其是处于民族地区的学校根据当地丰富的民族体育资源及深厚的群众基础等优势将民族传统体育纳入学校体育教学、娱乐活动，如武术被大多数学校定为必修或选修课，地处湘鄂渝黔四省边区的吉首大学将陀螺、高脚马、舞龙等传统体育活动纳入课堂教学，向学生介绍这些项目的起源、发展及历史演进。随着全民健身热潮的高涨，民俗体育活动以它独特的魅力跻身于学校体育和群众体育，其发展的空间将越来越大。

2. 推动民俗体育活动进入校园

面对全球多元一体化趋势，东方各国传统文化都受到西方文化的强烈冲击，但是印度的瑜伽及日本的柔道、相扑等一些传统体育活动并没有因为现代体育的冲击而被遗弃，相反，某些与现代不符的元素被舍弃，继承与发扬并重，保持古朴的风貌正呈勃勃生机广泛开展。近年来，中华武术受到跆拳道、柔道等新兴东方体育活动的冲击， 越来越多的青少年被这些项目所吸引。目前流行的现代体育及东方的柔道、跆拳道都首先在其国内大、中小学校得到普及， 再进一步推向世界似乎成为一种“国际惯例”。鉴于此，以中华武术为契机，弘扬中华民族传统文化，制定各种保护民族体育的政策法规并在广大中小学校体育课中贯彻和施行已迫在眉睫。全民健身计划的实施关注青少年的锻炼项目，使更多的民族体育活动纳入各级学校体育教学成为可能。

3. 加强学术研究和应用研究

在全民健身活动的推动下，民俗体育理论与应用研究将得到加强。随着民族传统体育学科的设立，人们将进一步挖掘它的文化内涵，不断地丰富知识体系，使之成为一门系统化、专业化的学科。目前，印度瑜伽已经风靡全球，各种瑜伽教室林立街角、社区， 印度还设有瑜伽学院，将它作为一门学科来研究；韩国设有跆拳道国技院，非常重视理论与技术研究。可见， 在健身、娱乐等方面能体现出其独特价值的项目，其理论、应用研究势必得到进一步加强。因此，在全民健身热潮的推动下，有关民俗传统体育的重点研究课题将逐渐增多，全国各界专家、学者将对民族传统体育的有关课题开展重点研究，共同推进民俗体育学科的发展。

全民健身背景下，民俗体育迎来了新的发展契机，全民健身活动的普遍开展，对民族传统体育的发展，弘扬民族文化具有不可磨灭的作用。民族传统体育的发展，首先要建立它赖以生存的群众基础，特别要重视学校体育在扩大群众体育队伍、弘扬民族传统体育、传承传统文化等方面的积极作用。

民俗传统体育如何快速地融入全民健身活动，发挥它休闲娱乐、健身、陶冶情操的价值还需要进一步挖掘整理及有关决策部门的大力支持和提倡。

第四节　民俗体育与高校体育教学

在高校体育教学中开发与利用民俗体育，不但有利于民俗体育的传承与发展，还有利于高校体育教学内容的丰富、促进高校体育教学的创新发展。

教育部于2002年颁布了《全国普通高等学校体育课程教学指导纲要》(以下简称《指导纲要》)。《指导纲要》指出：高校体育教学不仅应体现健身性、文化性等特点，而且应体现民族性和我国特色等特点。开发、利用民俗体育教学资源是高校体育教学的重要手段。这一点无疑为民俗体育在高校体育教学中的开发和利用提供了依据。《指导纲要》颁布以后，一些高等院校开始尝试深化体育教学创新，丰富高校体育教学的内容。我国的武术作为民俗体育的典型代表，已经在高等院校的体育教学中实现充分的开发、利用。相对来说，其他类型的民俗体育在高等院校体育教学中还十分薄弱。这一点主要体现在：民俗体育的教学内容在高等院校的课程设置中所占的比重相对较小。虽然，近年来，一些高等院校逐渐将龙舟、舞龙、珍珠球、舞狮等民俗体育活动纳入体育教学体系，还有一些高等院校将陀螺、空竹等活动纳入体育教学体系，但是将民俗体育纳入体育教学的高校还十分有限。总体而言，虽然民俗体育是一个丰富的文化宝藏，但是民俗体育在体育教学尤其是高等院校的体育教学中还未引起相关部门的重视。现实的情况是，民俗体育在高校体育教学中的开发不足、利用较少。

一、高校体育教学中开发、利用民俗体育的功能

1.帮助大学生树立终身体育观念

长期以来受应试教育模式的影响，高校体育教学只强调体育教学的短期

目标。这种状况使得体育教学的目标极为受限。学校体育教育与终身学习关联度不大，缺乏延续性。目前，我国高校体育教学中面临的一个最大的问题就是多数大学生毕业离校后与体育学习永久脱离关系。造成这种现状的原因主要有两点：一是体育教学内容繁杂却不实用；二是体育教学不注重大学生体育兴趣和习惯的培养。从终身体育角度来看，高校体育教学不仅需要解决大学生当前的体育教育问题，而且需要解决大学生未来的发展与延续问题。大学生对体育产生的兴趣、形成的习惯，在体育活动中具有十分重要的价值。民俗体育与人们的日常生产生活的集体行为紧密相关，这就奠定了民俗体育广泛的群众基础。民俗体育形式轻松活泼、内容丰富多样、规则通俗易懂，是人们喜闻乐见和广泛参与的体育活动。民俗体育在街头巷尾自然开展，受到社会大众的广泛欢迎，满足了普通大众的多样化需求。众多的民俗体育活动能够使大学生占有更多的选择空间，对养成大学生锻炼的习惯和培养大学生终身体育的观念发挥着重要的作用。

2. 促进体育文化发展的多样化和多元化

我国幅员辽阔，从南到北，从东到西，民俗体育文化资源十分丰富。在文化全球化的背景下，继承和发展民俗体育文化的多样性是高等教育不得不面对的现实问题。如何使文化多元化在全球一体化背景下共同发展，如何使民族文化多元化在国家一体化环境下和谐共存，将成为多民族国家不得不面临的挑战。受到全球化的影响，部分民族传统文化已经或者正在逐渐消亡。有关专家的统计表明，民族传统文化与濒危动物一样，急需保护。民俗体育文化是民族传统文化的重要组成部分，对人类社会发展起到了重要的作用。近现代以来，由于西方现代体育文化的巨大冲击，民俗体育文化一度面临生存危机。不断更新的现代生活方式，使部分民俗体育文化正在渐渐淡化，甚至彻底消失。世界体育趋于同一化之时，民俗体育文化的多元化发展同样需要引起关注。越来越多的相关人士认为，继承与发展民俗体育文化，保护与弘扬民俗体育文化意义重大，在高校体育教学中开发和利用民俗体育是继承与发扬民俗体育文化的重要途径。

3. 增强大学生的社会适应能力

高校体育教学的宗旨之一是培养大学生的体育锻炼方法和社会适应能力。国外有一句谚语是这样的：“贤明的人士是在运动场上培育而成的。”迁移学习学说的观点认为，提倡运动有利于增强人们的体质，有利于培养贤哲的人才。根据运动迁移理论，体育运动中培育的良好美德和能力能够迁移至社会生活中。民俗体育教学资源内容丰富多彩，形式灵活多变，不仅存在体现坚毅、勇猛的项目，比如搏击、摔跤等，而且存在沉着、合作的项目，比如踢毽子、舞龙狮等。大学生通过学习民俗体育课程，可以增强与社会的融合，提升自信心，提高人格的魅力。当今社会不仅要求高校培养的大学生具备丰富的知识和良好的技能，也要求大学生尽快地融入社会。通过民俗体育的学习与感悟，熟悉掌握几种表演项目，大学生步入社会后，可以更容易树立自信心，展现综合素质。

4. 帮助大学生增强民俗文化意识

民俗文化是民俗体育文化发展的源泉。人文学科、社会学科、自然学科皆起源于传统民俗文化。例如，气势恢宏交响乐起源于民俗音乐；典雅别致的芭蕾舞起源于民俗舞蹈。可以毫不夸张地说，没有民俗文化，也就无从谈及人类文明大厦的根基。失去了民俗文化，也就失去了民族文化的源头和根本。现如今，民俗文明正在日渐消失。人们应该将更多的精力投入到抢救与保护民俗文化工作当中。在经济和文化全球化的大环境下，保护非物质文化遗产受到人们的普遍关注。作为传统体育文化源泉的民俗体育，同样应该得到应有的重视。将民俗体育引入高校体育教学中，无疑有助于塑造大学生的民俗文化自觉。

二、高校体育教学中开发、利用民俗体育的要求

1. 可行性

长期以来，民俗体育只存在于各民族的传统民俗节日的活动中。民俗体育的教育价值与功能还没有得到充分发挥。怎样将优质的民俗体育活动纳入高校体育教学，必须进行系统科学的学术研究。从理论上来说，探讨民俗体育教学的基本理论，有益于民俗体育教学资源的选择、加工与改造，进而形成具有鲜明特色的体育课程，使民俗体育的开发与利用具有较强的适应性和可操作性。高校体育教学中开发与利用民俗体育的可行性原则是立足于实际、实事求是的体育教学课程开发原则。没有特定的社会环境和现实条件的支持，民俗体育教学资源开发与利用的意义就会比较薄弱。假如将部分项目不加选择地引入高校体育教学，也会由于缺少可行性而无法实施。因此，民俗体育教学资源的开发与利用需要综合考虑各种条件和因素，具备可行性才能够开展开发与利用。

2. 科学性

在高校体育教学中开发、利用民俗体育文化资源，其最终目的是为实现高等院校的教学目标。相同的教学目标能够借助各种各样的教学手段来完成；相同的教学手段能够完成不同的体育教学目标。民俗体育资源的选择性较强，适合大学生的才是最好的。高校体育教学中开发与利用民俗体育，应该充分考虑科学性原则，最大限度地提高高校体育教学的综合效益，充分发展大学生的综合能力。在高校体育教学中开发与利用民俗体育的过程中，应该自始至终坚持以大学生为主体的理念，所开发与利用的民俗体育教学资源应该有益于促进大学生全面健康发展，满足大学生的运动兴趣和个性需求，激发大学生的主动参与意识和积极贯彻行动。否则，无论多么完美的开发与利用方案，都是不切实际的闭门造车、纸上谈兵。入选高校体育教学的民俗

体育活动，需要充分体现高校体育教育“健康第一”的指导思想，促进大学生身心健康的发展和社会适应能力的提高。在开发与利用时，民俗体育的不科学、消极等因素应该予以剔除。在高校体育教学中开发与利用民俗体育，应该坚持教学内容的育人性和发展性。评价民俗体育教学资源，应该遵循全面合理、科学严谨的标准，构建科学合理的评价体系。

3. 因地制宜

在高校体育教学中纳入民俗体育还必须充分立足特定区域、某个高校的现实条件，协调民俗体育教学资源与其他体育教学资源的关系。例如，现代体育教学和民俗体育教学的课程时间不要互相冲突，空间要能够合理配置，物力、人力要能够得到充分保证。高校体育教学内容从根上来说是由社会发展水平与高校教育要求决定的。高校体育教学具有社会生活教育色彩，适应社会生活的民俗体育教学资源开发与利用是具有创造性的实践活动。地域环境不同，开发与利用民俗体育教学资源也不尽相同，无论构成形式还是表现形式都会存在差异；文化背景不同，人们的道德价值、风俗习惯等也不尽相同，相应的民俗体育教学资源也就各具特色。民俗体育教学资源的开发与利用应该有益于引起大学生对生活环境下的社会文化产生兴趣，增强大学生同现实社会生活发生联系，产生互动。因此，民俗体育教学资源的开发与利用不必强求一致，实际上也不太现实，而应该立足于客观实际，强化地方风俗特色，发挥地域文化优势。

4. 合作性

高校民俗体育教学资源常常在高校所在地区较为常见。开发、利用民俗体育教学资源就必须充分了解高校所在区域的民俗体育资源状况。地方行政管理部门，尤其教育机构必须足够重视高校民俗体育教学资源的开发与利用，只有这样，才能使得高校顺利开展民俗体育教学资源的开发、利用。部分民俗体育技艺只由民间艺人掌握，在开发与利用人民群众体育教学资源的过程中，应该与他们开展充分的交流，尽可能地征求他们对民俗体育教学资源开发与利用的意见或建议。此外，社区指导员等在民俗体育教学资源的开发与利用过程中也能发挥一定的作用。开发与利用民俗体育教学资源的过程，也就是高等学校、行政管理部门与其他人力资源彼此合作的过程。在此过程中，重视协作与交流，才可能使更多的人关注进而参与开发与利用民俗体育教学资源，从而拓宽民俗体育教学资源开发与利用的视野，调动有关方面开发与利用体育教学资源的积极性。

三、黑龙江民俗体育文化的功能

全球化、市场化、信息化、科技化是如今世界发展的主流和最强音。世界上大多数国家或地区都在尽力将自己国家或地区的代表性民俗文化向全世界的各个角落进行推广和宣传。面对西方国家在民俗体育文化方面作出的努力， 我们国家在该领域尚有诸多不足， 而缺乏信息化和市场化的理念，民俗体育面临的存亡危机更加凸显， 黑龙江作为我国数千年文明的集散地， 民俗体育事业蕴藏的文明和璀璨更应该推向全世界， 让世界角落的每一个人都能享受到这份人类的文明和感受到我国人民的辛劳与智慧， 所以，黑龙江民俗体育文化发掘的价值主要体现在以下几个方面。

1. 全民健身功能

民俗体育都有一定的群众基础。这一点黑龙江省的民俗体育活动也不例外。 随着市场经济的深入发展和人民生活水平的提高，物质生活条件的改善已经很难满足人民群众对美好生活的追求。 许多时候， 越来越多的人投入到精神文化领域的金钱和经历已经和物质生活的投入相差无几。不过健康是永恒的、普遍的问题， 无论是生活在城镇中的居民，还是乡村的居民， 每个人对于身体健康的期盼是同样强烈的， 因此，民俗体育在社会体育事业发展过程中（无论是对乡村还是对城镇来说）， 其强身健体的功能都是十分突出的。

再加上国家鼓励和扶持社区体育事业和乡村健身事业的协调、全面的发展，引导人们不断地丰富精神文明生活， 种种举措旨在推动乡村体育事业的蓬勃发展， 在这个过程中， 民俗体育就发挥了积极的作用， 人们对于民俗体育的认识也更加科学、理性和全面。

2. 旅游推广价值

黑龙江作为全国著名的旅游省份， 旅游产业的开发对于推动黑龙江省经济发展和人们生活条件的转变以及服务产业升级、增加就业机会等方面发挥着积极的作用。作为民俗体育活动， 借助旅游产业平台， 一方面使得民俗体育得到了很好的保护和传承， 另一方面通过与旅游产业相结合，打造特色旅游项目， 提升黑龙江旅游产业发展， 比如最近几年人们比较青睐的陕北红色体育旅游， 就是把革命老区的旅游与陕北民俗体育有机结合的典范， 已经逐渐得到国内外游客的认可，这种做法一方面丰富了旅游产业的内容，另一方面也拓宽了民俗体育发展的道路。

3. 传承文化价值

数千年的文化沉淀，更加凸显了黑龙江的民俗民风，无论是人们的性格、为人处世， 还是衣食住行， “黑龙江风格”格外显眼， 而黑龙江民俗体育活动与其他地区民俗体育活动相比， 这种地域的民族特性和民族文化迥然不同， 再加上闭塞和社会开放程度不够， 很多传统民俗延续至今， 民俗体育活动当中所蕴含的精神价值、文化特点更是研究历史和了解黑龙江的重要法宝， 通过这些项目， 我们可以对黑龙江民风民俗有更全面和准确的把握，并把其中优秀的文化传承和发扬下去， 为把黑龙江省打造成文化强省、旅游强省奠定坚实的基础， 借助文化这个软实力， 把黑龙江省快速地推向世界。

四、黑龙江民俗体育教学的价值

1. 进一步丰富高校的体育教学资源

目前，大多数高校开展的都是选项教学和体育俱乐部教学模式，学生在体育学习过程中具有比较大的自主性，学生可以根据兴趣爱好选择自己喜欢和适合自己的项目，而民俗体育活动的大量引入，一方面增加了学生可选项，另一方面因为民俗项目的特点，很多学生对于民俗项目的惊奇使得民俗体育活动更容易得到学生的青睐，体育教学非常重要的一个作用就是增强学生的体质健康状况和改变学生的体育价值观，一直以来，被迫式参加体育锻炼所发挥的作用微乎甚微，如何让学生主动参加体育锻炼成为大家探讨的重点话题，从目前各个高校开展的情况来看，民俗体育活动的引入，因为项目简单，学生新鲜感比较强烈，所以大多数学生都愿意主动学习，尤其是项目的娱乐性和民族性特征，更是学生追捧的原因。最近几年兴起的荡秋千、投掷沙包、放风筝、踢毽子、抽陀螺、抖空竹、滚铁环、腰鼓、舞龙等项目，集合了黑龙江各个地方的民俗，把这些项目纳入高校体育教学，既可以让学生了解这些项目的由来，利于民俗体育的传承，又可以让学生在身心愉悦的情况下身体得到锻炼，并找到自己喜欢的体育活动，对于终身体育价值观的培养也具有重要意义。另外，这些项目相对而言，需要的场地、器材等设施要求较低，投入较小，在体育经费有限的条件下，更利于学校体育事业的协调发展。

2. 丰富学生课外体育活动内容

体育学习不同于其他学科，体育学习追求的是尽可能让每一个学生都找到适合自己的锻炼方法，并依照这个锻炼方法受益终身。民俗体育活动的加入，让更多的大学生找到了童年的时光，因为大多数学生在孩童时代都接触过这些项目，乐此不疲，所以这些项目与学生的亲和力非常高。学生在课余时间，出于放松和锻炼考虑，自觉或不自觉地都会加入到这些项目当中去，丰富了学生的课外体育文化生活，另外，对于大学生而言，在体育竞技项目中成为众人瞩目的对象是很多学生的心愿，但是目前的高校体育竞赛活动基本上都是现代体育活动，这些项目虽说在素质竞赛方面表现更加突出，但是由于竞赛选拔制度，很多学生因为身体素质相对较差，很难在选拔中获胜，所以这些学生参加体育竞赛的可能性非常小，在很大程度上制约了学生体育积极性的发挥。而引入部分民俗项目进入竞赛，势必增加学生参加比赛的可能性，扩大了学生参赛群体，更符合高校体育事业发展的初衷，也更容易赢得多数学生的赞同。

3. 完善学校体育与社会体育对接

大学生是现代文明传播的主力军，各种兴趣爱好和社会潮流往往都和大学生分不开。让更多的学生喜欢体育，并养成良好的体育锻炼习惯，进入社会之后，他们的这些习惯和兴趣爱好很容易影响周围的人，也便于兴趣爱好相同的年轻人之间的交流和合作，所以推进和传播民俗体育，高校工作至关重要。尽可能让每一个学生都找到自己喜欢的体育活动，并把这种喜好和项目带入社会和工作单位，逐渐地让更多的人认识和喜欢这些项目， 做到学校体育向社会体育的无缝过渡，促进全民健身计划的有效实施。这就需要学校、管理人员和教师努力提升学生的体育兴趣，并把这种兴趣爱好保持下去，这是一项艰巨的长期的工程，需要大家同心协力。

4. 促进学生全面发展

民俗体育和其他的体育活动一样，都具有增强体质、调整身心的作用，但民俗体育在高校教学中的应用可以陶冶学生的情操、增加学生的乐趣、丰富课程的内容，从而促进学生全面素质的提高。民俗体育在漫长的历史发展之中形成，逐渐成为一种社会性的体育活动，其更具有其他国际性的体育活动所不具有的优势。不仅对器材的要求很低，还能在很大程度上提高学生的参与度。例如，学生可以在课余时间组队参加民俗体育的锻炼，教师在教学之中给予学生一些指点，可以极大地丰富学生的课余生活，提高学生的身体素质和身心健康。经过调查研究发现，传统体育的号召力还不能满足学生娱乐的需要，而篮球和足球等国际性的体育运动对身体素质的要求过高，参与上会受到很多限制，近年来兴起的广场舞，不仅满足了学生身心发展的需要，而且老少皆宜，简单易学。在高校体育教学之中融入民俗体育，可以促进学生的身心健康发展，使学生保持愉悦的心情，从而促进学生素质的全面提高。

5. 继承和弘扬优秀民俗文化

民俗体育是民族文化的重要组成部分，深化高校民俗体育教学可以传承传统文化，弘扬民族文化，促进社会文化的多元发展。例如，山西是民俗文化的重要产地，在高校教学中融入山西民俗体育可以保护山西的民俗文化，甚至可以将山西的民俗文化形式和文化精神推广到全国各地，起到弘扬民俗文化的积极作用。抖空竹、腰鼓、舞龙、踢毽子等各类民俗文化，在一定程度上都是一个地区和一个民族文化与精神的象征。在民俗体育的教学中，融入民族善良淳朴的友好品质，继承民族的优良传统，通过体育的形式将民族精神灌输到大学生的群体之中，是民俗体育在高校体育教学中的重要作用。民俗体育教学可以提高高校师生的文化自觉，提高师生对文化的重视，在民俗文化渐渐消失，被网络和信息即将取代的今天，非物质文化遗产越来越受到大众的关注，民俗体育的融入教学可以将民俗体育构建成一个主流的民族文化，从而继承和发扬民族精神。

6. 使教学资源多样化

高校民俗体育课程教学符合体育教学课程改革的需要，将民俗体育的特色融入教学之中，可以丰富教学的资源和内容，提高教学的质量。例如，学校教设除了田径、篮球、足球、排球等国际性的体育课程之外，还可以增添一些民族体育，如太极拳、柔力球、跳绳、摔跤、扭秧歌等体育课程。这样不仅扩大了学生的选择空间，还能激发学生的上课兴趣，提高学生的自信心，另外，民俗体育教学的成本也大大降低，可以节省教学资金。就目前情况而言，竞技体育仍然占据着大部分体育教学市场，大多数的篮球、足球、排球等体育活动的教学重复而枯燥，教师的“教”和学生的“学”都存在一定的问题。高校民俗体育教学可以填补教学资源的不足，最大限度地将体育教学资源多样化。另外，民俗体育开拓了体育教学的新思路，这种体育创新的开展可以对社会资源开展整合和提升，为高校体育的创新提供了可能性，民俗体育在高校体育教学中的应用还处于探索阶段，但对教学的积极作用是不可忽视的。

五、高校体育教学开发与利用民俗体育的措施

1. 丰富进入体育教学的民俗体育种类

相比于西方竞技体育，民俗体育更注重娱乐性和趣味性。民俗体育具有鲜明的民族特色，与生产生活实践、风俗文化传统密切相关，比较适合课外开展。在高校体育教学中引入民俗体育，不可拘泥于单一的课堂教学形式。高校体育教学应该根据民俗体育活动的特点，采取课内外、校内外相结合的方式，充分利用民俗节日，开展丰富多彩的民俗体育活动。民俗体育活动的课内外、校内外相结合，可以取长补短，共同促进，充分彰显民俗体育的活力，展现民俗体育的教育功能。

2. 提供政策支持

体育教学的政策主要解决的是权力分配问题，包括目标、载体和主体三个要素。体育教学政策权力依据一定的目的影响体育教学行为。不同的权力主体侧重的内容不尽相同，它具体体现于体育教学计划、体育教学标准及体育教科书的编定和使用之中，也体现于体育教学内容的选择与优化之中。高校当前的体育教学资源开发与决策的权力比较集中，一方面提倡开发与利用传统体育活动资源，另一方面却限制未经相关部门审定的体育教学资源不得引入高校体育教学，自主开发与利用的体育教学资源实际上受到限制。为了

保障民俗体育引入高校体育教学，国家和地方教育行政主管部门应该及时调整体育教学政策权力，制定切实可行的体育教学政策，给予高校一定的体育教学决策权，为民俗体育引入高校体育教学提供相应的政策支持。

3. 加强民俗体育教学研究

体育教学政策可以解决权力分配问题，促进民俗体育引入高校体育教学，但却不能解决何种民俗体育可以引入体育教学及如何引入等实施层面的问题。因此，民俗体育理论的研究应该加强，民俗体育实践的活动应该总结。其一，依托国家和地方体育科研院所，搭建民俗体育研究的学术平台。其二，条件充分的大学体育院系强化民俗体育重点学科建设，培养民俗体育方向的硕士生和博士生，储备民俗体育研究和实践的专业人才。其三，以课题形式，引导与组织专门力量研究民俗体育理论和项目，并根据项目的地域气候特征、健身人文价值，筛选出最适合的民俗体育活动引入高校体育教学。其四，组织研究人员、高校教师以及民间艺人挖掘、开发与改造民俗体育活动，形成适合高校的民俗体育教学标准或校本教材。其五，利用现代电子音像技术，制作民俗体育活动的电子音像资料。

4. 加快民俗体育教学师资培养

高校体育教师所接受的体育教育普遍以西方竞技体育为主，所从事的体育教学以竞争项目为主。大部分高校体育教师除了了解武术等民族传统体育外，较少了解民俗体育活动，参与实践的机会更少。民俗体育引入高校体育教学，必须加快民俗体育师资培养。其一，组织体育教师参加民俗体育专项培训，委派体育教师亲临民俗体育举办现场观摩学习，邀请民俗体育专家讲学授艺，全方位、多渠道提升体育教师的业务素质。其二，体育院系开设民俗体育专业。其三，聘请民俗体育艺人兼职高校民俗体育教学，不仅指导高校体育教师，而且传授大学生民俗体育活动知识和指导大学生民俗体育竞赛活动。

第六章　黑龙江民俗体育

黑龙江民俗体育的历史悠久，具有明显的地域性特征。民俗体育大多数与人们的生产、生活密切相关，如满族的冰嬉、珍珠球；回族的木球；朝鲜族的跳板；蒙古族的赛马、摔跤；达斡尔族的波依阔、打滑跐溜；赫哲族的叉草球、拉爬犁、冰磨；鄂伦春族的桦皮船；鄂温克族的抢枢；锡伯族的射箭、蹬冰滑子、撑冰车等。满族的珍珠球、赫哲族的叉草球、蒙古族的赛马已被列为黑龙江省第一批非物质文化遗产。

目前，一些民俗体育仍然是各民族地区人们健身、娱乐以及促进生产的有效手段。其最具特色的民俗体育活动为冰雪项目，游客们必去坐落于松花江畔的万达广场，那里可以体验丰富多彩的民俗体育活动，如马拉冰橇、抽冰尜、冰爬犁等，构成了黑龙江冬季旅游的重要组成部分，体现了黑龙江冬季旅游的特色，展现了体育的本质属性（合作、沟通、竞技、增强体质），也反映了特殊地理位置下，黑龙江民俗体育的传承和演变。身临其地域，感受独特的民俗体育文化，体验特有的地域文化，丰富人们阅历，伴随人们成长。

第一节　黑龙江民俗体育特点

地理决定论是指人们的生活习惯及其文化特点是由其地理条件而形成的理论。这一理论早期是由埃尔斯沃思·亨廷顿提出，后来该理论发展到地理环境会对社会、政治及经济等领域产生影响。近年来，我国各地区利用民俗体育带动第三产业的发展，转瞬间全国形成了一道“体育文化风”。民俗体育是为一定人民群众所传承和运用的一种具有普遍模式的生活化、仪式化的传统体育文化体，它既是一种体育文化，也是一种生活文化。在概念界定中，民俗体育应以地方特色为基本，与人们生活娱乐活动相关，如东北冰雪项目中的爬犁、冰尜；华北地区的风筝；中原地区的舞龙、舞狮；南方地区的龙舟；西南地区的泼水节活动等都应界定为民俗体育。它体现一个地方的民俗风情、生活习惯、节日庆典等，是人们生活生产过程中物质文化与精神文化的积累，具有地域性、普遍性、传承性等特征。随着社会的变迁，它始终保留着原始的意识形态，是历史的文化遗产。

一、地域特点

黑龙江地处我国东北边陲，白山黑水相互纵横，是我国少数民族大杂居、小聚居的特殊省份。北有俄罗斯、蒙古，东有朝鲜、韩国、日本，具有独特的地理位置、自然环境、人文环境，历经沧桑，逐渐形成了特色鲜明的民俗体育。欧亚文化和我国传统文化在这里精美融合，形成了多民族的体育文化发展景象，也积淀了现代体育文化的底蕴。犹太文化与白俄文化对黑龙江体育文化的贡献不可磨灭，在哈尔滨，很多老城区依然保留着犹太人与俄国人建造的体育场馆。历史造就了人们对体育的探索，特殊的地理、气候环境，形成了形式各异的民俗体育活动，贴近人们日常生活，成为人们娱乐、沟通的方式。

二、文化特点

民俗体育文化是我国传统体育文化的重要组成部分，由于各民族的生存环境、宗教信仰、文化习俗、经济发展的背景不同，创造出各具特色、丰富多彩的民俗体育文化，伴随着人类社会政治、经济、文化的发展而变迁，推动体育文化的发展。在历史记载中，黑龙江这一地带属于蛮荒地，因为气候环境的特异性，少数人选择在这里生活。黑龙江流域独特的地理环境是北方诸多民族成长、发展的摇篮，这一重要的历史因素赋予了黑龙江原著民强烈的自强精神和突出的个性特征，形成了独具特色的狩猎文明、渔猎文明、牧业文明、城邦文明。在这些文明积淀和发展中，原著民逐渐开展了民俗体育活动，如白天举行的赛马、摔跤等活动，夜间拢上篝火，请萨满跳神，祭神祭祖的鄂伦春族古伦木沓节活动，被列入第一批国家级非物质文化遗产。达斡尔族的射箭、摔跤等，已被列入黑龙江省第二批非物质文化遗产，在独特的自然环境和生产方式下，形成了鲜明的、具有地域特色的民俗体育文化。如今人们喜欢回归自然，重温民俗体育活动，赛马、骑射等项目逐渐发展，成为当前人们逢年过节、生活娱乐的热门体育活动。人们把赖以为生的打猎方式转变成民俗体育活动传承下来，用于交往和竞技，体现了民俗体育文化具有演变性、竞技性、生产性、娱乐性及传承性等特点。

第二节 黑龙江特色民俗体育

黑龙江省处于我国东北，纵横在黑水与白山之间，是我国许多民族大杂居、小聚居的特殊省份。其独特的自然环境、地理位置、价值观念、人文环境等，经过多年的发展逐渐形成了特色鲜明的民族民俗体育文化，而且这些民族民俗体育文化大多与当地人的生产、生活密切相关。民族民俗体育文化反映了一个地区的民俗风情、生产生活、节日庆典等，是人们生产、生活过程中精神文化与物质文化的积累。随着文化的发展与变迁，这些民族民俗体育文化还保留着最原始的文化传统，是典型的历史文化遗产。因此，黑龙江省得天独厚的气候、地理环境和民族体育文化资源，要求大多数研究者不只重视冰雪体育方面研究，更应重视冰雪体育之外民族民俗体育的研究，才能使得民俗体育不断地发展和壮大。

一、黑龙江民俗体育种类

（一）珍珠球

满族的珍珠球是黑龙江省首批非物质文化遗产项目，源于满族人民群众的生产、生活活动。常用动作有“挡”“封”“夹”“按”等，它的运球、传递、掩护、投篮、罚球等战略战术和篮球相似，要不停地跑、跳、投，但在比赛中更激烈，更有趣味性。1990 年采珍珠被定为全国少数民族传统体育运动会的比赛项目，并被命名为珍珠球，如图 6-1 所示。

图 6-1　满族珍珠球运动（来源：搜狗图片）

珍珠球运动是由满族民间游戏——采珍珠发展而来的一个体育活动。它是模仿采珠人员的劳动形式演变而成的，大部分动作及规则类似于手球和篮球项目。

1. 珍珠球运动的形成

满族先民长期生活在白山黑水间，他们的工作是打猎、耕种、捕鱼等。在满族人民群众中蕴藏着丰富多彩的以模仿采珍珠生产形式为内容的体育活动和儿童游戏。这种采珍珠游戏是人们把从水里打捞上来的河蚌抛上船，船上的人接住抄网，这时其他的船只会划过来拦抢河蚌，谁抢到的多就预示着谁来年能够获得更多的珍珠，并代表着吉祥如意。于是以体育游戏方式模拟在水中捞取珍珠的形式就一点点演变成融合战术、技术和攻防兼备的体育活动形式。

2. 珍珠球运动的发展

据《文献通考》所载，珍珠球作为少数民族传统体育的一个项目，作为一项传统体育运动在民间流传，距今已有三百多年历史，它的发展历程正是我国民族体育文化发展的缩影之一。一个民族民俗体育活动从一个民族、一个地域开展的游戏项目发展到今天具有一定规模并逐渐成为各族群众所接受和传承的体育运动，其过程是十分漫长的。

珍珠球运动是以满族采珍珠游戏为原形，篮球技术、规则为基础，结合排球、足球等其他一些运动技术、规则的特点所形成的一项新兴少数民族传统体育竞赛项目。最初这种游戏是在河中玩的，后又传到岸上；他们把猪膀胱吹满气当球，以传、投等动作投入抄网内为胜。在满族居住的地区对珍珠球的叫法也不相同，在北京称“采珍珠”，在辽宁省称“投空手”，在山东省称“打司令”。从它诞生时，就受到全国少数民族同胞的喜爱，并迅速得到普及，成为人们娱乐健身，竞技和友好交流的工具与桥梁。

进入 21 世纪后，随着我国对外交流改革不断深入，珍珠球运动由于自身的特点和独特的民族文化，将进一步形成既具大众性，又具科学性、竞技性，还具产业性和艺术观赏性的社会特殊文化形态，从而走向世界，走向奥运会。正如，负责奥林匹克群体工作的技术官员，在观看了第六届少数民族运动会珍珠球比赛后说："珍珠球这个项目可以向全世界推广。"

珍珠球项目在 1984 年由北京市民族传统体育协会进一步挖掘、整理后经过不断的演变正式更名为珍珠球。1986 年在新疆乌鲁木齐举办的第三届全国少数民族传统体育运动会上，珍珠球以全新的面貌首次出现在全国体育爱好者面前。该项目别具一格，北京代表团按照新的游戏规则开展了表演赛，受到与会队员的一致好评，也进一步推动大会的气氛走向活跃。为了保证作为正式比赛项目的珍珠球在第四届全国民族运动会上能够顺利开展，国家体育总局、国家民委联合举办了珍珠球教练员、裁判员培训班。

1991 年，在广西南宁举行的第四届全国少数民族运动会第一次将珍珠球列为正式比赛项目。来自全国各地的 10 支代表队参加了该项目的比赛。1995 年，在云南昆明的第五届少数民族传统体育运动会使得珍珠球成为最受大家喜爱的比赛项目之一。2001 年，国家体育总局、国家民委为了完善珍珠球游戏规则，迎接第七届少数民族运动会的召开，在辽宁省沈阳市举办了第六届全国珍珠球邀请赛。比赛期间，教练员、裁判员对比赛规则的进一步修改意见开展了研讨。2003 年，第七届全国少数民族传统体育运动会在宁夏银川举行。近 3800 名运动员本着"平等、团结、拼搏、奋进"的宗旨开展了 14 个珍珠球项目的比赛。这是在七届运动会上竞赛项目和参加人数最多的一届。2007 年，在广州市举行历史上规模最大的第八届少数民族传统体育运动盛会，珍珠球竞赛项目是参赛人数 (包括裁判员人数) 和队伍最多的项目之一。可以说，珍珠球运动伴随着民族运动会的开展也在不断地发展和壮大。

3. 珍珠球技术

根据珍珠球运动技术的特点，可把珍珠球运动技术定义为比赛中为达到一定攻防目的而采用的专门动作方法的总称，是珍珠球比赛中常见的动作类型和组合变化形式的总和，是开展珍珠球活动和参加比赛的基础，其内涵是以手脚运动为基础，以控制球和支配球为主要争夺手段，以一对一为基本攻守对抗形式，以投手和抄网人默契配合，投球得分为最终目的的攻守对抗性技术系统。珍珠球技术通常分为进攻技术和防守技术两大体系，各体系中也可分出各类技术的子系统，但珍珠球运动及其教学训练的内容与方法在不断发展，并在改革中创新。为便于运动教学与训练过程的组织，依据珍珠球运动技术运用的特点技术，技能习得的规律，也可以从珍珠球的实践需要出发，构建出珍珠球运动技术教学的以下内容体系。①传球技术：单手肩上传球；单手胸前传球；单手体侧传球。②运球技术：推进性运球是指队员在获得球的基础上，在无人防守的情况下，运球推进的一种方法。突破性运球是指队员在获得球的基础上，利用各种脚步动作和运球手法，力求突破防守队员的各种运球过人方法。③投球技术：投球是进攻队员为将球投入抄网而采取的各种专门动作的总称。是珍珠球运动中重要的进攻技术，是得分的唯一手段。攻守双方运用各种战术的目的，无不集中表现在得分与防守得分上。因此，投球和防投球就成为攻守双方争夺的焦点，在珍珠球比赛中，常见的投球技术形式一般有原地投球、行进间投球和跳起投球三种。④持拍防守技术：是持拍防守队员在封锁区内，利用挡夹、挑拨、按压等技术拦截和破坏对方投、射向抄网球的一项专门防守技术。⑤抄网技术：抄高抛球技术；抄直线快球技术；抄边界外空中球技术。

4. 珍珠球运动的价值

（1）健身价值。顾名思义，健身价值即促进人体身心健康的价值。联合国世界卫生组织给健康下的定义是：“健康不仅仅是没有疾病，而且包括在身体、心理和社会方面的良好状态。其基础在于机体的组织器官机能正常，并掌握物质和精神环境，以及健康生活的科学规律。”这就是人们常说的身心健康，或者说一个人只有在心理健康、躯体健康、道德健康和社会适应良好四个方面都健全时才算是真正健康。

满族珍珠球运动能有效地发展人体的耐力、力量、速度、灵敏等素质，具有显著的健身价值。由于珍珠球运动是一项在与篮球场面积相同的场地上作全场四对四的对抗，这就决定了比在同样面积上作五对五对抗所需更高的运动密度与强度。瞬息万变的场上攻防转换，迫使双方队员不停地运用急停、加速冲刺、变向变速、转身、突破过人等大强度身体动作来弥补全场四对四快节奏的攻防战术。这种持续大强度的运动对运动员的耐力、力量、速度、协调柔韧性以及快速反应能力都是极好的锻炼；也对呼吸循环功能提出更高的要求，在运动中，参与者必须常常处于运动状态，在珍珠球飞动的过程中，方向随时处于变化之中，有利于人体灵敏性的提高，运动员必须根据对手动作的改变而采取相应的措施，这对缩短其反应时间和加快动作速度很有帮助。珍珠球运动员高强度的相持、对抗，锻炼了心肺等内脏器官的抗负荷能力和人体肌肉的抗疲劳能力，由于整场珍珠球比赛的时间是三十分钟，这就有效地提高了运动员的力量和耐力。

（2）娱乐价值。体育运动本身内蕴丰富的游戏性、竞技性、艺术性，娱乐性和健身性并举，富有强烈的娱人和自娱功能。正如现代奥运会创始人皮埃尔·德·顾拜旦所说，“啊体育，你就是乐趣，想起你，内心充满欢喜”“你可使忧伤的人散心解闷，你可使欢乐的人生活更加甜蜜”。满族多生活在交通不发达的地区，千百年来，他们各自生活在闭塞的环境里，与外界、外族接触甚少，在此自然纯朴、缓慢发展的生态环境中，人们在生产劳动之余，也需要文化娱乐活动。满族珍珠球活动正是满足人们的这种身心需要而产生发展的，它成为人们在封闭的社会与自然环境中的主要娱乐方式，以调节人的心理情感，使人的心理更加充实、丰富、平衡。满族人在采珍珠劳动之余，在陆地上模仿采珍珠的活动开展游戏，这就反映了珍珠球运动具有很大的娱乐价值。

（3）社会交往价值。体育运动作为一种具有广泛群众性的社会活动，能使人们在一定体育道德和体育规则的规范下拓宽社会人际交往的渠道，发展良好的人际关系、消除各族人民因生活方式、地理环境、文化传统等差异带来的隔障，为人们提供社会文化交往和情感交流的机会，有助于增进民族团结、改善民族关系，促进民族地区文化、经济的发展和交流。

以前满族人民多散居在交通不便的区域、山区乡村，使他们与外界的文化、经济交流和社会交往受到极大的限制，通过珍珠球比赛吸引了附近的各族人民欢聚一起，人与人之间开展技术情感交流，能够增进友谊，为满族地区的文化、经济贸易搭建了交流的体育平台，逐渐拓宽了人们的视野。

（4）文化体味。珍珠球运动是一件文化珍品，为人类的文明注入了进步的力量，它的特殊价值在于有展示民族文化而生的观赏性、竞技性以及特殊的教育性。观看一场珍珠球比赛如同品一杯醇醇酷烈的美酒，可以感受到悠远而淳厚的民族历史文化，获得的不仅仅是感官上的享受，更是心灵和情感上的升华和陶醉，这种感受随着珍珠球运动技术水平的不断提高，以及运动员表现力的增强而愈加浓厚，成为人们精神中的一种永恒的价值体验。

珍珠球运动作为民运会的竞赛项目，深受广大人民的喜爱和欢迎。珍珠球运动具有较高的观赏性、娱乐性和趣味性，而且能提高人体各项身体系统机能，运动时能达到一定运动量，并可增强运动员各感受器官的功能，促进人体的速度、力量、灵敏、柔韧和耐力等素质的发展。常常参加珍珠球运动，能提高运动员的判断能力、观察能力和反应能力，改善促进呼吸和血液循环系统，培养集体主义精神和勇敢顽强的意志。但珍珠球运动目前还属于新兴的体育运动项目，开展得还不是很充分。有关部门应该加大宣传力度，为进一步推动少数民族的传统体育活动，促进全民健身运动而发挥其应有的积极作用。

（二）嘎拉哈

满族的嘎拉哈是黑龙江省首批省级非物质文化遗产项目之一，它形成于满族先人在历史发展中，源于人民群众、土生土长、易被人们传播与接受，嘎拉哈有四个面，分别是“珍儿”“背儿”“坑儿”“轮儿”，四个面开展不同组合的“抓”“弹”。其中以抓四样最为困难，即“珍儿”“背儿”“坑儿”“轮儿”各一枚，如图 6-2 所示，从不同位置上分别开展抓嘎拉哈，同时不能碰到别的嘎拉哈，因此难度十分大。在过去嘎拉哈深得满族女孩子的喜爱，利用它抓来抛去能够锻炼手的灵巧性。

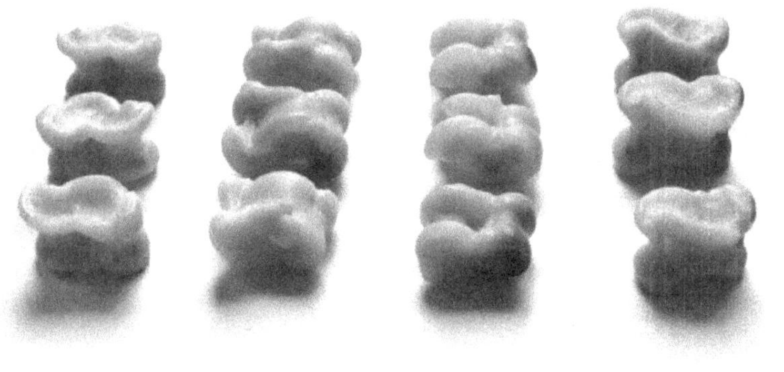

图 6-2　嘎拉哈“珍儿”“背儿”“坑儿”“轮儿”

嘎拉哈汉语指的是髌骨或距骨，多取于猪、羊、狍、鹿、牛等动物，是畜类或兽类后腿腿骨、膝盖部位和胫骨交接处的一块独立的拐踝骨，也叫背式骨或膝骨。它的称呼在《塞上杂记》中写作背式骨，在《松花江下游的赫哲族》和《柳边纪略》中写作噶什哈，在《达斡尔族》中写作萨克等，这是少数民族因为语言不通而出现的读写差异。而嘎拉哈在其发展过程中，则先后扮演了以下几种不同的角色。

1. 嘎拉哈的历史

（1）嘎拉哈象征着吉祥财富。之后的岁月里嘎拉哈又逐渐成为财富的象征，在北魏、辽金元等时期的古墓挖掘中多次作为殉葬品出现。1955 年，在内蒙古呼和浩特市美岱村南宝贝染山沟中发现的北魏砖墓的随葬品中就有铜嘎拉哈一枚，这也是目前发现的最早的铜嘎拉哈。而玉制嘎拉哈则最早出现于辽代，这一时期的部分玉制、铜制嘎拉哈常在中央有孔，可随身佩带，类似汉族童子玉坠，具吉祥之瑞，常年佩带；金朝上京地区金墓中则多次发现用铜、白玉、水晶等雕刻而成的嘎拉哈，仅在黑龙江阿城市的双城村金墓中就曾一次性出土嘎拉哈 41 枚。由此可见，陪葬嘎拉哈的多少是衡量当时生活富裕程度的重要指标。由于嘎拉哈多了也能表明吃穿用度都十分充足，生活较为安逸，因此，随着嘎拉哈逐渐融入北方民族的日常生活，它也成为民族文化尤其是非物质文化遗产的重要载体。《元朝秘史》中记载了金元时期蒙古族儿童将其作为礼物或用作婚礼仪式品互赠的情形。如今，蒙古族传统婚礼更将嘎拉哈融入了婚礼程序：

小小的嘎拉哈，
连着骨头连着筋，
只要嘎拉哈在，
大腿小腿不能分。
小小的嘎拉哈，
连着血肉连着心，
只要嘎拉哈在，
连着男女两家亲。

由此可见，嘎拉哈已超出了其原有的意义成为民族民俗文化的重要组成部分，同时也寄托了人们追求美好生活的愿望，如图 6-3 所示。

图 6-3　抓嘎拉哈（来源：搜狗图片）

（2）嘎拉哈是神秘占卜的工具。近年来考古研究发现，嘎拉哈早在我国殷商时期就已出现，在当时它被用作一种独特的占卜工具来使用，并发展出我国东北地区的卜骨文化。人类崇拜的最早神灵是动物，而某种动物之所以会成为原始民族或先民们的崇拜对象，正是因为这种动物会对人们的生活有着直接的影响，进而形成威严感和亲切感。所以先民们认为这种动物的骨骼会使人产生与神灵通达的神秘感，因此也就出现了将动物骨骼作为卜骨开展占卜的各类活动，进而定祸福、决嫌疑，逐渐演变成了对嘎拉哈等灵骨崇拜的占卜活动。而这种作为神秘的占卜工具的用途正是人们对于嘎拉哈最早的认知和理解。

（3）嘎拉哈体现了尚武文化。嘎拉哈最早出现在我国东北，由于这是以狩猎经济为主的区域，因此，先民们认为嘎拉哈等动物骨骼是顽强、勇敢的象征，很多女真族的勇士或英雄都将获得的嘎拉哈保存下来，用以表彰他们的勇敢善战，以获得别人的尊重，这是对人们勇敢地战胜动物的一种肯定，也是在射猎时代的一种典型文化反映。其中，狍子骨的嘎拉哈是最难得到的，也是最好的。从狍子身上获取的嘎拉哈可谓是对男性武功的肯定，也是北方民族尚武文化的一种具体表现。

对此，据《清代满族风情》“金兀术与嘎拉哈”故事记载，嘎拉哈与金国开国皇帝完颜阿骨打的儿子完颜宗弼（即金兀术）有关。金国开国皇帝完颜阿骨打的大儿子金兀术从小任性淘气，习文练武均无成。眼看他一天天长大，阿骨打心中十分着急，他让金兀术带一把腰刀、一张弓、一杆扎枪到松花江畔的深山老林中学艺。金兀术先跟着猎人在江上叉鱼，几天累得腰酸腿疼，便改学和猎人围猎，时间不长也泄了气。一日，他碰见一位白发老太太用一根小木棍打死一只“山跳”送给他吃。金兀术边吃边倾诉自己的苦恼，老太太听后对他说：如果他能追上一只狍子，取下它的嘎拉哈，就能让他成为最灵巧的人；如果他能射死一只野猪，取下它的嘎拉哈，就能让他成为最勇敢的人；如果他能扎死一只熊，取下它的嘎拉哈，就能让他成为天下最有力气的人。金兀术听了十分欢喜，历尽千辛万苦，遭遇无数磨难、危险，他终于拿到这三种动物的嘎拉哈，成了天下最勇敢、最灵巧、最有力气的人。从此，金兀术的勇敢和强悍便成了当地的佳话，人们津津乐道、乐此不疲。女真人为了让后代像金兀术那样勇敢，便让孩子们抓玩嘎拉哈，花样繁多的嘎拉哈游戏也由此衍生而来。

2. 嘎拉哈的历史变迁

（1）竞技游戏的道具。虽然嘎拉哈最早是用来占卜的，但却是作为一种竞技游戏而被传承下来的。唐代渤海上京宫城房址内出土的一枚十分光滑的狍子距骨，是目前已知的最早用于游戏的嘎拉哈。在北魏时期，嘎拉哈就已经成为黄河以北各民族的一种游戏器具，也是鲜卑、女真、契丹、蒙古军事战术上模拟演习的棋子。当时使用的嘎拉哈类别不同、大小不同、颜色不同，以不同的种类代表不同军事类型，通常情况下，兵器队别、士兵头领等用嘎拉哈来代表，成为战局中沙盘的棋子。

后来，随着游牧民族逐渐定居下来过上了农耕生活，嘎拉哈也逐渐成为民间的游戏项目。锡伯族村内及村落之间常常举行嘎拉哈比赛，这既是一种农闲期间的娱乐活动，也是节日期间庆丰收的喜庆活动，更是一种增进感情的联谊活动。男人们玩过之后总要习惯性地喝酒聚餐，无论是在谁家玩，女主人都会热情张罗、炒菜做饭，像“办喜事”一样忙前忙后。一家有人在玩嘎拉哈，往往会吸引很多人挤满屋子看热闹。遇到玩得好的，大家就齐声叫好，气氛十分热烈。

（2）独特的嘎拉哈游戏。嘎拉哈的制作比较讲究，是把羊或猪的嘎拉哈经过蒸煮刮净取肉脱脂，然后上色。从形状上来看，每个嘎拉哈有 4 个面，各个面有固定的称呼。有文献的记载是这样的：“骨分四面，有棱起如云者为珍儿，俯者为背儿，珍背为鬼儿，仰着为梢儿。”（近现代叫珍儿、背儿、坑儿、轮儿）。

作为北方少数民族的一项古老游戏，嘎拉哈经过两千多年的传承，逐渐演变出花样繁多的游戏规则和手法。叶永成曾在《沈阳民族》上撰文详细介绍，锡伯族有“搿”“摈”“指弹”等玩法，时又有“一箭穿心”“背弓奇射”“回手加鞭”“河心网鱼”等二十多种花样。嘎拉哈比赛人数最少是可以两个人一对一的玩，最多时可以两人一组，四人对阵。欻嘎拉哈中难度最大的是抓四样，是欻嘎拉哈中难度最大的。所谓四样即四个嘎拉哈中坑儿、珍儿、背儿、轮儿各有一枚。因为四个不同的嘎拉哈位置很难在一起，在沙包抛起的一瞬间，要从不同位置上分别抓完四样嘎拉哈而又不准碰到其他嘎拉哈，难度相当大。所以，在过去善于抓四样的女孩子都是心灵手巧的。

嘎拉哈讲究的是眼疾手快。在过去的时代，满族女孩子把它抓来抛去，可以锻炼手的灵巧性，做得一手好针线活。想来过去的满族女子六七岁即开始学针线，为出嫁做准备，因而大都必须有擅女红的巧手。手笨的女子如果不能赢得婆家的青睐，便将遭遇生存危机。所以过去欻嘎拉哈，不仅是闺中游戏，还是生存训练。随着清朝定都北京，满汉文化融合，玩嘎拉哈也传遍大江南北，后来这一游戏在汉族女孩中也开展得非常普遍，玩法也花样翻新。

女孩子们边欻嘎拉哈，边叽叽喳喳东家长西家短地聊着，无非是些童年趣事。说到隐秘处，还要防备隔墙有耳，小声地嘀咕着。说到高兴时，还会手舞足蹈哄堂大笑。有时是女孩子们互相打趣，你说我喜欢某个男孩了，我说你和某个男孩好上了，描述得有鼻子有眼睛，煞有介事，活灵活现。

过去的东北人家几乎家家户户都有嘎拉哈。东北的女孩子，没有不会用嘎拉哈做游戏的，嘎拉哈也是大姑娘小媳妇之间互相赠送的礼物，关系密切的闺中密友尤其如此，所以她们的童年记忆，总是和嘎拉哈联系在一起。在以前文化生活单调的年代，每逢年节，东北地区一些少数民族和汉族的男女老少都爱玩嘎拉哈。过去虽然男女都可以玩嘎拉哈，但是是分开玩的。现在，不仅男人和女人不再分开玩，而且在一些比赛场合还会特意组建男女组合的比赛阵容，这也成为锡伯族民俗游戏中一道特殊的景观。

社会在发展，历史在变幻，科技在进步，人们的娱乐活动也发生了根本的变化。自 20 世纪 60 年代始，在我的家乡辽北乡村的女孩子们欻嘎拉哈的娱乐活动越来越少，到 70 年代末，欻嘎拉哈的活动基本绝迹。直到今天，昔日盛行的女孩子欻嘎拉哈游戏已消失得无影无踪。当今的女孩子们可能连什么叫嘎拉哈都不知晓，在我国曾风行一时的女孩子欻嘎拉哈娱乐活动如今已成为历史，每当想起少儿时村里的姑娘们欻嘎拉哈的热闹场面，仍有一种记忆犹新，回味无穷的感觉。

（三）叉草球

赫哲族的叉草球（见图 6-4）被列为黑龙江省首批省级非物质文化遗产。叉草球源于赫哲族原始的渔猎生活、生产之中，反映了古代赫哲族渔猎生活的生动场面，常用“快步跑叉”“落地蹭叉”“翻身旋转快叉”“跳跃争叉”等动作。叉草球是人们提高渔猎生产技能的民族传统体育活动，也是人们强健身体、闲暇之余娱乐的生活方式。该民俗体育活动历史久远，广为流传，已深得人们的喜爱，特别是赫哲族的青少年。

图 6-4 叉草球（来源：搜狗图片）

叉草球历史悠久，流传广泛。叉草球比赛在长数 10 米、宽 8 米的场地开展，场地上架设 7 个类似羽毛球项目的栏网，双方队员持渔叉接叉草球，并用手将球抛过网，球落地，进攻方前进，另一方后退，以此决出胜负。叉草球是善于捕鱼的赫哲人为培养孩子们叉鱼的兴趣和技巧而开展的一种集娱乐和提高渔猎生产技能的体育活动。叉草球原是将一个草球扔到水里，一个人用长杆在水中拨打草球，使其在水中游动，参加者用叉来叉水中的草球，叉着即为得胜。后来演变成让草球在草地上向前滚动，参加者掷叉将其叉住，以叉中多少定胜负。还有一种方法为射准，在地面竖一草靶，参加者站在离草靶 5 ~ 10 米外，投鱼叉射靶，每人投 5 次，以投中靶多者为胜。

现在的叉草球活动，已成为有标准场地、器材和一整套规则的赫哲族体育竞赛项目。叉草球比赛是在一块六个相连 (每个宽 8 米、长 9 米) 的标准场区和两端无限延长的狭长空地上开展。空地由一条中线将其划为两边各有三个宽 8 米、长 9 米和一个无限延长的场区。中线和另外 6 条场区横线上与地面垂直设置 7 道栏网，网宽 0.50 米、长 8 米，拦网垂直高度 2.2 米。竞赛时，参赛人数不限，可多可少。分成两个队，人数相当，每个队选出一个自己的指挥。参赛的每人手拿一把叉。比赛开始时，双方队员在场地中线两侧的场区站好后，由先获发球权一方的一名队员将草球掷向对方，对方叉不中来球，要向后一场区后退，掷球一方向前推进拾球再掷，对方叉不中再退。若叉中来球，双方交替互叉，如此反复，直至一方将草球掷落于对方无限延长的决胜区内。草球落于哪方无限延长区，哪方即为负队。比赛采用三局两胜制。

（四）鲁日格勒舞

达斡尔族的鲁日格勒舞（又称哈库麦勒），如图 6-5 所示，被列为黑龙江省第一批非物质文化遗产项目，也被列为国家级第一批非物质文化遗产项目。聚居于黑龙江的嫩江流域的达斡尔族主要以渔猎、狩猎为主，因此，舞蹈中常体现“提水”“采集”“飞翔”“捕鱼”“禽类斗闹”等动作，表现出人们的狩猎、渔猎生活的劳动场面。鲁日格勒舞分为“比歌”“打斗”“赛舞”，即第一以歌为主，以舞为辅；第二以舞为主，以歌为辅；第三以打斗为主。体现出原有的古朴、自然和永恒等特点。

图 6-5　10 人集体“鲁日格勒”舞蹈（来源：搜狗图片）

1. 达斡尔族的民族起源

达斡尔族是一个古老的民族。在我国北方有着悠久的历史。在我国历史文献中有“达呼尔”“达瑚里”“打呼里”“打虎力”“打虎儿”“达乌尔”等不同音译名称。达斡尔族分布区域是17世纪中叶以后形成的。在此之前，达斡尔人分布于外兴安岭以南精奇里江（今俄罗斯境内吉雅河）河谷与东起牛满江（今俄罗斯境内布列亚河），西至石勒喀河的黑龙江北岸河谷地带。17世纪中叶，由于沙俄殖民者入侵黑龙江流域，江北达斡尔、鄂伦春、鄂温克等族人民受到野蛮的掠夺与屠杀，被迫内迁。达斡尔族最初多数迁至嫩江流域，后来，由于清政府征调该族青壮年驻防东北及西北边境城镇，才有一部分达斡尔人徙居爱辉、呼伦贝尔，以至远徙新疆塔城。

关于达斡尔族的来源，学术界尚无定说。主要分歧意见可分为土著说与契丹遗裔说。持土著说者认为，达斡尔人最初分布的黑龙江及精奇里江河谷，隋、唐时是室韦各部的分布地，当时已有一些部落向中原王朝通贡。以后辽、金、元各代都在这些地区行使管辖权，明代曾于达斡尔族在江北的旧居地带建立卜鲁丹河、托木河等卫所，故达斡尔族应是黑龙江以北土著民族的后裔，与隋、唐时室韦某些部落有很深的渊源。另一些人还根据达斡尔族关于其祖先曾建黑水国的传说，认为其族源和隋、唐黑水部某些部落有关。持契丹遗裔说者主要是根据语言、历史传说及某些习俗与辽代契丹人有相同的特点，认为达斡尔族的祖先是契丹人的一支，于金灭辽时北迁至黑龙江以北，发展为达斡尔族。1616年努尔哈赤称汗，次年即征服黑龙江中游萨哈连部，取其11寨，以后相继征服自尼布楚（今俄罗斯涅尔琴斯克）以东全部外兴安岭以南地区，原属明朝奴儿干都司各卫所全改属努尔哈赤后金政权。当时达斡尔或以地区被称为萨哈连（满语对黑龙江的称呼），或以贡物特点称为萨哈尔察（满语译音意为黑貂）部，或与鄂温克等泛称为索伦部。至康熙年间，才出现“打虎儿”的译名，以后又常译为“达胡尔”“达呼尔”“达虎里”等。中华人民共和国成立后，根据本民族意愿，统一定名为达斡尔。达斡尔意即“长宫”“原来长座位置”，表现了契丹人对先人建立的“辽国”的宫廷生活时常怀念。所以，自称“达古尔”或“达斡尔”。

顺治元年 (1644) 清兵入山海关后，无力顾及入侵的沙俄殖民者，达斡尔与鄂温克、鄂伦春等族人民陆续从江北内迁。清廷把迁至嫩江流域的达斡尔族居民编为杜博浅、莫尔丁、讷莫尔 3 个“扎兰”，由理藩院管辖。雍正九年 (1731)，清廷又将达斡尔、鄂温克、鄂伦春按姓氏为布特哈八旗，设副都统衔总管管辖，其中达斡尔原来的 3 个“扎兰”，分别编为镶黄旗、正黄旗和正白旗。为便于统治达斡尔族人民，清朝统治者任命该族一些上层人物为佐领，其中少数还擢升为都统、将军、办事大臣等，逐渐使他们形成本族内部的统治阶级。清末废布特哈总管，管辖制度稍有改革。达斡尔族人民素以勇敢善战著称。17 世纪中叶，沙俄殖民者侵入黑龙江流域时，达斡尔族人民开展了顽强抵抗，受到清廷的赞赏。清朝统治者在两百多年间，多次征调达斡尔人民戍边，远达新疆，使该族的人口和生产发展受到影响。八旗的建立，加速了达斡尔族社会逐步封建化的过程，促进了生产的发展和物资上的交流，密切了达斡尔族同汉族、满族人民的联系。

据史学家考证，达斡尔族起源于大兴安岭南麓的洮儿河。“达斡尔”一名最早见于元末明初，属辽代契丹的后裔。达斡尔族人的先民分布于外兴安岭以南至黑龙江北岸的河谷地带。17 世纪中叶以后逐步迁到呼伦贝尔、嫩江流域、爱辉及新疆等地。17 世纪前，达斡尔族已结成村落，聚族而居。渔猎业是传统的生产活动。南迁后农业迅速发展。1947 年达斡尔农区开展土地改革，牧区实行牧场公有、放牧自由。1952 年开始建 7 个达斡尔民族乡，1958 年 8 月在内蒙建自治旗。达斡尔的意思是“原来的地方”，也就是故乡。几百年来，达斡尔人就在这里游牧，但究竟哪里才是他们的故乡，达斡尔人自己不知道，因为他们自己没有文字，只能靠口述来传承历史，清朝以前的事就没有人知道了。

当地的一个传说引起了民族史学家们的兴趣：几百年前，一支契丹军队来到这里修边堡(边堡是达斡尔特有的词汇，是指一种类似长城的建筑)，从此在此定居下来。这支军队的首领叫萨吉尔迪汉，就是达斡尔的祖先。

这个传说把达斡尔与契丹联系在一起，但传说中的故事会是历史的真相吗？早在清代就有人提出达斡尔源于契丹，也有现代学者通过比较研究契丹族和达斡尔族的生产、生活、习俗、语言、宗教、历史，找到的大量证据表明，达斡尔人是继承契丹人传统最多的民族。但他们找到的都是间接证据，在没有足够的科学证据之前，是不能给出定论的。DNA 技术解开千古之谜，一门新兴的技术为解开这个千古悬案带来了希望。纵然历史已被遗忘，文字已经失传，语言已经改变，但在契丹后裔的血液中，总还有一种记忆在流淌——基因。现在，考古学家们要用新兴的 DNA 技术来唤醒这份最后的记忆。专家们先在四川乐山取到了契丹女尸的腕骨；从内蒙古自治区赤峰取到了有墓志为证的契丹人头骨、牙齿；在云南保山、施甸等地采集到“本人”的血样；从内蒙古自治区莫力达瓦旗和其他几个旗和县提取到了达斡尔、蒙古族、鄂温克和汉族等人群的血样。在完成古标本的牙髓和骨髓中用硅法提取的线粒体 DNA 可变区比较后，他们终于得出了准确的结论：契丹与达斡尔族有最近的遗传关系，为契丹人后裔。

现如今，达斡尔族在我国主要分布在内蒙古自治区莫力达瓦达斡尔族自治旗、鄂温克族自治旗、布特哈旗、阿荣旗及黑龙江省梅里斯区、齐齐哈尔市区、富拉尔基区(主要居住在罕伯岱村、全和台村、洪河村、海雅屯)、爱辉县、富裕县、龙江县、嫩江县；少数居住在新疆塔城县。根据 2000 年第五次全国人口普查统计，达斡尔族人口数为 132394。达斡尔族使用达斡尔语，属阿尔泰语系蒙古语族；没有本民族文字，主要使用汉文，少数人兼用满文、蒙古文和哈萨克文。由于居住分散，达斡尔语形成了布特哈、齐齐哈尔和新疆三种方言，但词汇、语音、语法的差别不大，可以互相通话。达斡尔族人性格豪放、开朗，讲礼仪，重感情，能歌善舞，多才多艺。在漫长的劳动和生活实践过程中，他们创作出许多具有本民族特色的音乐、歌曲和舞蹈，其中一些优秀的作品深受全国各族人民的喜爱。这其中达斡尔族的舞蹈成就尤为突出。

2. 达斡尔族舞蹈起源

达斡尔族舞蹈隶属于东胡族系舞蹈，达斡尔民间舞蹈统称为“鲁日格勒”。“鲁日格勒”舞多为妇女表演。“鲁日格勒”汉语的意思为“兴旺”或者“燃烧”，达斡尔族语“鲁日格勒”可以引申为“跳起来吧”。因为表演时边舞边喊“罕伯、罕伯”，所以鲁日格勒又有“罕伯舞”之称。“鲁日格勒”是达斡尔族具有代表性的民间舞。它因地而异，有“郎突达贝”“阿罕伯”“鲁日格勒”“哈根麦勒格”等不同称谓，也反映了达斡尔族民间舞蹈起源于民族先人在深山密林中围着篝火生息劳作的早期狩猎时代。“鲁日格勒”舞历史悠久，据史料记载，古代达斡尔在春意微透的夜里聚集在村头的草坪上，围绕熊熊燃烧的篝火手舞足蹈，你呼我唤，于劳动之余以舞蹈形式抒发心声，调整精神，消除疲劳。由此可见，“鲁日格勒”与达斡尔族人民的生产、生活、习俗有着密切的关系，是达斡尔族特有的一种歌舞合一的形式。“鲁日格勒”2006年被我国列为第一批非物质文化遗产，主要节目有:《曲棍球》《映山红》《嬉水姑娘》《欢腾的山村》等。“鲁日格勒”是古老的民族民间舞蹈。在达斡尔族供奉的神灵霍列日·巴尔肯汇集的17种神当中，就包括在布料上绘制的耶松·扣克尔·玛尔西朗—耶松·乌给尔·鲁尔格楞神像，意思是九个小伙子手舞，九个姑娘足蹈。可以看出“鲁日格勒”是达斡尔人非常古老的文化内容，并且曾有鲁日格勒舞神。在民间达斡尔族妇女们跳的“鲁日格勒”，没有雕琢、造作的成分，充分、直率地表现着人们的内在心境和审美情感，并都以群舞来昭示一种群体的共鸣、和谐与气势。“鲁日格勒”的产生是和达斡尔先民古时的生产生活分不开的。达斡尔族的祖先为了生存采取集体狩猎的生产方式。一进入20世纪初，在一些达斡尔族聚居的地方，集体狩猎作为血缘集团的传统习俗被保留下来。集体围猎以哈拉为单位，围猎者把预定的猎场包围后，逐步缩小包围圈，最后射杀被围困的动物。严酷的环境，生产技术的落后，致使达斡尔人必须结成一个个狩猎群体。由于胜利成果来之不易，又是靠群体力量而获得的，所以在饱享一顿晚餐的篝火旁，模仿围猎的队形，人们先排成圆圈由远至近，作手持武器状，模拟野兽的各种形态动作：望、站、跑、跳等或嬉戏追逐打闹的情景。边跳边模仿野兽的各种叫声。“嘿……嘿……”逐渐地缩小圆圈，待接近圆心时，节奏加快。见野兽即以持毙，然后欢呼跳跃，唱起原始民歌以示庆祝。这就是“鲁日格勒”起源于狩猎经济生活之说，也就是“打猎说”。

还有一种是“捉乌鸡”说。早年，每逢农历五月，在江套子塌头墩子中间，草原上的乌鸡交配时公鸡追着母鸡跑，并发出“咯咕……咯咕……”的欢呼声。达斡尔猎人身披用乌拉草做成的蓑衣，蹲在塌头墩子上，远看就像一堆草，迷惑追逐的乌鸡。待乌鸡从猎人蹲着的塌头墩子下边穿过时，猎人伸手便将其抓住装进袋里，一天所获甚丰。晚上架起篝火，全家或屯子里的大人小孩都来分享这胜利果实，酒足肉饱之后，男猎人就模仿乌鸡追逐的情景，两手后伸作鸡奓翅状，弯腰探头，前拖步急进，并模仿乌鸡“嘎……嘎……”叫声，众人围成圆圈追赶，后分成两人一对，左蹦右跳，急斗对舞，前追后退绕弯追逐，赶上去追打甚是热闹，宛如猎人捉乌鸡的场面再现。

无论是“捉乌鸡说”，还是“打猎说”，均是反映在达斡尔族先民们的狩猎生活环境中的生产活动。鲁日格勒起源于狩猎歌舞是无疑的。狩猎歌舞不仅是达斡尔族，也是全国各少数民族古老的艺术形式之一。这表明它是许多民族在文化发展过程中的重要一环，沉淀了社会、民族、经济生活和产生方式的印记，也是民族历史衍变的文化见证。

“鲁日格勒”是一种以呼号为节奏，多由女子参加边呼边跳的民间舞蹈形式。它广泛地流传于内蒙古自治区莫力达瓦达斡尔族自治旗和黑龙江省齐齐哈尔市郊区等达斡尔族聚居的城镇乡村，深为达斡尔族人民（尤其是妇女）所喜爱。逢年过节、婚嫁吉日或劳动之暇，人们都要欢聚一堂舞不息。一年一度的春节是达斡尔族最热闹、最欢快、最盛大的节日，腊月三十那天人间要祭祖扫墓，晚上燃放爆竹，并在神位前点蜡烧香。热情好客的主人邀请亲朋好友聚集一处，饮酒抒怀。妇女则精心梳妆后纷纷参加“鲁日格勒”歌舞晚会。她们一个个身着色彩鲜艳的绸缎长袍，足穿绣花鞋，头戴美丽的花朵，把自己打扮得容光焕发，就连八十岁高龄的老奶奶也穿上最漂亮的长袍，在儿孙的搀扶下兴致勃勃地前去赴会。晚会多在房屋宽敞的人家举行，炕上炕下，屋里屋外挤满了跳舞和围观的人们。晚会开始多由德高望重的长者成对起舞，接着善舞者邀请对手，首先拉着手，悠摆臂膀唱着曲调悠扬的传统民歌，唱过一两首后，便转入边呼号边跳舞的段落。呼号声此起彼伏，步履快，随着急促的呼号和不断更新动作，形成炽热欢腾的竞舞场面。此时如果一方没跟上变化的动作或呼号，就算输给对手。男子和孩子们多为观看助兴，很少下场跳舞。在达斡尔族的“鲁日格勒”中也出现了类似歌舞剧的请“笊篱姑姑”舞神的歌舞活动。可能是由于每次人们相聚跳民间舞蹈时，各种舞蹈轮番出场展示，逐渐融合起来，以至于让外人很难把不同种类的舞蹈独立分辨出来。关于“鲁日格勒”的来源，在达斡尔族民间流传着几种不同的传说。相传有个远嫁他乡的年轻媳妇常常思念故乡和亲人，每当看见在空中自由翱翔的雄鹰，心中就十分羡慕，幻想着自己也能插翅而飞去探望久别的亲人，于是她就模仿鹰的神态和鸣叫声，挥动臂膀跳起舞来，以后就形成“鲁日格勒”的舞蹈动作。

达斡尔人是极其崇拜山鹰的，早年民间传说鹰是神鸟，它威力无比，能用右边的翅膀遮住月亮。鹰还是达斡尔人狩猎的得力助手，很早，他们就把勇敢敏捷的山鹰训练成猎鹰，用来捕捉禽兽，至今骑马放马放鹰仍是达斡尔人乐于做的事情。在达斡尔歌舞里都有赞美鹰的内容。达斡尔族由于居住分散，形成齐齐哈尔、布特哈和新疆三种土语，鲁日格勒也因此有几种不同的称谓，如哈库麦、鲁日格勒、罕伯舞等，但现已成为达斡尔族民间舞蹈的专用名词。鲁日格勒含义为燃烧或兴旺之意，达斡尔语鲁日格勒可以引申为“跳起来吧”

之意，有人认为古代达斡尔族先民在从事放牧、狩猎之余，常在晚间围着熊熊焰火挥臂踏足，尽兴歌舞，借以解除劳动的疲惫。燃烧之意恰好反映了先民们跳舞的环境和情绪，同时说明鲁日格勒是经过长期发展演变而成的。鲁日格勒动作丰富，抒情醇美，散发着达斡尔人乡土生活的芳香，除有个别动作是模拟野兽的形态外，以表现达斡尔妇女劳动和生活的动作而见长。鲁日格勒大致表现为如下内容。

（1）狩猎。多模拟禽兽的动作。如熊斗，双手反叉腰上身前倾，腿稍蹲，双脚交替向前跳，同时发出“哼吗、哼吗”的呼声。此动作多在舞蹈高潮中出现，舞者低沉的呼声和以肩部相互有力的碰撞，展现出古代先民狩猎生活的气息。鹰飞双臂随着手腕的连续揉动从一侧移向另一侧，犹如苍鹰在空中飞舞盘旋，此多用于舞蹈开头。布谷鸟上身稍前倾，双膝稍蹲，双手在身体侧后弹动，边舞边呼“格库—达齐”。还有老鹰拍水等。

（2）渔业。间接反映渔业生活的动作有“划桨”双手握桨式。

（3）田园劳动。摘豆角，双腿全蹲做跳，左手虚扯衣襟，右手在前侧“摘豆角”，活泼的蹲跳步和灵敏的采摘手式，表现了达斡尔妇女从事田园劳动的欢快情绪。

（4）家务劳动。提水，一手曲臂于肩上，另一手于体侧作提桶式，略下前侧腰；挑水双肘部架起，小臂屈回，内折腕。掸土，双手拍前胸后再拍大腿。

（5）打草。双手握钐刀式，双臂十分有力地从右侧划到左侧。反映了达斡尔族从事定居放牧的生活。

（6）梳妆。洗脸，双手在脸前上下移动。照镜子双手拍掌后，一手虚扶脑后，一手抬至侧前上方，手心向里以及戴耳环、扎腰带、提裙子等。这些动作反映了达斡尔族早已进入具有丰厚物质基础的历史阶段。

（7）其他。还有一些没有含义的情绪性动作，如悠手。两人相对拉手悠摆；上勾手，两人相对双臂抬于一侧以食指互勾；单盖手，一手背后，另一手从体旁经脸前盖下；郎图达奇，一手叉腰，另一手以拳虚打对方的脑后，多用于竞舞高潮，舞者呼声紧促，一拳未下一拳又起。还有上拍手、单搭肩悠手、挥拳等。

从以上动作介绍中可看出“鲁日格勒”比较广泛、细致地表现了达斡尔人劳动与生活的各个侧面，反映了他们在不同历史阶段的生产形式及生活习俗等特征。因此从某种意义上讲，它是达斡尔民族历史发展的一个粗略缩影。“鲁日格勒”有其独特的风格和形式。

（1）结构完整。“鲁日格勒”为两段体结构。第一段以唱为主，速度缓慢，边唱边做简单的动作或根据歌词即兴表演。歌曲多为传统民歌，内容有赞美自然风光、颂扬社会道德和表达美好理想等。第二段以舞为主，速度慢快，在竞舞高潮中结束。两段衔接自然，情绪和动作对比鲜明，有缓有急，有松有弛，完整统一。

（2）呼号助兴。鲁日格勒的第二段是由舞者边呼号边舞蹈的。呼号词有数十种，没有固定的顺序，一般第一句先呼“罕伯、罕伯”，常以“罕”“嘿”“扎”“该”“阿”“得”“哲”等音为词首，两三字为一句呼号词，除个别模拟禽兽鸣叫的声音外，其词意大部分还不清楚，呼号多为2节拍。

（3）两人交替相呼，舞者以呼号为节，既增强了动作的节奏感，又起到渲染气氛，抒发、交流情感的作用，形成了呼号动作越激烈、速度越快、情绪越炽热的特色。

（4）X线滑步。“鲁日格勒”的基本步伐为滑步和以脚跟蹭踩地的滑踩步，前者双脚交替以脚掌擦地线走X线，脚步轻松；后者走X线时滑的成分少，主要以脚跟蹭踩地。表演时舞者的基本形态是上身稍仰，目视对方，向前顶胯，随着滑步，身体略有左右摆动舞姿尤为婀娜。

“鲁日格勒”主要有三种队形变化。①两人对舞互换位置；②以唱为主时，舞者围圈，沿圈边唱边舞；③两人交替换位后第三者穿插其中，渲染比赛气氛。

由于达斡尔族居住分散，因此“鲁日格勒”既有共同的风格特点又有地区的差异。莫力达瓦达斡尔族自治旗，是达斡尔族居住最集中的地方，舞蹈风格较为古朴纯正，动作秀美小巧，花样繁多，步伐基本是滑跺步；齐齐哈尔市郊的达斡尔族妇女性格爽朗，舞风豪放潇洒，滑步明显，身体左右摆动的幅度较大，一些小伙子也上场表演，增强了健壮洒脱的色彩；居住在鄂温克族自治旗的达斡尔族是于清雍正年间从布特哈迁去的，两百多年来，他们主要从事定居畜牧业生产，与蒙古、鄂温克等族互为影响，舞风介乎前两个地区之间，个别曲调还杂有鄂温克族民歌。“鲁日格勒”之所以能形成别具一格的舞蹈特色，是有着深刻的生活根源的。达斡尔族多居住在高大的“介”字形草房，一般是两间，南、西两面都开有窗户，里屋南北西三铺大炕连接一起，室内空地很小，所以舞时多为两人一对轮番表演。达斡尔妇女喜穿镶有五彩花边拖至脚踝的蓝色长袍，不束腰带。旧时她们备受封建礼仪的束缚，性格温柔内向。这些都是形成“鲁日格勒”小巧轻快的滑步和纤细多变的舞姿的重要因素。

（五）萨满舞

鄂伦春族的萨满舞（见图 6-6）被列为黑龙江省首批非物质文化遗产。它是请萨满“跳神”，祭神祭祖活动中的舞蹈，分为神刀舞、神鼓舞以及鹿神舞。神鼓舞和神刀舞是为人治病而跳；鹿神舞是跳神还愿，禳灾祈福而跳。萨满舞的动作可以分为身、手、足三部分，其舞姿有三种，即立舞、伛舞、蹲舞。伛舞即上下身子成直角；立舞即上半身稍微弯曲；蹲舞即两腿蹲下而舞。跳舞时萨满手持鼓槌击鼓，活泼激昂，深受群众欢迎。萨满舞俗称“跳神”，是巫师在请神、祭祀、治病等活动中的舞蹈表演，属于万物有灵宗教、图腾崇拜观念的原始舞蹈。至今，在满、蒙古、鄂温克、赫哲、锡伯、鄂伦春、达斡尔以及哈萨克、维吾尔、柯尔克孜等民族仍有遗存。萨满舞的特点是跳萨满舞的民族都居住在我国北部，曾有过或依然有狩猎与游牧的经济生活，语言都属于阿尔泰语系，都曾信奉过萨满教。

图 6-6　萨满舞（来源：搜狗图片）

1. 萨满舞与萨满教

“萨满”一词源于通古斯语，萨满是萨满教巫师的通称，意为激动不安和疯狂乱舞的人。据史料记载，萨满教起源于远古，我国北方古代民族的祖先，如匈奴、鲜卑、柔然、肃慎、乌桓、回鹘、黠戛斯、突厥等，都曾有过与萨满教有关的原始宗教活动。阿尔泰语系不同语族对萨满教巫师有不同的称谓：满——通古斯语族称之为萨满，蒙古语族称之为奥德根（亦写作雅德根）或勃额，突厥语族称之为奥云或巴克西（或写作巴赫西）。各族对巫师的叫法虽然不同，但其活动形式则基本相似，所以萨满就成为萨满巫师的通称。萨满（巫师）一般都经过严格的训练，掌握各种法术与技艺。有些还掌握舐烧红的烙铁、登刀梯等气功绝技。

萨满舞是随着原始宗教产生的，其动作则是从母系氏族公社—父系氏族公社发展阶段，对原始农耕、采集、原始渔猎、牲畜等劳动生活的反映。所以，从现在萨满的神衣、跳神、法器中就可以看出原始氏族生活与图腾崇拜、自然崇拜、祖先崇拜的痕迹。

2. 萨满舞的文化特征

萨满舞是萨满的跳神活动，它的文化特征体现在与萨满教有关的请神的唱词、神话故事、鼓的击打与各种法器的运用之中。另外，在法器的使用、鼓的制作上，也反映出不同社会经济的发展阶段。

萨满的服饰有很多讲究，上面保存有产生时代的原始文化的痕迹；随着时代的变迁和经济的发展，萨满对它们不断作出新的释义。

萨满跳神的神歌大多是经口头传承下来的，其歌词既是萨满舞蹈形象的描述，也反映出他们的民族心理。例如，科尔沁草原上的蒙古族萨满“请少布精灵”的唱词：

洪格尔少布卓盖，美丽机灵的鸟神，嗬咳呀。

心爱的坐骑交给你了，请快快骑上飞临，嗬咳呀。

梦境中遇见了你呀，梦你附入我的身心，嗬咳呀。

迷惘中看你飞来飞去呀，最后融入我的灵魂，嗬咳呀。

萨满在这些唱词中进入了神鸟附体的神秘境界，并用舞蹈模拟神鸟的动态与神情。

鼓在萨满舞中起着重要作用，它是“跳神”时主要伴奏乐器，又是主要法器。萨满认为鼓是坐骑，可以乘鼓飞升上天并往返人神之间，所以上面那首请神歌中有“坐骑交给你了，请快快骑上飞临”的句子。萨满认为鼓声具有神秘作用，通过鼓声可以沟通人神对话和请来各种神灵祛病。萨满跳神时鼓点的节奏十分丰富，如科尔沁草原蒙古族萨满的鼓点中 3/8、2/4、4/8、3/4、5/8 等节拍，同一曲调中，2/4 与 3/8、2/4 与 5/8、2/4 与 3/4、3/8 与 4/8 等都可以交替使用。

3. 萨满舞的表演形式

萨满舞（跳神）一般分为祝祷、神附体、请神、送神等部分，各族萨满表演的所用神鼓与其他法器、神衣、内容可以分为以下类型：使用抓鼓，有专门服饰，上面坠以各种精灵象征的饰物，也有围以腰铃的，表演内容以模拟动物为主，如前述鄂温克、鄂伦春、赫哲、达斡尔、锡伯族等；使用单鼓，有专门服饰，表演多样。

蒙古族萨满戴有神树、鹰等饰物的法冠，内有红衬裙，外罩带有16耀24条飘带的法裙，从腰部两侧向后围腰坠有9耀12面大小不同的铜镜，左手持单鼓，柄端缀有小铁环，右手持榆木鼓槌。舞动时饰物叮当作响，彩裙随舞蹈飘动。萨满跳神时多为两人，一主一辅。边舞、边击鼓、边唱，两人舞步轻盈，交叉走圆场。神附体后主萨满放下单鼓，在另一萨满击打的激烈鼓声中双脚高跳重踏，又向左右两侧作平步连续转，技巧高者可连转百圈以上，有时还要刀、双鼓等神器；使用手鼓，无专门服饰，如哈萨克族、维吾尔族、柯尔克孜族等。舞蹈虽都带有肃穆、神奇色彩，但具有不少优美舞姿。在查干湖冬捕“祭湖”“醒网”仪式上要跳萨满舞，因为在漫长的岁月中，郭尔罗斯孕育了灿烂的文明，并在不同历史时期形成了不同的文化内容。农耕文化进入郭尔罗斯草原后人口逐渐增多，要解决人的生存问题不能只靠单一产业的支持，需要农业、牧业、渔业等产业提供多种多样的产品来维持生计，这样逐渐把农业、牧业、渔业结合起来也使当地群众的饮食习惯和生活方式发生了改变。蒙古族人信奉的藏传佛教发源于蒙古高原、青藏高原，早期那里畜牧业比较发达，没有农业生产，牛、羊肉是主要的食物来源。中原地区农业发展较快，粮食是主要食物。蒙古族人受藏传佛教影响，他们不吃鱼，而郭尔罗斯的蒙古族人不仅捕鱼而且吃鱼，这是由于当时郭尔罗斯牧业和农业虽然都已经存在但不发达，单纯依靠农牧产品很难满足人口不断增长的需求，而查干湖当地江河湖泊众多，渔业比较发达，原著民长期以来一直以捕鱼为生，吃鱼也就成了当时维持生存的一种必然选择。郭尔罗斯人接受渔猎文化一方面是对信仰的一次冲击或变革，另一方面也是生存的需要。

为了安慰心灵，他们就请喇嘛诵经，祈求佛教认同，从而逐渐使藏传佛教的喇嘛诵经、查玛舞参与到捕鱼过程中来，逐渐演变成“祭湖”“醒网”仪式。“醒网”和“祭湖”所体现的宗教都是我国北方少数民族最原始的萨满教。萨满教是阿尔泰语系民族早期信仰的宗教，其核心是万物有灵论、自然崇拜和祖先崇拜。查干湖“祭湖”“醒网”体现的主要是自然崇拜，在蒙古族人游牧文化中最初的宗教就是萨满教，信奉自然崇拜，认为万物有灵。“醒网”认为渔网有意志和感情附着，体现的就是灵魂观念。蒙古族信仰藏传佛教，同渔猎文化相冲突，但到了一定时期，郭尔罗斯人逐渐接受了渔猎文化，并参与了“醒网”仪式，以至最后将“醒网”和“祭湖”结合起来开展。所以，在查干湖冬捕“祭湖”“醒网”仪式上不但要跳萨满舞，还要跳查玛舞。

（六）抢枢

鄂温克族抢枢是鄂温克人民群众在生产、生活中逐渐形成的民俗体育活动。抢枢是一项非常有趣味的民俗体育活动，它的规则类似于橄榄球，常用动作有“抱”“搂”“推”“摔”等，如图 6-7 所示，抢枢观赏性强，速度快，近年来在鄂温克旗的管理部门下抢救、发掘这一民族项目，成为黑龙江特色民族民俗体育活动而延续。

图 6-7　抢枢（来源：搜狗图片）

抢枢项目得到了政府部门的重视，并且在第六届少数民族传统体育运动会中成为表演项目。“枢”为鄂温克语销子的意思，特指该民族的传统交通工具——勒勒车上用来固定车轮的木销，“抢”则有体能的意思。抢枢在鄂温克语中即枢体能。作为鄂温克族古老的体育竞技项目，抢枢同样是以族民集体参与的比赛形式出现的，尤其伴以“抱”“摔”“搂”“推”等快如闪电的迅捷动作，给人以精彩纷呈、惊险刺激、眼花缭乱的感觉，有人甚至把它比作中国式的橄榄球。可以说，抢枢对增强鄂温克族的民族凝聚力、团结力和战斗力，增进民族感情，培养拼搏奋进、勇敢顽强、攻坚克难的民族精神具有重要意义。

二、黑龙江民俗体育发展的现实困境

1. 政府主导力度不够，缺乏健全的组织机构

政府对民俗体育的保护、整理、挖掘、发展和传承起着主导作用，政府的作用关系着民俗体育的生存、发展与传承。然而民俗体育绝大部分源于乡村地区，乡村地区的政府职能部门对民俗体育主导力度不够，宣传力度薄弱，对其投入的资金有限，具体的政策法规不完善，缺乏具体、明确的发展、保护、传承措施，也缺乏对物力、人力、财力管理的组织机构，对民俗体育的开发、保护、整理、发展、传承等工作主导力度不足，严重影响了黑龙江省特色民族民俗体育的发展与传承。

2. 民俗体育传承纽带断层危机

少数民族民俗体育的传承关键在于少数民族群众。少数民族群众对本民族的宗教信仰、民族观念、祭祀礼仪、民族习俗等深切了解，不过由于受城乡二元结构的影响，当地年轻人大多外出就业，对该民族民俗体育的参与意识与认同感日益淡化。深切理解民族民俗体育的是年事已高的老人（这些人有的已经逝世），加上有的“传男不传女”、长辈对晚辈“言传身教”的传

承形式，导致民俗体育传承的纽带无法延续，阻碍了黑龙江特色民族民俗体育的发展与传承。

3.“民俗体育＋旅游资源”开发过度追求经济价值

当今体育旅游成为人们最热衷的一项健身娱乐项目，随之“民俗体育+旅游资源”也得到开发，而对于能够步入市场化的民俗体育活动，部分人则一味追求市场经济效益，使得民俗体育传统的娱神、祭祀、宗教情结不断减弱，民俗文化内涵日益商品化、肤浅化，导致市场创造出的民俗体育消费文化品位缺乏，不利于消费良性循环的建立和延续。过度追求经济价值，忽视民俗体育文化价值，虽然表面上保护了民俗体育文化，但这种没有科学的旅游资源开发，使得民俗体育资源遭到毁灭与破坏，阻碍了黑龙江特色民族民俗体育的可持续发展。

4.民俗体育发展的功利性劣变

在文化大发展的时代，民俗体育是人们娱乐休闲的生活方式，然而一些人对民俗体育文化价值的认识不足，缺乏有效的规划与措施，对其保护和发展民俗体育文化的意识不强，民俗体育的开发急功近利，有的任意撰改、生搬硬套，甚至制造伪民俗体育文化，以致民俗体育的原有古朴、自然被现代工业化所改变，民俗体育的吸引力和影响力不断减弱，有的甚至面临着消亡或衰退的危机和风险。

三、黑龙江民俗体育的发展策略

1.加强政府主导力度，设置管理机构

政府是民俗体育文化保护、发展、传承的主体，促进特色民族民俗体育的发展就必须强化政府的主导作用，制定民族民俗体育相关政策法规。加大经费投入，加强人才培养，建立科研工作小组，积极做好宣传，使人民群众认识到民俗体育文化价值的重要性，并设置相关部门管理机构，建立有地域特色的民俗体育活动基地，恢复黑龙江历史上曾经比较有影响的民俗体育场所，开展各类特色民族民俗体育文化活动，推动全民健身运动的发展。

2. 提高民俗体育主体的保护与传承意识

乡村地区是民族民俗体育的发源地，少数民族群众是民俗体育保护与传承的主要力量，所以应组织该民族地区的传承负责人开展培训，增强他们的保护意识与传承责任，并鼓励与资助传承人参与各民族的民俗运动会、节日，与全国各地民俗专家及传承人员开展民俗座谈、交流。还要加强宣传工作，促进全民健身与民俗体育路径相结合，提升人民群众对民俗体育的文化意识。

3. 引进专业人才，规范民俗体育的项目发展

民俗体育的发展与管理，专业人才是不可或缺的重要因素，有些新组建的民俗体育管理机构与组织，规模小，人数少，没有完善的组织管理体系，丧失了这些机构或组织的功能。目前已经掌握的情况表明，黑龙江特色民族民俗体育活动的挖掘与整理工作，仅仅由一些相关的研究专家从理论层面给予较多的关注，但是还远远没有深入落实到实践层面。笔者认为，规范民俗体育活动的发展环境，引进专业人才，加大宣传投入和力度，建立民俗体育活动宣传中心，挖掘与整理民俗体育资源，将民俗体育作为民俗体育文化事业来发展，对今后的文化教育工作有着十分深远的价值和意义。

4. 正确开发黑龙江“特色民俗体育＋旅游资源”

推动黑龙江特色民俗体育发展，要从资源节约型向环境友好型转变，加强民俗体育文化建设。准确开发黑龙江“特色民族民俗体育＋旅游资源”，打造独具魅力的体育旅游市场。建立“特色民族民俗体育＋旅游发展”基地，遵循文化价值、遵循市场规则，开展合理开发和利用，防止文化造假，防止民俗体育过度经济化的发展方向。大力培养“民俗体育＋旅游”专业人才，

提高旅游服务质量，形成具有地域性、民族性的“特色民族民俗体育＋旅游产业”。

5. 加强民族学校体育教师职业培训

多数少数民族学校的体育任课教师不是少数民族，而在主流民俗体育文化占据主导地位的环境中，大部分体育教师对少数民族民俗体育的相关知识及文化背景了解不足。因此，对学校体育教师开展有针对性的职业培训，提高体育教师课程实施、课程创新和课程开发的能力，以保障校本课程实施的效果和质量，推动民俗体育的开展，为黑龙江特色民族民俗体育传承提供有效的现实路径。

第七章　黑龙江冰雪民俗体育

第一节　黑龙江冰雪民俗体育传承意义

作为大众体育文化形式之一的冰雪民俗体育文化，在世界各国体育运动的发展中起着非常重要的作用，它承载着国家和地区传统文化的传承与发展，是人们的精神寄托。冰雪民俗体育文化已成为各民族之间的交流手段和重要的沟通桥梁。

为了弘扬传统冰雪民俗体育文化，助力黑龙江冰雪经济的大力、快速发展，笔者针对黑龙江冰雪民俗体育文化的现状进行了调查研究并形成报告，以此为契机对黑龙江冰雪民俗体育运动项目起到挖掘和传承作用，吸引更多的儿童、青少年参与其中，通过赛事认识中国的传统体育，充实“黑龙江省全民冰雪日”系列活动，最终达到“全民上冰雪”的目标。

民俗体育文化作为一种民间文化形式，从产生之日起深深扎根于中国的土地上，在传承与发展过程中体现了自身的内涵和社会价值。

一、国内外冰雪民俗体育概况

在国外，美国佛蒙特州特比镇的“狗拉雪橇比赛”是这个小镇享誉世界的一个重要原因。加拿大的魁北克，每年冬天举行冬季狂欢节，其中最令人兴奋和最吸引人的活动是狗拉雪橇、越野滑雪和冰雕比赛。冬季漫长的俄罗斯，也有世界著名的“俄罗斯冬季”冰雪狂欢节，冰上芭蕾舞、冬泳、杂技、袭击雪堡垒等项目是历年冰雪狂欢节必有的项目。在俄罗斯北部气温较低的极地地区，历史悠久、典型的冰雪民俗体育文化活动有逐鹿、30千米长跑、射箭、雪橇越野赛等。

在我国，黑龙江省的冰雪民俗体育运动起源于人口较少但具有悠久历史的少数民族，如赫哲族、鄂温克族和鄂伦春族等民族。他们及其先民长期生活在原生态环境中，依山傍水，以狩猎为生。为了在6~7个月的寒冷冬季里生存下来，先民学会了制造雪上交通工具，滑雪板，学会了制作冰上快速前进的溜冰鞋，学会了在闲暇时如何领着孩子嬉戏冰雪。即使到了科技飞速发展的今天，在黑龙江依然流传着如抽冰尜、闯下坡等传统的冰雪体育运动。

开展各种冰雪民俗体育文化活动较活跃的省份除了黑龙江外，还有吉林省和内蒙古自治区。吉林省开展的滑雪、滑冰、冰壶、冰球、雪橇、打冰猴儿等具有地域特色的冰雪民俗体育活动。内蒙古依靠丰富的冰雪资源将在2020年承办第十四届全国冬季运动会，努力打造国内知名的冰雪运动圈，融合蒙古族、鄂温克族、鄂伦春族等独特的民族文化，举办冰雪那达慕包括苏鲁丁赞、赛马、冬泳和枪术等项目，同时也举办了一些新兴的如雪地橄榄球等冰雪运动比赛。

二、传承与发展冰雪民俗体育文化的意义

1. 丰富中国传统体育

民俗体育文化是中国传统体育文化的重要组成部分，民俗体育应立足于地方特色，与人民群众的生活娱乐活动密切联系，如风筝、舞龙、舞狮、龙舟、泼水节以及冬季冰雪运动中的滑雪橇、狗拉爬犁、冬捕等项目就是民俗体育活动。民俗体育反映了当地的民俗、风俗、节日、庆典等，是人们的生活生产过程中物质文化和精神文化的积淀，具有地域性、普遍性、传承性，随着社会的变化，它始终保留着原有的意识形态，是历史的文化遗产。

冰雪民俗体育文化根据民间体育活动内容和要求，形成自身发展的具体规律，以反映民俗体育文化内涵的基本特征。因此，冰雪民俗体育文化在传

承与发展的规律是基于不断充实、完善和加强自身，以促进人的健康，满足人的需要，服务群众、社会，推动实现小康社会，可以说是对冰雪民俗文化基本特征的全面反映。

2016 年冬天，由黑龙江体育局的群体处、社体中心、冬管中心和青少处等部门负责的黑龙江冰上亲子运动汇、黑龙江冰上趣味项目大比拼、黑龙江省冬泳表演赛、全国极限风筝滑雪邀请赛和青少年雪地足球表演赛等赛事中，只有抽冰尜、滑雪这样的民俗体育活动，由此可见，原来喜闻乐见的传统冰雪体育文化亟待继承和发扬创新，加强对冰雪民俗体育文化传承与发展的研究和保护，无疑是对人类非物质文化遗产的保护，具有深远的历史意义。

2. 助力黑龙江冰雪经济

2017 年春节联欢晚会上，黑龙江作为外景地之一，整台晚会中有 3 次隔空连线，3 次连线 3 个节目充分展现了黑龙江丰富的冰雪资源、深厚的冰雪文化、精湛的冰雪艺术，3 个精彩节目为黑龙江冰雪，为哈尔滨的冬季旅游做了一次非常成功的宣传。哈尔滨的冰雪大世界得益于春晚效应，影响力大幅提升，成为 2017 年春节国内最火爆的旅游景点，共吸引游客 130 万人次，比 2016 年增长 18%，旅游收入 3.3 亿元，比同期增长 10%。冬天去黑龙江的北极村坐圣诞老人的雪橇；去齐齐哈尔看仙鹤，玩冰球；到伊春森林滑雪狩猎；到牡丹江镜泊湖看冰瀑布；在松花江上赛龙舟；去五大连池矿泉疗养，打雪地高尔夫已经成为“冰天雪地也是金山银山”的真实写照。截至 2017 年 2 月 28 日，游客人数增加了 66%，春节黄金周旅游人数和收入再创历史新高。

2016 年 3 月 7 日，习近平总书记在参加全国两会黑龙江代表团讨论时指出，“绿水青山是金山银山，黑龙江的冰天雪地也是金山银山”。冰雪经济已然成为黑龙江省第三产业的重要组成部分，冰雪经济产生了强大“蝴蝶效应”。冰雪经济不仅是少数几个滑雪胜地，几个冰雪雕塑展览，一些冰雪赛事的短暂热潮，冰雪经济更关系着整个产业链如雪场业、雪具制造业、酒店业、餐饮业、交通运输业、文化广告传媒等方面，冰雪经济迅速发展的同时带动了整个冰雪产业链的发展。

随着我国冬季奥运会的申办成功，我国各地区利用传统的冰雪民俗体育文化活动带动了旅游、餐饮和交通运输等第三产业的发展，使全国形成了“冬季体育文化”景观。对于一般消费者来说，黑龙江冰雪旅游就是去冰雪大世界看看冰灯，去雪乡看看雪，其实还有很多冰雪资源并不为大众所知。现在的国民在快节奏的都市生活中把冰雪民俗体育视为生活中的体育文化，也就是选择了一种回归大自然的生活方式，因此，对于大众而言，“玩雪”才应该是冰雪旅游的主要内容，所以要突出冰雪资源和生活结合的部分，而冰雪民俗体育活动恰恰就是冰雪资源和生活结合在一起产生的，这样才会让冰雪旅游产品被大众所接受，让冰雪休闲成为人们生活的日常。

第二节　黑龙江冰雪民俗体育现状

一、黑龙江冰雪民俗体育种类

通过地理决定论分析，由于气候、地理环境因素等影响，在黑龙江省各地区开展实地考察，并对一些地区民俗体育活动的延续、发展及运行方式予以评述，满族、鄂伦春族、赫哲族等民俗体育游乐，日益丰富多彩，滑冰、滑雪成为冬季普遍的游乐。比较具有代表性的民俗体育大致为：鄂温克族的抢枢；赫哲族的冰磨、冰爬犁；锡伯族的蹬冰滑子、撑冰车；达斡尔族的打滑跐溜、滑冰等。冬季在江河冰面或浇冻的冰场上，人们排成行打滑跐溜，有立滑、蹲滑、跳跃滑等姿势。通过调查就某些开展较为普遍的项目予以介绍。

项目对比一览表

项目名称	项目地区	参与范围	规则	传承历史
抽冰尜	黑龙江	全民	简单	历史十分久远，在宋朝就出现了类似陀螺的游戏，称为“千千”。“陀螺”一词最早出现于明朝，明末时，刘侗在《帝京景物略》中介绍的陀螺。
拉爬犁	黑龙江	全民	简单	拉爬犁在东北有着悠久的历史，有明确记载的是在元代，忽必烈在黑龙江下游设置了 15 个狗站，专事交通。
冬泳	黑龙江	全民	简单	在我国冬泳始于实用、健身与娱乐，已有 3000 多年历史。随着冬泳运动的发展，越来越多的人加入了冬泳队伍。
打尜	黑龙江	全民	较复杂	打尜是我国汉族民间传统的竞技娱乐活动，是我国上古时期击壤活动的变异形式。
鄂温克抢枢	黑龙江	全民	较复杂	鄂温克民族同自然界搏击中流传下来的一项古老的民间传统体育竞技游戏项目。
波依阔	黑龙江	全民	较复杂	波依阔是传统体育曲棍球的“鼻祖”，早在 1000 多年前唐代初期就已经盛行。
滑雪	黑龙江	全民	简单	滑雪是冬季封冻期的主要交通工具，同时也是一项很普及的体育运动。

1. 抽冰尜

抽尜（也称冰猴，所谓冰上陀螺）大家可能比较熟悉，与抽陀螺比较相似，用具也一样，但是冰尜的特征与陀螺还是有一些区别，如冰尜的体积要比陀螺小，制作比较简单，寻一截中指左右长，略粗于拇指的圆木棍，一头削尖即可，这是比较传统的做法。现代的做法是把略粗于拇指的钢管一端镶嵌上玻璃或铁制的弹珠，在平坦的冰面上抽打，一般是两人或两人以上一组，一人一个冰尜，在抽打的过程中相互碰撞，如果其中一人的冰尜把其他人的冰尜都撞倒则判定这个人胜利。来过哈尔滨松花江畔万达广场的游客都知道，在冬季的江面上它是非常火爆的项目，家长带着孩子一同玩耍，不仅愉悦身心，同时也传承了这一民俗体育活动，如图 7-1 所示。

图 7-1　抽冰尜（图片来源：黑龙江新闻网）

2. 拉爬犁

赫哲族的拉爬犁（类似于雪橇，也称冰爬犁）比较贴近老百姓的生产、生活。在黑龙江的森林中，冬季雪大，覆盖了整片深林，如果人们想要穿梭于森林中或者在打猎中不被大雪埋没，则需要借助这一工具。这一工具制作比较简单，在黑龙江省大大小小的城市中，只要有能滑雪和滑冰的场地，都会有这样的体育活动供人们娱乐，两个人，一人坐一人拉爬犁，特别是家长带着孩子玩，体验着冰雪上滑行的乐趣，如图 7-2 所示。这一体育活动，不仅有助于人们娱乐、健身，也是冬季通过松花江去太阳岛极具特色的交通工具。同时，这一项目也在学校教育中盛行，如在哈尔滨市太平区举办的全区中小学冰爬犁比赛中，就有 4000 多人参加比赛。

图 7-2　拉爬犁

3. 冬泳

冬泳是黑龙江初冬户外运动的标志项目。在黑龙江流域、松花江流域、嫩江流域每年都有上百名爱好者在初冬时节开展冬泳活动，成为冬季游泳爱好者所热衷追捧的体育活动。由于受地理环境的影响，黑龙江冬季漫长，长期处于寒冷冬天，以致人们常出现各种因地理气候环境导致的疾病。冬泳有利于人们防治心血管疾病，我们可以看到常年坚持冬泳锻炼的人中，患动脉硬化、高血压之类的极其少。因其地理条件的限制，作为黑龙江传统的民俗项目，在黑龙江各流域才能体验到这一特有、纯正的体育活动，使这一民俗体育活动更好地传承下去。

4. 打尜

打尜用具有两件，一是尜儿，一个枣核形状的短木棍，制作比较简单，寻一截 3 寸长，略粗于拇指的圆木棍，两头削尖即可；二为尜板，为一条长方形的木板，长约尺余，宽约 2 寸，一端削成弧形且略窄，以利于手持为准。打尜项目竞技性强，趣味性独特，有一定的刺激性，对青少年有很大的吸引力。打尜儿的同时，需要跑、投掷以及弯腰等动作，属于全身性运动，能较好地锻炼身体，促进青少年身体正常发育和健康成长。目前这一活动只有在少年中开展，它同其他民俗体育活动一样，在我国物质、精神极其匮乏的年代为丰富人们的闲暇之余发挥了重要作用，但在当代，它们却只存在于人们的回忆中。

5. 鄂温克抢枢

鄂温克抢枢（又称鄂温克枢体能）是鄂温克民族在长期生活、生产中创造出的民俗体育活动，规则类似于橄榄球，比赛中可以使用摔、搂、推及抱等动作，速度快、观赏性强，是一项非常有趣味的民俗体育活动，随着社会的发展以及人们生活水平的改善，其对抗性的体育活动也只能在电视上观赏。

然而，近年来在鄂温克旗的管理下，抢救发掘其民俗项目，得到了相关政府部门的重视，并且在第六届少数民族传统体育运动会中抢枢已成为表演项目。

6. 波依阔

（1）波依阔概述。居住在我国北方嫩江之滨的达斡尔族，是热爱体育的民族。历史悠久的渔猎生活，造就了达斡尔族独具特色的民间体育，与人民群众生产生活息息相关的体育活动，强化了达斡尔人的剽悍性格。在达斡尔族民间体育活动中，有适应狩猎生产和抵御外来敌人的武装斗争需要而兴起的射箭运动、摔跤、扳棍、颈力赛等极为普及的体育活动；更有久负盛名的传统体育活动——曲棍球“鼻祖”——“波依阔”。

由于冬季漫长寒冷，达斡尔族人民对被称为“波依阔”的体育运动情有独钟。每逢年节或喜庆的日子，达斡尔族同胞都要举行“波依阔”比赛，无论是身强力壮的青少年，还是两鬓斑白的老人都要挥杆上阵，鏖战一番，别有一番情趣。据史书记载，我国古代辽王朝的契丹人最爱打曲棍球。辽代以前的唐、宋年间也颇盛行。我国古代曲棍球的先驱者姓名已经无法考证，但可以肯定的是，至少在距今1000多年前唐代初期，古代曲棍球运动就已经盛行了。现存大英博物馆的一只唐朝彩色花瓶和现存日本正仓院的一块刺绣丝绢上，都绘有唐代儿童打曲棍球的图案。令人惊奇的是，当时打曲棍球的竟然都是女子，唐代宫词上就载有“殿前铺设两边楼，寒食宫人步打球”之句。这里说的步打球就是指曲棍球运动。当时的宫女到寒食节这一天，要到宫殿前表演曲棍球给皇帝看。唐代的“步打球”和北宋的“步击”游戏，以及达斡尔族的“波依阔”，同现代曲棍球极为相似。“步打球”的形象还可以从保存至今的两条唐代花毡上见到（现保存在日本奈良东大寺佛殿西北的正仓院北仓内）。达斡尔族人民所用的球棍，形状与唐代花毡上“步打球”所用的球棍相似，除长度、重量之外，也与现代曲棍球相似。随着时间的流逝，此项运动后来在我国其他各民族中基本消失，唯有达斡尔族将“波依阔”世代相传，成为达斡尔族民间最为流行的体育运动。达斡尔族人民对“波依阔”情有独钟，每逢节日和婚嫁喜庆之日都要组成球赛队开展“波依阔”比赛，在明媚的春天的夜晚，青年们常以村旁宽阔的草坪为场地，举行富有情趣的火球比赛。被双方争击的火球，飞来窜去，如同一道道划破夜空的火线，观看者不禁发出此起彼伏的喝彩声，场面颇为壮观。

（2）“波依阔”的社会价值。第一，“波依阔”的健身价值。民族传统体育运动是经过广大人民群众多年的社会实践总结出来的智慧结晶，它来源于生活，也贴近于社会实际。经过 5000 多年文化的熏陶变得更加完善，有了几十种的运动项目，适合不同年龄的人参加，尤其针对老年人和儿童，体现了全民健身的根本宗旨。传统体育活动“波依阔”是达斡尔族在长期的历史发展进程中积累保存下来的，反映了其民族意识和多元文化活动的财富，此项运动的普及开展，不仅可以弘扬民族体育精神，发展民族体育文化，使人们能够深刻地领略到浓郁的地方民族特色，真正体会到一方水土养育一方人的含义；而且“波依阔”比赛激烈，攻防转化较快，运动员身体接触较多，具有多种健身价值。首先，传统性是“波依阔”的一个显著特点，它的传统性为广大达斡尔族群众自觉参加体育活动奠定了基础。

第一，其传统性在达斡尔族群体中备受青睐，人们自觉、积极参加这些活动，几乎都是无须动员的。这使得“波依阔”有着更好的发展，而这种传统体育活动的健身价值正是全民健身的具体体现形式。其次，培养与锻炼良好的心理素质和意志品质。常常参与此项目，能够学会控制自己情绪和调节自身心理素质，胜不骄，败不馁。这正是达斡尔族文化与“波依阔”运动的完美结合，也正是如此，“波依阔”才能在达斡尔族中具有顽强的生命力，并且不断地发展和升华。

第二，“波依阔”的民族文化价值。传统体育是一个民族文化的外在显现，一个民族文化或者说是民族精神的彰显往往通过传统体育来实现。在这些充满文化内涵的体育活动中，都反映了一个民族的民族文化和民族精神。达斡尔族是一个热爱运动的民族，在长期的社会生活实践中借鉴吸收其他民族文化，逐渐形成了本民族独特的文化。“波依阔”无论在游戏还是在比赛时，因其是集体项目，要求参赛者要有团队精神，要配合默契，这与达斡尔族本身所具备的团结互助、重团体利益和民族利益的民族特性相适应；在娱乐中增进达斡尔族人民之间的团结协作精神，正是这种精神又推动了“波依阔”的发展。同时，达斡尔族是一个具有共同心理素质和民族意识的群体。在历史长期的抗战中，具备了坚忍不拔、勇于拼搏、不甘落后的民族特性。因而“波依阔”在娱乐和比赛中的强对抗性、竞争激烈性以及追求团结互助而取胜的表现形式，具有深厚的民族文化根源。

第三，“波依阔”的器材、场地及规则。达斡尔语中把击球的曲棍叫作“贝阔”，球为“颇列”。民间现在使用的曲棍球有毛球、木球、火球三种，这三种曲棍球各有不同用处。小孩玩的是毛球，用牛毛沾上水手工团成，具有重量轻、有弹性的特点，使小孩在玩球时不受到伤害；成人玩的曲棍球是木球，用杏树根块削成的，有坚硬、耐打的特点，多用于比赛；还有一种曲棍球，是将杏树根块掏空，在上面钻数目不等的小孔，填以油质或将球浸泡在油里，是专门为夜间比赛或表演使用的。“波依阔”比赛场地为绿色的人造草场，长和宽分别为 91.4 米 (100 码) 和 55 米 (60 码)。长边和宽边分别被称为边线和端线；每条端线的中间设有一个球门。场内主要标志线有：射门弧、22.9 米线 (25 码线)、中线、点球点等。比赛场地面积和足球场地相似，在球场两端，各设一个球门。两队上阵的队员各为对等的人，每队至少 4~5 人，多则 10 人。每队各有守门员一人，其余队员分别为前锋和后卫。比赛前，双方商定由谁先开球。中场发球后，双方你争我抢，目的是把球控制在自己一方，然后打入对方大门，同时守住自己的大门不失球，打进对方球门多者为胜。比赛中，如一方将球打出界外，则由另一方在球出界处发球。守门员可用手击球和用手抓球，一般球员只许用曲棍击球。由于打球时必须弯腰快速前进或后退，有时还要突然来个急转或腾跃，因此对身体素质有很高的要求。除了正式比赛，一般没有专门的裁判，大家都是自觉地遵守比赛规则，以道义为准绳。例如，球棍一律从右侧击出，不得从左侧击出，以免互相击伤；除守门员外，队员不能用手抓球或用脚踢球；不能抛球棍击球，不得用球棍打人、绊人等。对达斡尔人来说，保持良好的赛场球风，就是做人的品行和形象。打曲棍球比打其他球激烈和危险得多。然而，就是这种曲棍球运动，培养了达斡尔族男子不畏艰险的勇敢精神和顽强斗志。2005 年，中央电视台《走遍中国》栏目组专题报道了达斡尔人的曲棍球运动的有关情况，受到了海内外观众的好评。

第四，“波依阔”的发展。中华人民共和国成立后，非常重视发展少数民族体育运动。达斡尔族的曲棍球运动在原来的基础上增加了新的规则，形成了比较正规化的体育活动。1975 年，有内蒙古莫力达瓦达斡尔族自治旗教练员尹玉峰参加的我国曲棍球考察组访问巴基斯坦，引进了曲棍球的新技术和新规则，从而使达斡尔族的传统“波依阔”完全成为现代的曲棍球。1978 年，自治旗体育运动委员会组建了我国第一支曲棍球专业队——莫旗曲棍球队，代表国家参加各种国际比赛，战绩斐然。在党和政府的支持和关怀下，达斡尔的曲棍球运动得到了很大发展。以达斡尔族自治旗达斡尔族青年为主力军的内蒙古曲棍球一队，在截至 1982 年的七次全国曲棍球赛中，荣获了六次冠军。过去女子不打曲棍球，自莫力达瓦达斡尔族自治旗的业余体校建立曲棍球女队后，女子曲棍球运动发展起来。1982 年 8 月，她们代表内蒙古自治区参加全国第七届曲棍球比赛，以两战两胜的优异成绩荣获表演赛第一名。十多年来，达斡尔族曲棍球的技术不断提高，为国家培养出一批又一批曲棍球运动员。这期间，由莫力达瓦运动员组成的内蒙古曲棍球队，曾蝉联三届全国冠军，先后有 28 人次的达斡尔族运动员，代表我国到日本、新加坡、巴基斯坦等国开展过访问比赛。

7. 滑雪

“亲那”即鄂伦春语中指滑雪板，在过去冬季有六七个月以上的封冻期，常常大雪封山，交通工具不够发达，又要在冰天雪地里通行，在这种需求下，为了方便狩猎发明了滑雪板，如图 7-3，图 7-4 所示。滑雪板材质多为桦木或樟木子松，规格通常为板宽比足略宽，大约 18 厘米左右，长度约 2 米，前端后尾都向上弯曲，弯度前大后小，中间拴有犴皮条套子是为了便于穿脱滑雪板，但时至今日已经很少有青年人再采用滑雪板来作为交通工具了。

图 7-3 滑雪板

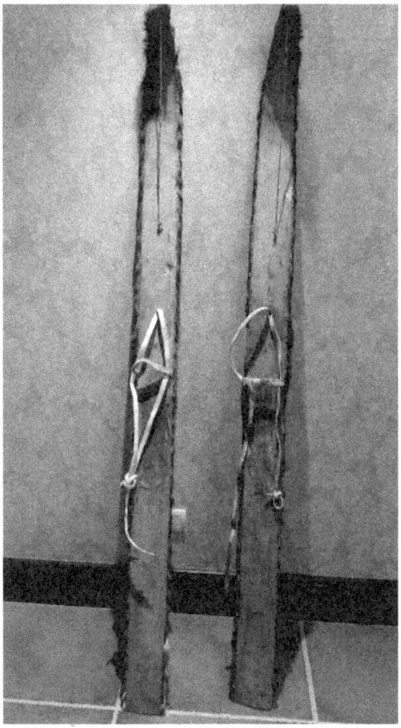

图 7-4 滑雪板

在黑龙江民俗体育活动中，抽冰尜、拉爬犁、冬泳开展普遍，这类项目宣传较好，广为人知，在冬季项目开发中也是主打项目，冬季户外活动爱好者或远方游客来到哈尔滨，在旅游区或大型广场都可体验。这类项目历史久远，成为黑龙江省民俗体育文化的标志，展现了黑龙江省传统体育文化的风采。民俗体育形式还处于游戏娱乐的初级阶段，有的还未形成统一的体育规则。打尜、鄂温克抢枢项目虽然历史传承悠久，但宣传力度不够，没有形成规模，开展空间局限，和前三项相比相对逊色，很少受到人们的重视。打尜项目因为参与人群受限，没有得到很好的开展，所以不利于其项目的发展。鄂温克抢枢项目虽具有民族特色，得到了很好的传播，但是掌握技能和规则的参与者太少，阻碍了其成为黑龙江民俗体育文化标志。

二、黑龙江冰雪民俗体育文化现状与问题

为了解黑龙江冰雪民俗体育文化的基本情况，以分析其发展趋势和前景，笔者制定了“黑龙江省冰雪民俗体育文化现状调查问卷”，实际发放问卷100份，回收问卷95份，有5份缺项不可用，有效率为90%。

（一）黑龙江冰雪民俗体育文化发展现状

1. 冰雪民俗体育文化活动传承度

调查问卷中设置了“您对冰雪民俗体育运动了解吗？”这一问题，90人中，比较了解的只有1人，占1.1%；了解一些的有79人，占87.8%；而不了解的有10人，占11.1%。

笔者到冰雪民俗体育文化发源地进行调研，走访了一些老人并听他们讲述了各自民族的传统体育文化。

随着狩猎部落的搬迁，鄂温克人走出大山，使本民族与众不同的滑雪板与生活渐行渐远。一般鄂温克男人以松树为原料制作滑雪板，长约九拃，宽大约有20厘米，前端也是弯曲，但后端呈坡形，同样在滑雪板的中间也有2个犴腿皮做的绑脚的带子。遗憾的是，现在的鄂温克年轻人很少有做这种滑雪板的了，这个古老的民族传统文化体育项目现已濒临灭绝。

同江市街津口赫哲民族乡设立了民族学校，在这里民族传统体育项目得到了较好的保留，如“恰尔奇刻”意指“滑”在体育课程中都有学时体现。各民族的滑雪板不尽相同，赫哲族滑雪板材质多为稠李子木制成。滑雪板规格为1.5米 ×0.1米 ×0.02米。赫哲民族的滑雪板与其他民族不同之处在于滑雪板底部略为鼓起，前后端都是翘起。为了将滑雪板与脚固定，在滑雪板中间钻2个圆眼，犴皮带正好穿过来系上。在调研中也发现，一些传统的民俗体育文化仍然被现代人喜爱，比如孩子们喜爱的冰鞋、爬犁、狗拉雪橇、拖床、闯下坡等运动项目。由此可见，传统的冰雪民俗体育随着时间的推移

也发生着变化，一些运动项目脱离现代生活濒临灭绝，但也有一些传统项目仍然有较好的群众基础。

2. 从事冰雪民俗体育文化活动人口特征

接受问卷调查的人员中，男性 46 人占 51%，女性 44 人占 49%。18 岁以下 28 人，占 31.1%；18~30 岁 24 人，占 26.6%；31~50 岁 17 人，占 18.9%；50 岁以上 21 人，占 23.4%。

调查中发现，经常从事冰雪民俗体育运动的有 18 人，占 20%，偶尔参加的有 25 人，占 27.8%，感兴趣但没时间参与的有 46 人，占 51.1%，而对冰雪民俗体育不感兴趣也做未尝试的只有 1 人。经常从事冰雪民俗体育运动的有 18 人，男性 13 人，占 78.2%，年龄分散于 18 岁以下和 50 岁以上两个年龄段，而女性有 5 人能够经常从事冰雪民俗体育运动，年龄均在 18 岁以下。

被调查人群有 53 人，占 58.8% 参加过冰雪旅游，未参加过冰雪旅游的 37 人，占 41.1% 而且年龄主要在 50 岁以上这一段。参加过冰雪旅游的 53 人中有 47 人在冰雪旅游中体验冰雪民俗体育活动。

综上，经常从事冰雪民俗体育活动的人口多为男性，从年龄上分析，18 岁以下人口所占比例最大，其次为 50 岁以上男性，而在 18 岁到 50 岁的调查人群可能由于学习工作等任务占据了大量时间，因此这一区间段占比最少。目前，88.7% 的冰雪旅游产品中有冰雪民俗体育运动体验环节，注重消费者的参与性也是现今时代旅游产品的特点。

3. 深受人们喜爱的冰雪民俗体育项目

根据调查问卷中的多项选择问题“请选出您了解并喜爱的冰雪民俗体育运动项目”结果显示，人们选择最多的是娱乐性、趣味性更强的抽冰尜、狗拉爬犁、冰滑梯、冰上龙舟、滑雪跳远，而对于传统滑冰、传统滑雪、滑雪狩猎、追鹿、冰磨、跳冰、冰床、皮爬犁选择的人较少，90 人中没有被选择的项目是莫日根赛，究其原因，可能是一些项目大众并不了解，甚至都没有听说过。

另外，根据“您最喜欢哈尔滨冰雪大世界中的哪个项目”这一问题我们可见，喜欢冰灯占调查总数的32.2%，喜欢雪雕的占27.8%，而参与度较高的冰滑梯这一项目有38人喜欢，占42.2%。由此可见，在近几年的黑龙江省冰雪旅游热点中，冰雪民俗体育文化活动深受游客的喜爱。

（二）黑龙江冰雪民俗体育文化发展中存在的问题

1. 部分冰雪民俗体育文化继承人日趋减少

笔者在调研中发现，了解并能够清晰介绍本民族传统体育文化的人多为一些老年人，因此，如前面所提一些传统体育运动濒临灭绝，后继无人。在访问鄂温克族、鄂伦春族和赫哲族的年轻人时，很多人只能介绍娱乐性较强的冬季体育运动项目。究其原因，这与冰雪民俗体育文化产生的环境变化密切相关。随着中国经济的崛起，越来越多的人来到城市生活，当然这里也包括少数民族同胞，他们的生活方式也越来越被同化。黑龙江的少数民族在改革开放以后陆续走出大山，离开原来的狩猎或游牧生活环境，慢慢适应着交通便利、固定居所的生活，一些原来冬季日常生活必备的技能，比如冬季的滑雪技能和冬捕技能都随之发生变化，随着时间的推移，作为冰雪民俗体育文化的孕育者——鄂温克族、鄂伦春族和赫哲族等少数民族的传统体育文化逐渐被淡化甚至消失。

2. 全民参与冰雪文化度不够

我们以闻名世界的冰雪文化代表“冰雪大世界”作为研究对象调查民众冰雪文化的参与度。

首先调查是否去过哈尔滨冰雪大世界，结果显示从未去过有39人，占43.3%，去过冰雪大世界游玩时间在1小时以下的有3人，占3.3%，1~2小时的有15人，占16.7%，2~5小时的有21人，占23.3%，游玩时间在5~10

小时的有 12 人，占 13.3%。由此可见，调查对象中近一半的人还没有去过冰雪大世界，冰雪市场还有很大的开发空间；游玩时间方面，大多数人是在 2~5 小时，究其原因，一方面是冰雪大世界园区较大，时间太短逛不完，另一方面由于天气原因，时间太长身体抵御不了严寒。

在去过冰雪大世界的 51 人调查中，对冰雪大世界感到非常满意有 8 人，占 15.6%；满意的有 19 人，占 37.3%；满意程度一般的有 20 人，39.2%；感到不满意的有 3 人，占 5.8%；非常不满意的 1 人，占 1.9%。而在回答“您是否还会再次来冰雪大世界游玩”这个问题时，42 人表示不会再来，占 82.4%，只有 9 人选择还会再来，占 17.6%。

由此可见，在黑龙江省冰雪旅游黄金周经济火爆背后，冬季旅游热门景点“冰雪大世界”的复游率却是较低，并不是群众冰雪活动的首选，这样的冰雪文化活动还有大批民众没有参与到冰雪文化活动中来，要想达到全民参与冰雪文化活动，应该大力举办群众新闻乐见的冰雪赛事，比如那些从生活实践中来的冰雪民俗体育活动。

3. 冰雪民俗体育活动赛事较少

2016~2017 年度黑龙江“赏冰乐雪”系列活动包括国际滑联世界杯速度滑冰比赛、中俄青少年冬季运动会、黑龙江省与俄罗斯九洲区青少年花样滑冰邀请赛、中国国际男子冰球精英赛、全国女子冰球联赛、全国男子冰球联赛、全国短道速滑锦标赛、全国大众速度滑冰马拉松公开赛、黑龙江省冰壶联赛、黑龙江省高山、单板滑雪俱乐部精英对抗赛等国际、国内赛事共 80 项，趣味冰雪系列活动赛事共 20 项。由此可见，“赏冰乐雪”系列活动绝大部分是大型竞技运动，大众参与度较高的趣味冰雪活动仅占 20%，而在趣味冰雪活动中仅有 4 项冰雪民俗体育活动，综上，在全民参与冰雪的大趋势中，群众喜欢的冰雪民俗体育活动显然较少。

4. 冬季学生室外体育活动时间甚少

冬季每天室外进行体育活动时间调查显示，1 小时以上 6 人，占 6.6%；30 分钟至 1 小时 20 人，占 22.2%；0~30 分钟 26 人，占 28.9%；未进行室外体育活动的有 38 人之多，占 42.2%。针对 18 岁以下年龄段的调查者进行分析发现，18 人中只有 10 人每天室外体育活动 0~30 分钟，而另外 8 人则无室外体育活动。冬季虽然严寒，但是学生的室外体育活动还是必要的。

5. 现代冰雪体育运动冲击民俗体育项目

调查中“您更喜欢现代冰雪运动项目还是冰雪民俗体育运动项目？”一题，回答选择现代冰雪运动项目 61 人，占 67.8%，占了三分之二；选择冰雪民俗体育运动项目 29 人，只占了三分之一。随着时代的变迁，科技的进步，现代冰雪运动无论在运动场地还是运动器材上都要优于传统的民俗体育运动，年轻人在进行体育锻炼时，往往都会选择科技含量高，外观更酷更炫的运动器材，在运动项目的选择上也是追求时尚，追求时下流行的运动，因此，现代冰雪体育运动冲击着民俗体育项目。

6. 冰雪民俗体育文化保护政策缺失

通过粗略统计，黑龙江省有关冰雪文化的研究数量为 361 篇、冰雪民俗文化的研究数量为 145 篇、冰雪活动的研究数量为 127 篇、冰雪民俗文化的研究数量为 13 篇、冰雪民俗体育文化的研究数量为 0 篇，由此可见，目前冰雪民俗体育文化研究的理论基础略显薄弱。目前也没有相关的政府部门出台保护冰雪民俗体育文化活动的政策，调查中有 85 人认为应该出台相关政策，另外 5 人持无所谓态度。

7. 冰雪民俗体育文化资金不足

因为冰雪民俗体育运动项目没有大型的赛事，所以没有形成一定数量的观众，企业自然也不会为民俗体育运动项目投入大量资金。国家提出全民健身的大方针后，各地方体育局和体育彩票中心经过几年努力，全民健身路径建设成效显著，但黑龙江的地理位置决定了具有漫长寒冷冬季的特点，因此调查中有53人认为应该加强冰雪全民健身路径建设。目前政府的支持力度还不够，在对冰雪民俗体育文化活动的资金支持方面有待提高。

三、地理决定论下黑龙江民俗体育发展策略

1. 深入挖掘民俗体育活动，展现黑龙江特有地理优势

黑龙江的地理优势，使人们体验到纯正的冬天。在发展民俗体育活动中，大力弘扬民俗体育的文化底蕴，宣传黑土文化，促进民俗体育活动的资源开发，为继承和发扬民俗体育提供了良好的机遇。同时，通过对民俗体育活动的挖掘，使一些支离破碎、濒临失传的民俗体育活动得以重新被传承与保护，使黑龙江民俗体育文化也增添了几分色彩。

2. 加强民俗体育活动普及，引进学校体育

开发校本课程在学校体育课程中提倡民俗体育的开展，使学生了解民俗体育的背景及相关知识，树立学生对民俗体育的保护与传承意识，为民俗体育的传承提供有效的现实路径。以体育校本课程为载体，将民俗体育引入体育课程之中，弥补国家体育课程的不足。将源于少数民族生活、民间广为流传、具有民族特色、符合地方环境、学生兴趣浓厚的相关素材，经筛选、改编、整合、创新后编入校本课程，最终促进民俗体育的传承与发展。

3. 开发黑龙江“特色民俗体育＋旅游资源”

在文化大发展时代，开发民俗体育活动吸引国内外游客，促进黑龙江民俗体育文化产业的发展，推进黑龙江经济从资源节约型向环境友好型转变，增强民俗体育的文化建设，提升体育的软实力，更好更快地实现“十二五”

规划。要切合国家提倡“生态旅游、绿色旅游”的思想方针，推动“民俗体育 + 旅游资源”开发，实施黑龙江“特色民俗体育 + 旅游”，推动经济建设，打造独具魅力的体育旅游市场，培育黑龙江特色民俗体育发展基地，为民俗体育的传承和发展提供有效的现实路径。

4. 设置管理机构，规范民俗体育活动发展

相关部门设置管理机构，建立有地域特色的民俗体育活动基地，恢复黑龙江历史上曾经比较有影响的民俗体育场所，形成集健身性、娱乐性、表演性、观赏性于一体的地方民俗体育文化中心，丰富人们的业余文化生活，促进全民健身运动的发展。规范项目发展环境，成立民俗体育活动的宣传中心，定期举办各种形式的交流比赛，定期在期刊或杂志上发表文章及评论，将民俗体育活动作为特有的文化事业来开展，对今后的文化教育工作有极其深远的意义，同时也带动了黑龙江的经济、文化发展。

通过地理决定论视角探讨黑龙江民俗体育发展，可以看出，独有的地理特性造就了黑龙江民俗体育活动的发展，它不仅是闲暇生活中娱乐休闲的一种方式，也是民俗文化传承的一种途径，更是宣传黑龙江文化的独特方式。因此在文化大发展的时代，要挖掘民俗体育活动，发展民俗体育文化，坚持引进专业人才，提高规范化管理，加强宣传投入，把民俗体育引进课堂，开发民俗体育的旅游资源，为黑龙江民俗体育的传承与发展提供机遇。

第八章　黑龙江冰雪民俗体育开发与保护

第一节　黑龙江冰雪民俗体育开发

非物质文化遗产是以人为中心的活态文化遗产，具有活态流变的特点。随着全球化发展趋势和现代化进程的加快，我国的文化生态正在发生巨大的变化，文化遗产和环境也受到严重威胁。为继续保持我国文化生态和文化遗产的健康发展，我国政府提出了非物质文化遗产保护的政策，保护非物质文化遗产项目的工作逐渐在全国开展。民俗体育是以农业社会为背景的体育实践内容，非物质文化的重要组成部分。在经济全球化、文化全球化的影响下，越来越多的民俗体育文化受到冲击，甚至一些民俗体育文化的宝贵内容消失，因此，在当前形势下，必须以国家非物质文化遗产保护项目的实施为契机，加快整理、挖掘优秀的民俗体育文化资源，使它们得到更好的传承和发展。

一、民俗体育的开发

民俗体育作为一种大众的体育健身活动形式是全民健身的重要组成部分，它是少年儿童和当地人民群众体育文化生活的重要内容，有广泛而又深厚的民间文化基础。因此，开发、利用民俗体育具有重要的社会现实意义，然而，为民俗体育注入现代性、创新性内容，则是使民俗体育走向繁荣与持续发展的根本之路。

1. 民俗体育开发的方向

为民俗体育注入现代性、科学性及竞技性的内容，是开发民俗体育、使民俗体育走向繁荣与持续发展的根本目标。

第一，民俗体育的现代性问题。“民俗体育是在古代经济文化背景中形成并留传下来在民间得到充分发展的体育文化项目，传统的民俗体育文化肯定有其存在与发展的局限性。”推动民俗体育向现代发展是弘扬民族文化的一部分，也是现代化与本土化实践的问题，其在社会发展与变迁过程中有重要的可试验地位，“想使我国的民俗体育活动向外推广传播并被其他地域、种族的人们所接受，其必须具有很强的娱乐审美性或现代性的吸引力”。只要注意发掘其中的娱乐审美价值，增进民俗体育的现代性，对其内容和组织形式不断改革、拓展，这些体育活动必将显出活力从而逐步走向世界为各国人民所接受和喜爱，最终，使民俗体育文化现代化的模式对我国传统文化的开发起到重要的借鉴作用。

第二，民俗体育的科学性问题。当前继承和发展民俗体育的重要任务之一就是要对民俗体育开展深入的研究，剔除其不科学、具有迷信色彩的成分，弘扬其健康向上的优秀传统文化思想内涵和养生、娱乐与健身的科学合理方法；“只有进一步加强民俗体育的理论研究，以培养人民群众的体育锻炼习惯为目的，以适应全民健身、终身体育思想为主要内容，以辩证唯物主义观点作指导，运用社会学、经济学、运动医学等多种方法和多种角度加深对民俗体育的理论研究，健全民俗体育发展理论的内容体系，优化民俗体育的内容结构和组织形式，使民俗体育的发展走科学化的道路，才能符合社会的需要，促进民俗体育的大力发展”。

第三，民俗体育的竞技性问题。为了适应社会发展的需要，我们要加速民俗体育活动的改革创新，增强其健身性、娱乐性、竞技性和易行性。就竞技性而言，我们可以借鉴现代体育的法规、规则、守则等，在内容、结构体系、制定方法和程度等方面开展适当的修改，使民俗体育在现代体育规则的指引下，更加适应社会的发展需要，并赋予其新时代竞争与奋进的精神内涵，积极向学校体育及大众健身娱乐推广，将其作为体育生活方式推广的重要形式，使其在广泛开展的基础上走向完善发展的道路，最终成为现代体育的有机组成部分和现代社会文化交流的重要形式。

2. 开发民俗体育的文化价值，推动社会文明建设

民俗体育的根本作用在于它的健身性。民俗体育广泛存在于民间，它更是乡村体育事业文化开展的重要内容和有效组织形式，而我国全面建设小康社会所要求的全民健身体系建立的难点和关键就在于乡村体育事业活动的开展。因此，开发和利用民俗体育将为我国体育事业的发展提供巨大的潜力，有利于推动社会文明建设。民俗体育对促进地区经济建设也有积极的作用，如山东潍坊风筝节成功的经验就值得借鉴。在条件成熟的情况下，结合地区民俗文化特征，举办地方的体育文化节，弘扬和发展地方的民俗体育活动，使民俗体育、体育经济的开发、旅游事业的发展以及地区的经济特点相结合，促成“体育搭台，经贸唱戏”，这对于民俗体育和区域经济文化建设都有重要的意义。民俗体育的精神内涵具有重要的社会文化价值利用。作为民俗文化的一种凝练而生动的表现形式，民俗体育是一种有待开发的文化资源。民俗体育源远流长的历史，丰富的内容，蕴含的精神思想与思维方式以及有效的存在发展形式，对人的发展与社会的发展、整合都有深刻的启发和借鉴作用。重视和促进民俗体育的发展，不让其自生自灭，就应当采取积极的措施，加强引导和开发，拓展民俗体育的发展空间，使其成为社区文化建设和社会主义精神文明建设的有效补充。把民俗体育作为东西方文化交流的重要媒介，通过组织国际性的民俗体育竞赛与交流活动，可以使许多过去只限于狭小地域空间中开展的民俗体育活动在世界体育文化交汇的大潮中，不断交流传播而推广到世界体坛。推动民俗体育的发展是弘扬民族文化的一部分，也是现代化与本土化实践的问题，其在社会发展与变迁过程中有重要的可试验地位。民俗体育文化现代化的模式将对我国传统文化的开发起到重要的借鉴作用。

3. 加强理论研究与创新，使民俗体育的发展走科学化的道路

民俗体育是在古代经济文化背景下形成并流传下来在民间得到充分发展的体育文化项目。传统的民俗体育文化肯定有其存在与发展的局限性。当前，继承和发展民俗体育的重要任务之一就是对民俗体育开展深入的研究，剔除其不科学、具有迷信色彩的成分，弘扬其健康向上的优秀传统文化思想内涵和养生、娱乐与健身的科学合理方法，并赋予其新时代竞争与奋进的精神内涵。积极向学校体育及大众健身娱乐推广，将其作为体育生活方式推广的重要形式，使其在广泛开展的基础上走向完善发展的道路，最终成为现代体育的有机组成部分及现代社会文化交流的重要形式。只有进一步加强民俗体育的理论研究，以培养人民群众的体育锻炼习惯为目的，以适应全民健身、终身体育思想为主要内容，以辩证唯物主义观点作指导，运用社会学、经济学、运动医学等多种方法和多角度加深对民俗体育的理论研究，健全民俗体育发展理论的内容体系，优化民俗体育的内容结构和组织形式，使民俗体育的发展走科学化的道路，才能符合社会的需要，以促进民俗体育的大力发展。

4. 提高娱乐审美性，增进民俗体育的现代性发展

想使我国的民俗体育活动向外推广传播并被其他地域、种族的人们所接受，就必须具有很强的娱乐审美性或现代性的吸引力。民俗体育活动以强身健体为目的，其表演性、娱乐性项目居多，其活动大都适于业余时间开展，且运动者和观赏者都能通过项目运动来愉悦身心，陶冶性情，撷取运动的审美体验，以满足人们的精神文化需要。只要注意发掘其中的娱乐审美价值，增进民俗体育的现代性，对其内容和组织形式开展不断的改革、拓展，这些体育活动必将显出活力而逐步走向世界，为各国人民所接受、喜爱和参与。

5. 加强宣传引导和组织开发，拓展民俗体育的发展空间

要使民俗体育在社会上广泛开展，首先必须借助各种大众传播媒介来宣

传、介绍民俗体育活动的文化价值特性，充分利用现代电子音像科学技术，如电影、电视、录像、电脑、网络等传播工具的优势开展宣传，对大众的体育生活方式进行科学的引导，使民俗体育在群众体育中深入人心。其次，加强民俗体育的组织与开发，积极拓展民俗体育的发展空间，将国家、社会、集体、个人开发民俗体育有机结合起来；建立科学的发展指导体系；加强政府政策(或法规)、组织和经济的大力支持；采用科学的社会干预措施以及建立科学有效的评价体系，以促进民俗体育在人们日常体育生活中得以广泛推广，这些都应当受到政府、文化与体育管理部门、体育组织，体育工作者、文化工作者和社会工作者的重视。

6. 加强民俗体育社会指导员的队伍建设

民俗体育的开发、组织和推广离不开相关的体育社会指导员的工作。民俗体育运动项目的继承、整理和推广需要一定的专业人员介入，加强民俗体育运动项目的教练员和社会指导员队伍建设是开发和弘扬民俗体育文化的一个重要保障。

民俗体育是中华民族传统文化中的瑰宝之一，开发和发展民俗体育是弘扬中华传统文化，服务社会主义精神文明建设和建设全民健身体系的重要内容，其关键在于民俗体育的文化资源开发和利用。开发和利用民俗体育中的文化资源就必须积极地挖掘、整理、改革、提高民俗体育活动，加强民俗体育发展的理论创新研究，增进民俗体育存在形式和组织管理的科学化、规范化、社会化、现代化程度，使民俗体育的发展成为现代化的本土化、中华传统文化的现代化的重要实验内容，这将是东西方文化结合与整合的有益尝试。

二、黑龙江民俗体育开发现状

黑龙江省是一个多民族，居住分散的边疆省份，全省共有 53 个少数民族，200 余万人，占全省总人口的 5.26%。其中世代居住于本省的少数民族主要有满族、朝鲜族、蒙古族、回族、达斡尔族、锡伯族、赫哲族、鄂伦春族、鄂温克族和柯尔克孜族。各民族内部均有其独具特色的民俗体育活动，见表 8-1 所示。黑龙江省悠久的民间运动特征，在漫长的历史演变过程中，各民族形成了独具特色的多元民俗体育文化。每个民族的生产生活功能继续完善，内容不断丰富，形成独特的民俗体育运动。

表 8-1　黑龙江省少数民族民间特色运动

序号	民族	民间特色运动
1	蒙古族	摔跤、赛马、马球、马术、射箭、赛骆驼、布鲁、蒙古族象棋等
2	满族	滑冰、射柳、马球、赛骆驼、举重、骑射、狩猎、嘎拉哈、采珍珠、舞中幡等
3	回族	武术、掼牛、打木球、堆人山、排打功、摔跤皮条、杠子、石担、舞中幡等
4	锡伯族	狩猎、叼羊、射古斯、摔跤、赛马等
5	朝鲜族	摔跤、秋千、足球、跳板、顶瓮竞走、春游、玩篝火、铁连板、转瓢等
6	达翰尔族	波依阔、比劲力、赛马、射箭、摔跤、胡珠德奇贝等
7	赫哲族	叉草球、滑雪、滑冰、坐拉力、射草靶、顶杠等叉鱼、划船、挡木伦、扳腕、鹿毛球等
8	鄂伦春族	射击、皮爬犁、滑雪、射箭、斗熊等
9	鄂温克族	套马、赛马、打棍、滑雪、狩猎等
10	柯尔克孜族	赛马、叼羊、摔跤、马上角力、跑马拾银圆、跑马射元宝、打羊踝等

黑龙江省位于我国东北边境，居住着我国绝大部分的少数民族，具有大杂居和小聚居的特点。黑龙江省北部有俄罗斯、蒙古，东部有朝鲜、韩国和日本，在其独特的地理位置和人文自然环境影响下，经过多年的历史变迁，逐渐形成一种独具特色的民俗体育活动。欧洲和亚洲文化与我国传统文化在这里得到了完美的融合，形成形式多样、内容丰富的民俗体育文化，同时也体现了现代体育深邃的文化底蕴。俄罗斯文化对黑龙江省民俗体育文化的贡献最大，目前，哈尔滨和一些口岸城市仍然保留着深刻的俄罗斯文化印记，受此影响，黑龙江省形成了不同运动形式的民俗体育文化。

黑龙江的历史文明出现得较晚，民俗体育文化较内陆省份具有开拓性的特点。因此，民俗体育文化的传播和发展速度与内陆民俗体育文化的发展，不可同日而语。但由于其特殊的地理环境和气候条件，也形成了许多独特且具有代表性的民俗体育活动，最具代表性的有东北大秧歌，滑冰、滑雪，以及与冰雪有关的民俗体育活动。

三、黑龙江冰雪民俗体育开发战略

黑龙江丰富的民俗体育文化，包括了民间的休闲娱乐文化、民间舞蹈游艺文化、节庆假日文化和民间传统文化等，具有强烈的民间地方特色。

1. 加强政府政策引导，发挥媒体宣传作用

地方政府要根据国家政策，制定本地非物质文化遗产保护的相关政策，在政策导向上要倾向于鼓励和促进民俗体育文化的支持与保护。此外，还要充分利用新媒体这一宣传手段，让广大人民群众宣传民俗体育文化，促进民俗体育文化活动在普通百姓间的普及，让其从知道到认识了解、再到最后参与并从事民俗体育活动，达到全民保护非物质文化遗产的最终目的。

2. 走产业化之路，建立“民俗体育 + 旅游”产业机制

保护与传承民俗体育文化走产业化的道路，是其重要途径之一。根据现代企业制度的要求，对民俗体育文化活动开展商业包装，以黑龙江省各民族不同的历史和文化资源为基础，重点发展冰雪体育产业，结合民俗体育文化的不同特性，发展“民俗体育 + 旅游”项目，充分利用黑龙江省得天独厚的气候条件与地理条件，在做大冰雪旅游的同时充分挖掘、开发涉及冰雪的各类体育竞赛，如雪地拔河、打冰尜等项目都可以作为竞赛项目来开展商业推广，形成以冰雪为中心的黑龙江冬季“民俗体育 + 旅游”节。

例如，嘉荫东湖风景区鄂伦春部落滑雪场如图 8-1 所示，因东湖所处环境寒冷，雪期较长，加上奇特的自然景观，使得这里冬季的景色别具一格。鄂伦春部落滑雪场，设有初级雪道及越野雪道，满足各种滑雪爱好者的需求。雪具大厅配套设施设备齐全，可为游人提供多样化的服务。室内浓郁的鄂伦

春民族风情体验非凡的民族特色，别有一番情趣。

图 8-1　嘉荫东湖风景区鄂伦春部落滑雪场

嘉荫东湖风景区鄂伦春渔村：冰捕、冰钓最初是人类为了生存与自然界的一种抗争，现已成为东北人集休闲、竞技于一体的娱乐项目。嘉荫东湖风景区自然资源优越，湖内盛产鳌花、鳊花、鲤鱼、鲢鱼、狗鱼等多种鱼类，并为广大冰钓爱好者提供了别有意境的垂钓场所，感受赫哲族的冰捕、冰钓方式，如图 8-2 所示，现场大铁锅炖鱼，如图 8-3 所示，鱼鲜汤美，让游客享受冰钓与美味的同时，切身感受传统民俗。

图 8-2　赫哲族的冰捕、冰钓

图 8-3　大铁锅炖鱼

3. 让民俗体育进校园，构建以学校体育文化为中心的传承机制

受西方竞技体育思想和我国体育举国体制的影响，我国各级各类学校的体育课程内容绝大多数仍然沿用以竞技为主要目的的体育活动，而娱乐性较强的体育活动更是鲜见，民俗体育活动更是凤毛麟角。学校作为学生获取知识的主要途径，在学校的体育课、选修课或中小学生的第二课堂中开展适当的民俗体育活动很有必要。民俗体育活动对学校体育教学内容的丰富，对增加学生的健身娱乐项目也有很大的提高。所以，让民俗体育进校园，有很大的教育发展空间，而且也符合当今学校体育教学改革的趋势。将民俗体育文化融入学校体育文化当中，这样既能丰富学校的体育文化，又能为民俗体育文化的传承提供一个稳定的、长效的传承机制。

4. 扶持和培养民俗体育活动继任者，加强民俗体育科学研究

目前，大量的民俗体育活动在黑龙江省濒临失传，造成这种现象的原因是多方面的，但影响最大的是社会和经济的发展。针对濒临消失的民俗体育活动，最好的解决办法就是将其完整地继承下来，各项目除留下影像资料以外，还要注意培养合适的项目接班人，应以学科的形式对各民俗体育活动开展传承和研究，在不断完善本项目的同时，还应开发一些群众感兴趣且愿意从事的项目来充实和完善民俗体育文化。

黑龙江有着悠久的历史文化和丰富的民俗体育文化。国家自实施非物质文化遗产保护项目以来，黑龙江已经取得了很多成就，但对于一些民俗体育文化的深入发展和保护还不够，缺乏必要的科学研究。黑龙江民俗体育文化的保护是一项长期工程，必须建立长期有效的保护和继承机制，鼓励科学理论与实践性相结合，使黑龙江省民俗体育文化得到可持续发展。

第二节　黑龙江冰雪民俗体育保护

自20世纪80年代开始，我国学术界迎来了民俗研究的一股热潮。另外，联合国教科文组织2003年在巴黎举办的第32届世界大会上颁布了《2003保护非物质文化遗产公约》。该公约把世界各国民俗文化保护推向了一个新的高度。民俗体育作为民俗活动的重要组成部分，在民俗文化传承的过程中发挥着无可替代的作用。在时代背景和文化背景下，民俗体育工作者也坚持时代赋予的使命，不断加强对民俗体育文化的保护和研究，并取得了大量有价值的研究成果。不过值得反思的是，由于各种原因，仍然有大量的民俗体育活动濒临式微甚至消失；这种式微甚至消失还有进一步扩散的趋势。

一、人民群众对民俗文化的认同

“认同”一词原本为哲学术语，原意指的是变化中的同态或同一问题。后来“认同”一词为多个学科使用，并被赋予了新的含义。例如，国家认同、民族认同、种族认同、文化认同、社会认同、自我认同等概念就是这样引申而来。文化认同是“社会大众对所属群体文化的自我意识，是对该文化的特定价值、文化理念、思维模式和行为规范的共同或本质上接近的一种态度，是对该文化身份和地位的一种自觉把握，并凝聚成具有共同文化内涵的事项特征”。文化认同属于多角度的定义，它分别为情感、认知、评价、实践行为。实践行为是文化认同构建的最高层次，是文化认同的具体表现，也是对文化认同的践行。民俗体育隶属民俗范畴，是中华优秀传统文化的重要组成部分。民俗体育主要由三个元素构成：人、土、生活。“人”指的是一个区域的人民群众；“土”指的是民俗体育所依赖的自然环境和地理环境；“生活”主要指人民群众的活动，这个活动包括活动相关的社会环境和人文环境。正是这三重元素孕育了特有的民俗体育事项。“人”是民俗体育构成的核心，离开了人就不可能孕育出民俗体育事项，但这其中的人也不是指宽泛的群体，而是特定的群体，它的特定性就在于对特定文化的认同。如果他们没有对特定文化的认同，即便生活在相应的区域，也不会发生相应的实践行为。没有实践行动（文化认同的最高层次），就不会出现文化活动。同样的道理，民俗体育活动的产生离不开人民群众的实践行为，这一点就是文化认同。当然，这种文化认同并不是个体行为，而必须是群体行为。这样的文化认同也塑造了一定的社会环境和人文环境，这一点即是文化认同三要素所说的生活，从而产生一定的民俗体育活动。例如，我国自古以来就有祭拜黄帝的习俗，在这个习俗中就包含有相关的民俗体育活动。祭拜黄帝的习俗始于春秋战国时期，华夏各族都认为是黄帝的后裔。这种认祖并不全是胡适教授所说的认祖是出于攀附“古代帝王和远古名人”或是中了“源远流长的迷信的毒”，它是中原各族对远古中华历史文化的认同，继而产生了“祭拜”的民俗事项。又如，被称为古徽州一绝的歙县三阳叶当地人民群众民俗体育——叠罗汉，也是因当地人民群众对文化的认同而孕育的一项民俗体育活动。歙县叶村的叠罗汉发源于明朝末期，发展到今天已经有500多年历史。叠罗汉的起因是祭祀那些为保护惠安寺与官兵搏斗而丧失生命的四十多名僧人。该活动主要的表演特征为堆叠和重复，这一点使其成为具有地方特征的民俗体育活动。我们从它的起因考虑，假设人民群众不认同众多僧人的保护行为，人民群众不具备感恩和有恩必报的修养，定然不会有祭祀行为。恰恰是古徽州的文风独茂和堪称东南邹鲁这种较高的文化素养，使他们既认同了众僧的侠义精神，也理所当然地采取了感恩的祭祀活动，从而成就了“叠罗汉”的形成。基于此，我们发现，民俗体育的形成很大程度上有赖于人民群众对民俗体育文化的认同。

二、文化认同对民俗体育发展的影响

认知是个体认识客观世界的信息加工活动，是文化认同的基础，也是文化认同构建维度中情感、评价、实践行为的前提。人类的认知在环境的作用下总是不断发展变化的，是一种动态的构建。接受性、生成性是认知动态建构中的本质特征。这里所说的接受性不但包括人民群众对历史上先天认知结构的理解和接受，还包括人民群众对同时存在的其他不同文化的认知结构的包容和接受。而生成性则是指认知主体的认知结构在其能动接受性的影响下，不可能毫不走样地重复或再现历史主体的认知情境和状况，它受实践经验和时代背景的影响，从而成为生产性或生成性的结构，是认知主体的认知结构同历史主体的先在结构的有机融合。文化认知的接受性、生成性正是文化认知活动及其结构形成中所具有的生命力所在，也是不同时期人民群众的认知结构发生变化的根源所在。另外，文化认知是自我意识的一种典型表现。一般情况下，人的意识一旦产生就具有了一定的社会属性。这一点说的是人们意识到必须与身边的人交往，于是开始意识到人毕竟是生活在社会中的。文化认知结构的变化势必会引起文化认同建构的变化。文化认同的改变也必然影响民俗体育的发展。例如，社会文明初始时期，人们对自然现象和自身的生死疾病等生理变化无法理解，认为冥冥苍穹中有一种无形的巨大的力量支配自然和人类本身，于是便产生了对自然和生理的各种信仰与崇拜。这个时候的傩活动十分丰富，时间可以往上追溯到商朝时期。“傩”的意思是人避开困难，驱除疾病、病魔、妖魔鬼怪。巫傩活动在思想意识上满足了广大信仰者的心理需求。长久以来，巫傩的风气传承、传播在民俗、风俗、习俗中。就算在现代，巫傩的风气仍以民俗文化的样态存在于民间。傩是相对原始的民俗体育活动，主要用于祈福禳灾、祭神驱疫，它具有古朴粗犷的风格。随着社会的发展，人类认识的提高，意识到傩具有浓重的迷信色彩，根本无法驱除灾难与邪气，于是类似傩的活动逐渐减少，或被其他的民俗活动所取代。但必须指出这种由于文化认同构建的改变引发的民俗体育的流变是社会发展的使然，是社会文化进步的表现。

三、文化认同危机导致民俗体育传承危机

文化认同危机指的是文化认同的矛盾性和不确定性，即某一文化事项的主体与它所归属的社会文化传统断了联系，失去社会文化的准确定位，导致文化生态出现失衡、传承断裂等方面的问题。引发文化认同危机主要有内部因素和外部因素。当前我国面临的民俗体育文化认同危机既有内部因素，又有外部因素。内部因素指的是由于内部环境（包括自然环境、社会环境和政治环境）的改变引发的文化认同危机。例如，我国历史上朝代的更迭，新统治者为维护统治的稳定性，防止复辟，遂采取对旧制度的废除或类似“文字狱”的举措而引发的文化认同危机，这个时候，一些带有时代色彩的民俗体育活动也被禁止。例如，随着我国改革开放的不断深入，飞速推进的城镇化建设打破了乡村地区原有秩序，也瓦解了长期以来以血缘、族群为联结的群体生活、生产模式，以祭祖或家族式为载体的民俗体育失去了其活动的依附性，也逐渐消失。外部因素指的是由于外部强势文化的扩张和文化霸权打破了原有文化生态的平衡，引发的文化认同危机。随着社会进程的加快，我国各项事业的发展也步入了快车道。随着改革开放的深入，我国各项建设都取得了万众瞩目的成就。全球化的发展使得我国社会开始转型，我国民俗体育受到现代体育文化的强烈冲击，人民群众对体育文化的认识多为现代西方的竞技体育文化，选择健身的体育活动往往是快餐式的现代体育，而具有传统体育文化色彩的民俗体育遭到摒弃。

四、冰雪民俗体育的保护举措

依赖于文化认同重构民俗体育是构建国家文化软实力不可或缺、不可替代的重要部分。面对民俗体育日渐式微的境遇，保护显得尤为紧迫。根据前文所述，我们了解了民俗体育的形成、发展和式微都或多或少与文化认同有所联系。接下来我们对于民俗体育的保护、传承也应该从文化认同的角度入手——重建文化认同。这一点正是解决问题的关键所在。究竟如何重构文化

认同，规避民俗体育的脆弱，使弱化的民俗体育重生？首先要洞晓文化认同的特质，文化认同是一个多维度的概念，它主要包含认知、情感、评价和实践行为四大维度，重构文化认同应以这四方面为抓手。

1. 加强宣传和推广

认知是个体认识客观世界的信息加工活动，是文化认同的前提，是文化认同必要的基本维度，是个体对文化认同的基本条件，即个体对某一文化的认识。如果人民群众缺乏对相应文化的认识或出现认知隔阂，则很难对相应文化产生认同或弱化认同。如何认知“陌生”的民俗体育，宣传与教育是主要途径。由于受到社会体制的影响，我国文化和文化体系在很长时间内较为稳定。外界文化（尤其西方文化）对我国传统文化的冲击虽然持续而且长久，但我们的儒家文化根源并未发生动摇。但随着西方列强对我国的大举入侵（始于鸦片战争）、新民主主义思想的萌生——师夷长技以制夷乃至现代化进程的飞速发展推动了文化全球化，我国传统文化遭受了强烈的冲击，人民群众对传统文化产生了强烈的认知隔阂，其中的民俗体育也未能幸免。之所以越来越多的人对民俗体育产生认识上的隔阂，原因在于以下几点：第一，关于民俗体育的概念认知出现了很大的偏差。人们一直认为竞技体育（如足球、篮球、羽毛球等运动）才是真正的、科学的、能够吸引人的体育，而把民俗体育看作是落后文化，是封建文化，是愚昧文化，是伪体育文化。第二，人民群众对民俗体育的价值认识出现了偏差，没能深刻认识民俗体育的文化价值、健身价值、旅游经济价值和社会价值等。第三，要消除人民群众对民俗体育的认识隔阂，宣传、教育也是必不可少的。应通过多渠道的宣传、教育改变人们对民俗体育存在的形式和文化内涵的认识偏差，准确定位民俗体育的地位，从而达到真正认知民俗体育的效果。

2. 恢复民俗体育在人民群众中的影响力

民俗体育发源于人民群众，发展于人民群众，并且服务于人民群众，它不应该属于某个政党或团体，人民群众是它唯一的主体。近年来，国家积极出台政策，支持全社会弘扬优秀的传统文化。不过，个别地方政府为了取得民俗体育保护和传承的政绩，大包大揽，开出重金打造传媒公司和文化公司，打造演出节目，尽管形式上一些民俗体育活动进行得轰轰烈烈、红红火火，但却对人民群众的参与性一点都不重视，剥离了民俗体育活动与人民群众密切关联，背离了弘扬传统民俗体育文化的初心。其实，民俗体育之所以能够在生活中产生，在人民群众中传播，其主要因素是民俗体育具有情感依附的特征。所以，要保护民俗体育，弘扬民俗体育文化，还得回归到民俗体育人民群众办的方式，不可越俎代庖。

3. 深化内涵式发展

对于民俗体育的保护和传承，我们不能简单地认为，越是古老的民俗体育就越是好的民俗体育，进而采取盲目的保护措施，而应该采取质疑、分析的态度对其进行客观评价。对那些局部愚昧或者部分愚昧、封建色彩较重的民俗体育活动，我们要去粗取精地加以扬弃和保护。对一些不健康的甚至反科学的民俗活动要坚决抵制，甚至要开展批判，谨防人民群众误入歧途。另外，针对优秀的民俗体育，我们也不能仅仅停留在民俗体育活动的表象上，要倡导（聘请）专家、学者对其开展深入研究，挖掘该活动的深层次文化内涵。文化内涵才是文化的精华，才是民俗体育得以传承的根本。

4. 政策支持

目前，我国的民俗体育活动离实现产业化目标还有很长的路需要走。要想使得民俗体育真正地扭转不断式微的颓势，就必须有政府部门的大力支持。这些支持不但需要政策方面的，也需要资金方面的，更需要人才方面的。只有解决了这些问题，我们才能开拓出民俗体育发展的新道路。作为民俗体育的主体，人民群众在认同了民俗体育文化之后，就应该重视我们的精神食粮，融合各种社会力量，积极发扬自力更生的精神，解决民俗体育的发展困难，使走下坡路的民俗体育活动永葆青春。

第九章　黑龙江冰雪民俗体育文化传承

第一节　大数据技术与民俗体育传承

一、民俗体育传承现状分析

1. 民俗体育传承背景

如今，我国民俗体育传承与保护工作日益多样化。现代化、体育化、项目化、市场化是当下我国民俗体育革新的真实走向。例如，从我国盛行的龙舟比赛就可以很好地看出这一点。作为一项极具中华文化特色的体育运动，龙舟比赛获得了国家层面的重视。在我国相关部门的规划、引导与组织下，龙舟比赛已经成功发展为竞技体育，而且已经走出中国在世界许多地方流行起来。我们可以说，龙舟比赛发展到今天已经成为一项世界性的竞技体育，受到了全世界人民群众的认可和喜爱。这些年来，随着龙舟比赛影响力的不断扩大，其开展主体、比赛形式、比赛规则等都发生了很大的变化。随着在世界范围内的传播，龙舟比赛的竞技难度、龙舟硬件要求也取得了长足的发展。除了龙舟比赛外，我国还有很多民俗体育活动开始走上项目化的革新道路。一些民俗体育活动（如打陀螺、踢毽子、放风筝、抖空竹等）已经进行了器材、器具的标准化和竞赛的标准化。每 4 年举办一次全国少数民族传统体育运动会就是这个动态的典型体现，许多民俗体育活动借助民俗运动化实现了由传统运动到现代化体育的飞跃。可以说，民族运动会的召开在很大程度上推动了民俗体育的项目化、现代化和体育化进程。

除了运动会这种形式，学校教育也是民俗体育活动进行革新的平台。一些民俗体育活动已经通过学校体育教育的方式来传承民俗体育，为民俗体育培养人才，扩大其影响力。民俗体育进课堂能够使得体育课堂的教学内容更加多样化，也能给学生提供了解民俗体育文化的机会。这种做法有利于民俗体育活动的传承和传播。从目前的实际情况来看，民俗体育进课堂还存在不少问题。这些问题主要体现在：民俗体育活动与学校体育教学的融合还没有达到天衣无缝的程度，在学生中的认可度仍处于较低水平；学校教学活动中的民俗体育活动的种类十分有限，仅有跳皮筋、跳绳、轮滑、踢毽子、拔河等活动，可供学生选择的课程还十分有限；学校的民俗体育课程资源建设还十分不足，有待加强。

另外，近年来，随着生活条件的不断改善和生活理念的不断转变，人民群众越来越重视身心的全面、平衡发展。人民群众投入到旅游中的时间和花费比例也越来越高。根据统计资料我们发现，现在喜欢旅游的人越来越多，这一点为“民俗体育 + 旅游”的发展提供了很好的契机。例如，2017 年，国庆中秋黄金周总共有 7.1 亿人次选择出门旅游。旅游业已经成为热门产业，随着人民群众经济水平的进一步提高，会有越来越多的人投身到旅游中来。由此可见，如今旅游已经成为人们的一种生活方式。旅游的热度也激发了“民俗体育 + 旅游”模式的发展，其主要表现在：以表演为主的民俗体育活动受到了人们的极大欢迎；一些以民俗文化为基础的“民俗村”渐渐成为旅游的热点；“民俗体育 + 旅游”渐渐成为旅游市场上的“香饽饽”，并日渐风生水起；一些特色鲜明的民俗体育活动已经成为一些地方的名片。越来越多样化的民俗体育传承方式有利于民俗体育的挖掘、整理与保护。随着影响力的扩大，民俗体育活动在民俗文化传播、民俗文化交流方面将发挥越来越大的作用。当然，我们也不能忽视民俗体育在传承过程中仍然存在的问题：一些民俗体育在国家的大力支持下，在媒体的大力宣传下，已经走上了良性发展的道路，但与此同时，另外一些受到较少关注的民俗体育文化则因为得不到应有的关注和重视而被人民群众遗忘在历史的角落，濒临衰亡和消失。这就需要我们在研究民俗体育活动的时候关注民俗体育文化内部的平衡发展问题。可以说，民俗体育文化的平衡发展和民俗体育文化多样性的保持已经成为迫切需要思考和解决的问题。

2. 民俗体育传承面临的问题

如上所述，一些民俗体育的兴起掩盖了另一些民俗体育式微的问题。笔者认为，这些问题主要体现在以下方面：传承人不足甚至断代、传承人的传承观念的问题、传承人的年龄常常较大；受传承者较少甚至断代、受传承者对民俗体育文化的认识不足；传承媒介的问题；社会环境改变带来的不利影响等。

（1）传承者问题。首先，传承人断代现象。从某种程度上来说，民俗体育的传承人是民俗体育传承的关键所在。传承人是民俗体育信息的发源地，是民俗体育传承的主体力量。可以说，没有传承人则民俗体育的传承工作就无从谈起。所以，笔者认为，民俗体育传承人是民俗体育传承过程中的首要元素。作为民俗体育的传承者，民俗体育的传承人在进行民俗体育传承的过程中，主要肩负着传承民俗体育技术的责任和传承民俗体育文化的责任。民俗体育传承人年龄断层的问题十分普遍，这种现象在我国民俗体育活动中十分常见。相关统计资料表明，我国经济社会的深入发展和城镇化水平的不断提高使得年轻人大都外出打工或者创业。留守的多数为年长者，可以说乡村地区的人口结构已经发生了巨大的变化，这对民俗体育的传承来说较为不利。整体来看，许多民俗体育活动的传承人已经出现了明显的缩减情况。由于民俗体育活动基本上都与民俗文化紧密相关，民俗体育的传承形式基本上都是“口传心授”。随着年长民俗体育传承人的离开，较为严峻的问题出现了，那就是民俗体育濒临失传。健在的民俗体育传承人则存在着年龄越来越大的问题。这些情况都或多或少导致民俗体育活动传承人面临“青黄不接”“后继无人”的窘境，即传承人断代的情况。例如，鄂伦春族的冬捕如图 9-1 所示，以及鄂伦春族冬季服饰（见图 9-2、图 9-3、图 9-4、图 9-5、图 9-6）的制作都面临后继无人的状况。

图 9-1　冬捕

图 9-2　鄂伦春族冬季帽子

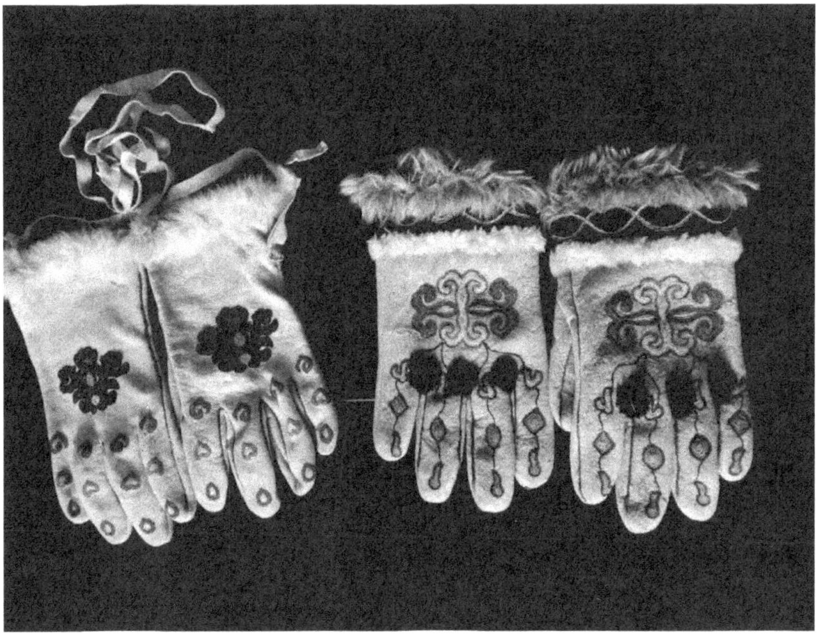

图 9-3　鄂伦春族冬季手套

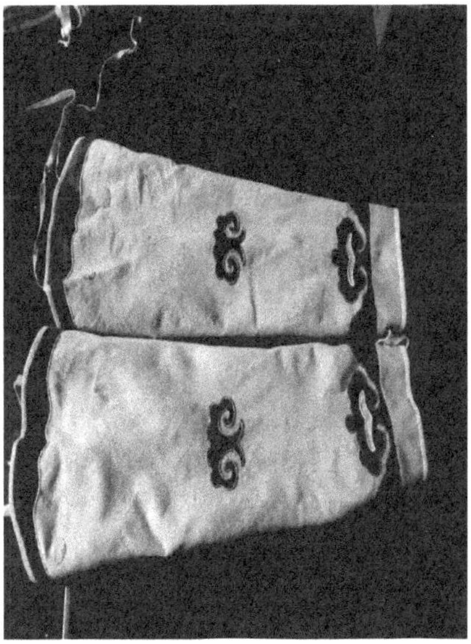

图 9-4　鄂伦春族冬季护腿皮裤

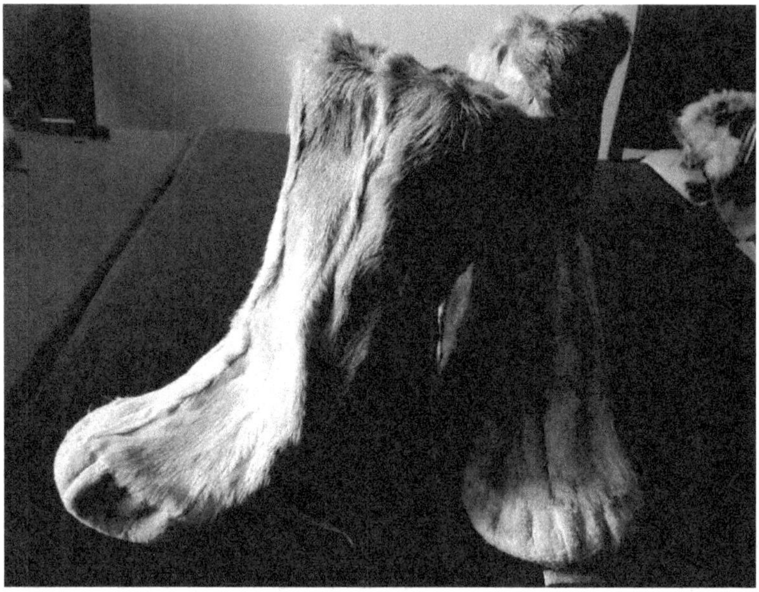

图 9-5 鄂伦春族冬季靴子

图 9-6 鄂伦春族冬季服饰

其次，传承观念落后。民俗体育活动许多都是以家庭式、家族式进行传承。它们的传承方式主要为言传身教、口耳相传。还有一些民俗体育活动被看作“手艺”，其传承者秉持“传男不传女”“不传外姓人”等古代社会流传下来的规矩。另有一些传承者为了防止受传者技艺超越自己，在传承民俗体育文化的时候有所保留。上述这些落后的传承观念已成为民俗体育传承的制约因素。例如，叠罗汉就因为传承观念的落后而最终后继无人，渐渐在社会变迁中走向衰微。如果不及时革新这些落后的传承理念，叠罗汉这项民俗体育的传承工作必将无法顺利继续下去。

最后，传承人年龄偏大。当下，大部分民俗体育活动传承人存在年龄较大的情况。合理的民俗体育活动传承人的年龄结构表现为：主力军为青壮年，少部分为老年人，老中青三代传承人共生、共存。假如传承人以老者为主力军，民俗体育的传承和发展就必定会被许多因素所局限。这一点对民俗体育活动的开展、传承极其不利。原因在于，很大一部分民俗体育活动的开展对参与者的体力要求较高，年长者受到体力、精力的局限较难全程支撑下来。一些宝贵的民俗体育活动会在传承人去世以后因为没有继承人而消失；一些民俗体育活动则处于人亡艺绝的境况；另外，有一些民俗体育活动的老年传承人由于文化水平不高，给民俗体育活动的整理、发掘、传承、保护带来了极大的困难。例如，盾牌舞是江西省烟阁、龙源口一带十分盛行的民俗体育活动。盾牌舞又叫男子群舞、藤牌舞、滚挡牌，是当代十分流行的民俗体育活动。盾牌舞主要有以下特点：动作以粗犷为主，带有强烈的雄健之气；舞蹈队形变化多端、奇特壮美；动作幅度不大，频率较快；具有十分浓厚、典型的汉文化特征。盾牌舞在表演时必须穿上特定的舞蹈服装。永新盾牌舞所要阐述的是两军对垒、互相攻守的故事内容。盾牌舞共分八个阵型，在表演的时候需要做出闪、跌、滚等动作，这对老年人来说则较难支撑下来，尤其是对于 60 岁以上的老年人来说更是难上加难。这就对民俗体育传承人的年龄提出了较高的要求。同样地，安吉鲤鱼灯、吉水鳌鱼灯、青原区箍俚龙等民俗体育活动也存在这个情况，即传承人的年龄都较大，急需补充年轻的力量。以吉安鲤鱼灯为例，目前其传承人不到30人。在这不到30人中50岁以上的老人就占了一大半。而吉水鳌鱼灯与箍俚龙的代表性传承人都是60岁左右的老年人。传承人的老龄化状况使得民俗体育活动不断走向衰竭。

（2）受传者面临的问题。受传者就是民俗体育所要传播和传承的对象。受传承者借助信息反馈的渠道来影响民俗体育的传承者。受传者可以是个人，也可是组织或者群体。民俗体育受传者的人群构成主要为：正在进行民俗体育学习的人。例如，民俗体育活动的学习者、民俗体育活动的运动员、民俗体育活动的训练者等都属于民俗体育受传者的范围。这里需要强调的是，民俗体育的学习者不但包括课堂学习者，口传心授的学习者，还包括借助电视、短视频、比赛、广播、电影和图书等途径来学习民俗体育的人。很大程度上，受传者的心理需要、情感慰藉、思想认识等主观因素会受到外部因素（如民俗体育活动本身、传承人的因素、经济因素、环境因素等）的影响。受传者是民俗体育传承程序中一个十分重要的环节，他关系着民俗体育传承的效果与质量。民俗体育受传者的特点主要包括：受传者都是民俗体育的爱好者、学习者；受传者内部存在一定的差异和不同，地区不同、文化背景不同、经济条件不同，则对民俗体育传承内容的选择和精力投入就不同；年龄结构、性别结构有待优化，当前我国的民俗体育受传者从年龄上看主要为老年人，从性别上看主要为女性。关于某省民俗体育开展现状的一项调查表明：某省参与民俗体育的人群中，女性民俗体育受传者人数是男性民俗体育受传者人数的2倍；女性参与民俗体育活动的人数远远多于男性参与者的人数，女性已经成为参与民俗体育活动的主要人群。另外，有研究者还发现，民俗体育活动的受传人从年龄上来说也存在老龄化的趋势。可以说，除性别结构的问题外，民俗体育参与者的老龄化趋势也越来越明显。例如，江西孝桥的民俗体育参与主体已经由青壮年为主变为中老年为主，民俗体育的绝大部分参与者的年龄都在50岁以上，而且其中以60岁左右者居多。有研究者认为，这种现象的出现可以从以下方面来解释：第一，时间的问题，由于青壮年工作时间上的问题，很难投入较多的精力在民俗体育的传承上，而老人则不同，他们的时间较为灵活，也较为充足，在时间上更加有保障；第二，如今社会上的青壮年的兴趣、爱好已经与以往发生了很大的变化，他们更加愿意在闲暇的时候选择西方的竞技体育项目进行锻炼和活动，如踢足球、打篮球、打羽毛球等，与此同时，青年人与老年人相比，他们更愿意去迎接挑战，寻求新的刺激和激烈的运动，而民俗体育活动则很多都在运动强度上相对温和，刺激性、竞争性、挑战性都不是很充足，民俗体育活动也很难吸引年轻人的注意力，是民俗体育活动的特点和年轻人的心理特点共同造成的。此外，与老年人相比，青年人所处的社会环境、所受到的教育、文化环境已经出现了很大的不同。青年人成长的时代恰逢我国改革开放、社会主义现代化建设的伟大时代，他们所接触的是更加开放、更加国际化、更加现代化的思想和眼光，他们从小接触得最多的还是现代体育的类型，如足球、篮球、羽毛球等。与老年人形成鲜明的对比是，青年人从小接触的传统文化尤其是民俗体育文化较为有限，在他们的成长环境中，现代的运动项目已经把民俗体育的空间挤压得所剩无几。这些因素导致年轻人缺乏对传统文化的了解和兴趣。与年轻人不同的是，老年人是在民俗体育的陪伴下一步一步成长起来的，他们对民俗体育的感情更加深。

另外，现代体育更加强调竞争性和对抗性，民俗体育则相对温和与协调，从这一点来说，民俗体育更加适合老年人的身体条件和性格特点。不过，这一点在国外却显得不同。我国的民俗体育与在国外的受传者大多为青年人，这一点与国内的情况恰好相反。有学者针对我国民俗体育在北欧各国的受传者进行了调查分析，结果发现，在北欧从事我国相关民俗体育学习和训练的人群主要集中在30岁以下，30岁以上者则参与较少或参与度不高。人们参与民俗体育的目的大多以强身健体、娱乐身心、兴趣爱好为主。因此，笔者认为，关于民俗体育的传承我们应该更加自信，积极探讨其存在的原因，有针对性地解决这些问题，就一定能让我国的民俗体育，无论是在国内还是在国外，都能取得很好的传播效果和传承效果。

（3）传承媒介问题。传承媒介是民俗体育传承的重要平台、重要载体、重要渠道和重要纽带。民俗体育传承媒介在民俗体育的传承过程中发挥着十分重要的作用。这种作用主要体现在：传承媒介能够对民俗体育活动的传播起到促进和推动作用，这是因为一些媒介自身就是民俗体育传承的组成部分，有的甚至已经成为民俗体育文化的重要组成部分。在实际工作中，选择怎样的媒介进行传承将会对民俗体育的传承效果产生直接影响。例如，舞狮是我国很受欢迎的民俗体育活动。舞狮队伍的“狮头”本身就体现出不同文化的不同内涵。我国南方舞狮的“狮头”主要由三种颜色构成：黄色、黑色、红色。颜色不同所代表的含义就不同：黄色狮头为刘备狮，象征的是高贵，一般用在迎接尊贵客人的时候，显示出尊重和好客之意；黑色为张飞狮，意思是争勇好胜，往往用在舞狮比赛等有激烈对抗性的场合；红色则与关羽有关，由于关羽是忠义的化身，又是我国传统文化中的“武财神”，所以红狮多用在市场开业等商业庆典活动中。上述这些说明，选择恰当的传承媒介对促进民俗体育发展和传承会达到事半功倍的效果。

①传承经费不足。经费支持对于民俗体育传承来说十分重要。民俗体育的传承和发展都离不开经费的支持，没有经费保障，民俗体育的传承和保护也就很难开展。这是因为，我国大多数的民俗体育传承活动都是由民间自主组织开展的，其经费主要来源于民俗体育爱好者自筹或者民俗体育活动的演出报酬。但总体来看，资金来源仍然较为薄弱和有限。这些微薄的资金很难支撑民俗项目的传承和保护工作。这也是限制民俗体育传承的一个很大的因素。例如，鲤鱼灯舞、大刀舞在训练、演出和比赛时离不开道具和服装的支持，学习和表演的过程中也会出现其他方面的消耗。再如，鲤鱼灯舞、大刀舞道具的消耗，服装的更新和修补等，都需要一定的费用开支。经费欠缺或者不足已经给我国民俗体育活动的开展、传承和保护带来了很大的困扰。

②器具限制。因为一些民俗体育活动对服装和器具的要求较多，因此器具也是限制民俗体育传承的一个因素。例如，龙舟比赛需要用到各式各样、美轮美奂的龙舟作为工具。精美的道具制作起来要求很高，一些道具的制作技艺由于只有一些老艺人才熟练掌握，随着老艺人的离世，就会使得这门道具制作的手艺面临失传。道具一旦失传，相应的民俗体育文化也就无从开展了。现实的情况是，许多道具制作工艺已经消失。另外，由于一些民俗体育的道具制作起来十分纷繁复杂，效率较低，已经对民俗体育的传承、发展产生了不利影响。例如，大刀舞的器具主要包括长钱（若干）、锣鼓（2对，先敲锣后打鼓）、彩旗（若干）、大刀（1把，长10米，重200斤，7~9人一把）、小刀（8把，长3米，重20斤，每人1把）等。大刀舞的动作要领有很多，一般包含三个流程：“兴刀”“游刀”“舞刀”。大刀舞的阵势主要有锋芒众砺、金蛇狂舞等。舞蹈开始后参与者必须抬着大刀边走边舞蹈2千米，在行走的过程中参与者还必须抬着200斤重的大刀完成具有各种含义的动作。对于大刀舞这个民俗体育活动来说，因为制刀的手艺仅仅由一位老者掌握，这就给大刀舞的传承和保护带来了一定的限制。

③记录缺失。大多数民俗体育活动都流传和盛行于民间，传承的方式多为“家族式”或者“师徒式”。因为许多民俗体育的传承人在文化水平方面都不是很高，对用文字记录民俗体育活动来说较为困难，这也导致民俗体育文化的文字文献资料十分有限。许多史料中对民俗体育活动的记载也是少之又少。这一点也限制了民俗体育活动，使其很难融入主流文化。新中国成立后，民俗体育文化的发展受到政府和相关部门的重视，也使得许多民俗体育活动得到了及时的保护。民俗体育活动的记录、整理工作也受到越来越多的重视。20世纪90年代我国政府相关部门曾面向全国组织过一次民俗体育的挖掘、整理工作。这项工作共涉及55个少数民族，最终挖掘、整理了600多个民俗体育活动。这些体育活动最后被收录在《中华民族传统体育志》一书中。近年来，随着科学技术的不断革新和涌现，许多新技术、新应用逐渐被应用

到民俗体育文化的传承与保护中。总体来说，近年来，全国各地对民俗体育记录、整理工作都越来越重视。许多地方还相继开展了许多工作，这些工作主要包括：完善民俗体育的文字材料、建立民俗体育档案室、建立民俗体育文化数据库、搜集民俗体育文物等。随着多媒体技术的发展，民俗体育资料的形态比以前更加丰富，相比之前以纯文字为主，发展到现在已经出现了文字、图片、音频、视频等。这种丰富多样的记载形态可以更加准确地记录下民俗体育的原貌，比纯文字更有立体感，也更加准确。

（4）环境变迁的消极影响。①环境的变迁。人文环境和自然环境的变化也是导致民俗体育传承与保护较为困难的原因所在。传统文化处在一个相对稳定和封闭的经济、社会环境中。这种稳定的自然环境和人文环境对保持民俗体育文化的稳定、完整及多样化作用十分明显。一旦这种环境发生改变，民俗体育文化传承原有的稳定状态就会遭到破坏。这种改变因为会改变人民群众的生活习惯，进而会对民俗体育文化的传承产生十分强烈的影响。随着城镇化、全球化的发展，民俗体育的生存环境也出现了剧烈变化。这种变化促使民俗体育活动规则和爱好人群的变化。如果民俗体育活动无法适应这种剧烈的环境变化，就会接二连三地产生更多的问题。实际情况是，确实有一部分民俗体育因为适应不了环境的剧烈变化而濒临消失。新中国成立后，民俗体育文化随着我国传统文化的巨大发展，开始走向复苏和振兴。改革开放以后由于我国整个社会都处于不断的改革发展中，民俗体育也不可避免地迎来了属于自己的社会转型的新阶段。民俗体育必须面对市场化、全球化、城镇化等一系列社会变化，因为这些变化也会对民俗体育的发展产生很大的影响。全球化、城镇化对民俗体育的影响主要体现在以下方面：第一，全球一体化的影响。全球一体化极大地推动了中华文化与世界文化的交流、沟通。在这种交流和沟通中，强势的文化类型开始挤压弱势的文化类型的生存空间，一些弱势的文化类型也不得不对自身改头换面，在这个过程中，这些弱势的文化类型尽管存活下来，但是自身的个性已经所剩无几，文化的多样性遭到严重破坏。在这个过程中，强势体育文化对我国民俗体育文化形成了冲击，这种冲击改变了人们的体育习惯，也改变了对传统民俗体育活动的看法和认同感。强势体育文化不断挤占民俗体育文化的生存和发展空间。青少年一代深深地被篮球、足球、羽毛球等所吸引。篮球场上或者绿茵场上，他们为投进一球或者踢进一球忘乎所以、尽情欢呼，而对传统民俗体育如踢毽子、跳皮筋、跳绳、舞龙、舞狮等却兴趣不高。这种变化使得民俗体育活动出现了被淡忘、被忽略的状况。第二，城镇化的影响。这一点的影响可以理解为：民俗体育很多从农耕文化发展而来，其赖以生存的土壤在广大的乡村地区，如舞龙、舞狮就是这种情况。“舞龙”“舞狮”这些典型的民俗体育活动与民俗、庆典、节日纪念等具有十分密切的关系。人民群众在春节、元宵节、端午节、中秋节等传统节日期间，或者在婚庆、商铺开业等重要节点上都喜欢用传统民俗体育活动来表达喜悦、欢庆等心情和情绪。这种行为常常是集体活动，是一种约定俗成的社会行为。随着城镇化的深入推进，人民群众的生活方式也发生了翻天覆地的变化。民俗体育随着人民群众的生活方式的转变也在发生着转变，这种转变主要体现在：城镇化使得村落减少，一些民俗体育活动以村镇为依托，就会因为村落的不存在而濒临消失；城镇里主要依靠工业、服务业来维持生活，村落主要以农、林、牧、副、渔为主。例如，赛马是我国蒙古族人民的民俗体育活动。每年的七月或者八月，蒙古族人民都会举办那达慕大会，那达慕大会的主要目的是庆祝牛羊成群、作物丰收。那达慕大会的代表性民俗体育活动是赛马、摔跤活动。而随着城镇化步伐的加快，人们的生活渐渐以城市为主。辽阔的草原、奔腾的骏马渐渐远离了人们的生活。赛马的人文环境也就渐渐没有了。可见，居民生产、生活方式的巨变会对民俗体育的传承与发展产生影响。②媒体宣传边缘化。我国的民俗体育文化最长的已历经几千年，它是中华民族的文化遗产。我国人民群众不仅创造了民俗体育文化，也在消费和享用着民俗体育。传承民俗体育、发展民俗体育是每个中华儿女的义务和责任。仅仅依靠政府和民俗体育的研究专家，很难完成民俗体育传承的任务。民俗体育的传承是系统工程，它复杂而多变，要想高效地传承民俗体育就必须将其与人民群众的日常生活紧密联系起来。鉴于民俗体育通过媒体进行传播的弱化，笔者认为，必须加大对民俗体育的宣传力度。这样做主要是为了防止因为现代体育文化的强势挤压而导致民俗体育在舆论上被边缘化。民俗体育活动的常态化宣传有待强化。随着国家和社会对民俗体育的关注度越来越高，笔者认为，在民俗体育宣传方面还应该不断加强。例如，端午节赛龙舟是重要的民俗体育活动之一。龙舟比赛的出现是人们为了纪念伟大诗人屈原而举办的，加上我国南方水多，因此赛龙舟的民俗体育运动在我国南方比在北方更加常见。不过由于龙舟赛是端午节的相应活动，所以这项民俗体育活动在每年的端午节期间才会更多地举办，也才会更加吸引人们的注意。这个时候，媒体就可以通过聚焦这项赛事来吸引更多人的注意。

目前来看，我国许多影响力较大的民俗体育活动还没有融入人民群众的日常生活中。之所以出现这种情况，主要是因为：（1）民俗体育文化宣传在时间上存在显著的不同。大多数的民俗体育传播活动都在重大节日不断出现。例如，许多民俗体育活动仅在春节、元宵节、端午节、中秋节等重要节日期间才举办，在这期间，针对某一个民俗体育的宣传工作可能比较多，但在其他时间则几乎少之又少。这就难免使得民俗体育的宣传工作密度不够，影响范围十分小。可以说，民俗体育宣传工作的常态化宣传还任重道远。（2）从空间上来看，民俗体育的宣传也存在问题。这些问题主要表现在：空间上分布不均衡，许多民俗体育活动多在广场、学校、庙会等固定场所举办，这一点限制了民俗体育的社会影响力，使其影响范围十分有限。加上相关后续宣传工作不能及时跟上，很难有效发挥出媒体的宣传作用。例如，我们对民俗体育专门网站的建设情况进行了统计，通过在各大搜索引擎进行搜索后发现，以民俗体育进行搜索得出的结果是，我国除了台湾地区有一些民俗体育专门网站之外，其他地方几乎没有专门的民俗体育网站，无论是全国统一性的还是各地方性的民俗体育网站。有关民俗体育的内容仅仅为一些民俗性网站的某一个板块。即使在这些板块里，民俗体育类的信息资源也相对较少，信息的呈现形式也多数较为单一（仅为文字、图片等，几乎没有视频和音频等更加易于人们接受的形式）。在民俗体育的相关网站上，技术运用也过于简单，许多先进、前沿的技术没有得到充分应用，还有一些网站的内容更新过慢，跟不上时代发展的步伐。因此，民俗体育文化在网络宣传方面还有很多问题需要解决，从另一个角度来说，也就是还有极大的潜力可以挖掘。

二、民俗体育传承面临的机遇与挑战

1. 大数据的技术环境下的背景

随着互联网技术、大数据、云计算、物联网技术等的快速发展，数据的海量化特征得到极大的体现，数据在网络上呈现出爆炸式的增长。大数据技术等给民俗体育的保护和传承工作带来了新的可能性。大数据技术如今已经在市场、教育、行政管理、科研、医疗、城市发展、商业等方面展现出巨大的能量和威力，为社会发展的各个板块带来了前所未有的便利和效益。民俗体育工作者应该积极利用大数据技术等互联网技术，运用“互联网+”等理念，把民俗体育的传承、保护、传播工作做好。大数据应用具有以下特点：数据量庞大的特点。大数据时代要处理超乎人们想象的数据。例如，以社交平台微信为例，该平台每天要处理海量的各种类型的数据，这些要处理的数据量大得让人无法想象。透过微信我们能够发现大数据技术环境下民俗体育也应该积极主动地树立数据意识，把现有的资源转化为数据，借助数据的强大力量来实现对民俗体育的传播和传承。大数据技术环境下，民俗体育的相关数据可以分为以下三类：个体行为数据；个体基本属性数据；技术类数据。个体行为数据主要是指个体的动态行为数据。个体的动态行为数据主要包括参与者的运动习惯、运动频率、运动周期、运动强度、运动后相关生理指标等。个体基本属性数据主要针对一个人。这些基础属性数据主要包括个体基本信息，如个体的职业、学历、爱好、年龄、性别、所在地、健康状况、性格特征、财产状况等基本数据。民俗体育活动的技术类数据主要包括：运动项目的技术统计、运动员的运动数据等。这些技术数据可以让人们更加快速、全面地完成对民俗体育运动项目的了解。这些数据会随着时间的推移而不断产生，其数量甚至会超过以往的总量。数据具有种类繁杂的特点。大数据的技术环境下，体育民俗的方方面面都可以通过量化而成为数据。我们在参与民俗体育运动时就会形成相关的数据。

例如，2015 年 8 月举行的全国民族运动会上，云南代表队获得了“标准龙舟女子 5000 米环绕赛”第一名。借助大数据技术，我们就可以掌握每位队员的心率、体重、呼吸、出桨的角度和力量等数据，以及赛前、赛中、赛后等数据的变化趋势。另外，我们还可以对比赛过程中的场地温度、场地风向和风速、龙舟入水的深度等进行及时的跟踪、记录。数据记录得越丰富，数据的种类就越多样。仅仅从存储格式的角度来看，民俗体育数据格式可以是文本、音频、视频、图片等，也可以是压缩过的加密数据。数据处理有实时性的特点。许多数据在时间上有时效性的要求，一旦超出某个时间范围就有可能失去价值和意义。例如，我们如果需要 2018 年民俗体育参与者的年龄数据，借以了解 2018 年民俗体育参与者的年龄特征，那么获取这个时间用了两年或者更长时间，则获取的数据就失去了意义和价值。在大数据技术的实际应用中，我们对于数据的时间有着十分高的要求，这种时间的要求有时候甚至是实时的。这个要求无疑对大数据技术提出了更高的要求。例如，民俗体育运动会开展时期，许多民俗体育的爱好者都希望在线观看比赛直播，这就要求数据支持方能够从技术上解决。只有这样，才能满足更多爱好者的信息需求。数据价值有限的特点。在大数据的技术环境下，我们要对数据的价值做出评估会相对困难，不过总体上笔者认为，数据的价值虽然很大，但还是较为受限的。在大数据的技术环境下数据价值受限的原因主要体现在以下方面：第一，这是因为许多线上的数据有极大的可能是错误的或者说不准确的，需要过滤和判断。例如，一些民俗体育爱好者在线注册的时候，极有可能填写的不是准确的信息，如年龄、爱好等，也有可能是在于数据本身的时效性。第二，数据收录过程中的遗漏或数据收集结束较长时间未对数据进行处理。时间过长有可能产生大量的冗余数据，进而影响数据的使用效率和使用价值。原始数据必须利用一定的技术进行筛选和加工后才能成为可以使用的数据。这就要用到大数据技术和云计算技术。不过，当前数据产生的速度已经远远超出了电脑的计算能力。可以说，大数据技术具有两面性，其对民俗体育来说，机遇与挑战并存。我们的民俗体育传承工作应该在积极适应大数据的技术环境下，充分利用大数据技术的优势，将民俗体育工作发扬光大。

2. 民俗体育在大数据的技术环境下的机遇

（1）宣传机遇。宣传民俗体育的目的主要是引起人们的注意，让有兴趣的人了解民俗体育，并进一步改变人们对民俗体育的刻板印象。以大数据技术为依托的民俗体育宣传活动会比以往的宣传有所变化。这种变化主要体现在三个方面：宣传渠道更加优化、宣传信息能够更加准确地到达受众手中、更加强调互动性。大数据支撑下的宣传工作主要借助互联网技术和互联网平台，属于一种精准宣传，其精准的信息推送方式能够有效到达民俗体育爱好者的接触范围内，使得民俗体育的宣传效率和质量有极大的提升。

变化一：实现渠道优化。目前的情况下，由于大数据技术的运用仍然较为有限，因此民俗体育传播的媒体既有传统媒体，也有新媒体。优化传播渠道的目的就是根据民俗体育文化的不同特征和其相关爱好者的特征来选择适合的传播媒体渠道。例如，一些民俗体育爱好者如果是老年人，就更加适合选择传统媒体，而如果民俗体育爱好者是年轻人，则宣传工作适合新媒体。这是基于不同年龄段人群的媒体接触习惯来考虑的。

根据媒体的互动性强弱我们可以将媒体分为两类：传统媒体和新媒体。传统媒体的互动性较弱，主要包括报纸、杂志、图书、电视、电影、广播、户外媒体等。新媒体的互动性较强，它主要包括传统互联网和移动互联网等。传统媒体的信息传播模式主要以单向传播为主。这里需要说明的是，并不是所有通过手机或者网络形式的传播类型都可以称为新媒体。因为新媒体和传统媒体的最大区别在于传播形式上是双向传播还是单向传播。在大数据的技术环境下人们利用新媒体的数据挖掘能力和技术优势赋予了民俗体育新的灵魂。这是因为新媒体的传播行为主要以数据分析和数据处理为基础。大数据环境下新媒体的优势日益明显并且呈现取代传统媒体的趋势。这一点主要表现在：第一，大数据的技术环境下能根据民俗体育爱好者的相关数据分析对最适合个体用户的宣传渠道进行确定；第二，民俗体育爱好者可以主动通过网站、微信公众号、索引文章、App 程序等搜索自己需要的信息，从而实现宣传渠道的优化。

变化二：精准信息推送。这里所说的精准推送指的是系统所推送的每条信息都是与用户有关联性的信息，是借助大数据技术作出判断后所做出的行为。精准的前提条件是基于对海量数据的分析。这些基础数据主要包括：用户的信息搜索行为、网络浏览行为、消费行为等，以及 QQ、微信、微博、Facebook 等社交媒体的动态数据。在分析了这些基础数据后，就可以获取具体用户的相关特征。在推动信息的时候，我们就可以按照用户的年龄、文化结构、兴趣爱好等多个维度的数据有针对性地向民俗体育爱好者推送信息。目前，由于许多民俗体育的数据建设还十分有限，因此还很难达到完全精准地向具体的个人爱好者推送。比如，QQ 空间的“可能认识的人”这一功能，就是根据你加入的群、你的毕业院校、你的家庭住址、你的工作单位等向你推荐与你有共同经历的好友。我们同样可以借助大数据的技术优势精准推广和有效宣传民俗体育文化，避免无用数据的干扰和相关资源的浪费，提高民俗体育推广的质量和效率。

变化三：即时互动。大数据的技术环境下因为媒体传播出现了互动性，所以这一点改变了民俗体育的宣传方式和宣传理念。传统媒体的宣传方式是无差别的覆盖式宣传。这种宣传方式很难立即获知传播效果。传播效果必须借助后期调查来获取。而在大数据的技术环境下我们能借助大数据平台立即获得宣传效果，及时发现宣传的盲区和弱点，有针对性地加强。例如，一些视频网站上所出现的弹幕功能就是一种很好的互动传播。视频发布者借助大数据技术对视频观看者的感受了如指掌，并可根据视频播放过程中的具体情况及时作出调整。借助即时互动手段，我们能掌握每个民俗体育爱好者的相关特征，并根据相关特征把最适合的内容提供给他们，以此扩大民俗体育的受众规模。

大数据的技术环境下的传播方式主要有以下几个新的趋势：第一，民俗体育传播的形式越来越多样化。科学技术的发展或多或少会引起信息传播方式的变化。例如，造纸术发明后兴起了纸质传播媒体；电子科技发明后兴起了广播、电视等传播媒体；互联网技术发明后兴起了网络传播媒体。互联网尤其是移动互联网技术的发展使得信息传播的方式发生了彻底的改变，信息传播的形式有了更多的可能性。就民俗体育活动来说，在互联网技术发展以后，其传播形式已经从纸质媒体为主转变为数字化传播、云传播等为主。第二，传播主体多样化和个体化。大数据时代的信息传播主体可以是传统媒体，也可以是政府机构、学校、企业等，还可以是个体。随着科技的进步与互联网技术的发展，许多网络用户都可以借助社交平台或者其他互联网媒体平台把自己收集的相关信息分享到网络平台上，供他人阅读。自媒体的出现将原来泾渭分明的信息传播者与受众的界限模糊掉了。在网络世界中，一个人既可能是信息的发布者，也可能是信息的接受者。因此，我们应该充分借助互联网的传播优势，利用各种宣传媒体，突破时空限制地传播民俗体育，只有这样，才能真正将民俗体育资源在网络上实现共享。在当前网络应用日益多样化的情况下，我们要善于利用层出不穷的网络应用技术，加强宣传、推广民俗体育文化，这样才能真正为民俗体育的传承提供一个良好的发展平台。例如，我们可以用视频或者音频的形式呈现优秀的民俗体育活动，制作精美的民俗体育视频类产品，然后积极探索与一些网站合作来提高视频的点击率，扩大其影响力，让人民群众通过传统互联网或者移动互联网终端就能见识到民俗体育文化的魅力，最终实现对民俗体育文化的宣传。另外，我们还可以借鉴娱乐圈的热点模式，把民俗体育与时事热点或者其他社会热点建立联系来策划民俗体育活动的话题和活动。与热点的结合往往能增加民俗体育的关注度，增加其粉丝量和用户黏性，以便全方位、多角度地宣传民俗体育活动。

（2）传承机遇。①虚拟化传承。大数据的技术环境下民俗体育传承模式已经发生了翻天覆地的变化。这种变化主要体现在：过去的传承方式主要是人对人、面对面的传承，民俗体育的传承主要依托传承人进行；大数据的技术环境下新的传播技术将会彻底改变这种传统的传承模式，为民俗体育的传承带来了新的机遇。这种新的机遇就是虚拟化传承。虚拟化传承指的是利用新型交互设备和虚拟现实技术来实现民俗体育传承的目的。虚拟现实技术兴起于 20 世纪 80 年代，发明的初衷是美国军方为培训飞行员，借助计算机和传感器搭建出一个虚拟环境，通过头盔、手套等各种传感器实现人与计算机的听觉、视觉交互，是多源信息融合的三维交互式技术。虚拟现实技术是一种多源信息融合的交互式的三维动态视景和实体行为的系统仿真系统，可以生成模拟环境，可以通过对民俗体育活动建模来模拟民俗体育传承中所需要的一切道具场景，帮助实现民俗体育虚拟化传承。可以说，虚拟现实技术的引入使得虚拟民俗体育传承成为现实。②资料无损保存。无损，是指没有伤害、未损害。民俗体育资料作为数据，在民俗体育传承中作用重大。传承人是大多数民俗体育活动的传承主体。民俗体育传承受自然环境、社会环境、人文环境等各方面的影响。各种因素的不稳定性会使得民俗体育资料存在失真和丢失。我们可以通过整理、挖掘民俗体育文化的相关数据资源，将其转化成各种类型的数据资源并保存。数据具有存储成本低、易复制的特性，这可以大大提高民俗体育的安全性。数据化以后的民俗体育会随着时间的发展而发展，民俗体育的各种发展变化都会被完整保存。这一点能够极大地丰富民俗体育内容的内涵，也能提高民俗体育的传承水平。

（3）民俗体育科学研究机遇。大数据的技术环境下为民俗体育的学术研究也带来了机遇，主要体现在：大数据技术将给民俗体育学术研究从研究方法、研究模式等方面带来创新的可能性。大数据的技术环境下，数据采集的样本将由部分数据样本转变为全部数据样本。例如，由于采集工具、数据容量大小、数据分析条件等的限制，传统意义上的学术研究基础数据都是采集的小样本数据。小样本数据尽管具有科学价值，能够在一定程度上为民俗体育的学术研究奠定基础，但我们应该承认的是抽样数据仍然存在一定的局限性。不过在大数据的技术环境下这种状况发生了明显的转变。技术的发展使得传统数据样本被整体数据样本取代。大数据的技术环境下新理论、新观念、新技术及海量数据将对学术研究的方法创新带来新的机遇和可能性。

大数据的技术环境下的民俗体育学术研究会发生以下改变或者创新：第一，传统民俗体育学的研究方法将从大数据的数据获取和数据分析中获得新的方法和技术支撑。第二，传统的研究方法中常用的问卷调查方式将逐渐式微，整体数据样本将成为新的趋势。借助各种传感器收集起来的海量数据尽管存在一些虚假的数据和无用的数据，但其真实性和可信度仍然比传统调查问卷的真实性和可信度要高很多。第三，学术数据将由强调收集转变为强调挖掘。大数据的技术环境下的各种传感器、各种智能设施随时都在收集相关信息。大数据的技术环境下学术数据分散在各个数据库中，必须借助一定的专业人员才能将学术所需的数据及其潜在的价值挖掘出来供研究者使用。第四，大数据的技术环境下将深度融合定性与定量研究，革新研究方法。第五，互联网已经日渐成为民俗体育学术研究的主要阵地和平台所在。第六，大量新的软件和硬件将被应用到民俗体育学术研究中。

3. 大数据技术对民俗体育传承的挑战

大数据技术的发展给民俗体育的相关工作带来了机遇，但同时也带来了挑战，这个挑战主要体现在数据采集和数据应用两方面。

（1）数据采集挑战。①史料不全。大数据的技术环境下所有的分析和处理工作的基本对象都是数据。例如，数据不准确或者不完整将直接对数据分析的结果产生不利影响。文字可以说是民俗体育文化传承的主要载体。我国是多民族和谐共存、团结发展的国家，多样化的民族文化同时也造就了灿烂多样的民俗体育文化。我国少数民族中拥有文字的有19种，还有30多个少数民族仅有语言而没有文字。一些少数民族由于缺乏文字，对民俗体育文化的传承带来了很大的影响。新中国成立后，普通话被越来越多的少数民族使用，也对民俗体育文化的传承工作造成了一定的影响。由于区域经济和社会的发展不平衡，不同地域民俗体育信息的完整性也不一致。这在一定程度上会影响民俗体育数据库的用户体验，也会影响民俗体育的研究工作。②民俗体育文化内涵的过滤。随着社会文化环境的变化，民俗体育的传承和民俗体育的形态都会发生不断的变化。在这些变化的情况下，民俗体育的价值和意义就有可能随着社会环境和社会需求的改变而不断拓展。因此，民俗体育的保护和传承工作不能采用简单记录的方式。民俗体育的传承和发展离不开人民群众的社会生活，只有让其真正地融入人民群众的日常生活中，其才会具有真正的生命力。我们人类创造文化的目的是满足人民群众对美好生活的向往。民俗体育文化假如失去了生命力，我们还要使用一切技术对其进行保护，这样做的意义不大。我们可以将民俗体育信息以数字符号的形式长久保存起来。不过数字形式仅仅能够保存民俗体育的“外在形状”，却很难兼顾民俗体育文化的“内在因素”。民俗体育活动不能脱离一个区域的人文环境和自然环境而单独生存。让冰冷的数据具有温度，将民俗体育的内在和外在融合起来保存，让民俗体育活动富有生命力和感染力是大数据的技术环境下我们必须解决的一个课题。

（2）数据应用挑战。①民俗体育可用数据资源不足。大数据的技术环境下的一个特征是数据量庞大。不过数据量大并不代表着我们一定能从海量的数据中找到我们需要的数据。假如不对民俗体育的相关数据有意识地采集，民俗体育的数据更不会自动转化成我们所需要的数据资源。数据规模越大，则供给挖掘、分析的资源就越多，数据越丰富，则对民俗体育的决策越有利，可满足分析的角度也就越多样。这当然不是说分析民俗体育相关问题所需要的数据越多越好，而是说数据特征越接近全部特征就越接近真相。因此，在大数据的技术环境下，开展民俗体育传承工作首先要面对民俗体育资源不足这个问题。②数据壁垒现象严重。因为数据资源分别控制在不同的企业和部门那里，容易形成信息孤岛，就使得进行大数据分析的时候必须跟很多企业和部门沟通或者申请才能获取需要的数据。数据孤岛现象和数据壁垒现象十分突出。在大数据技术的实际应用中，所收集的数据越丰富、越完整，大数据分析就越能发挥其价值。以腾讯、人人网、微博等为代表的社交平台提供了民俗体育爱好者的相关行为数据。民俗体育爱好者通过网络搜索信息、购物、休闲娱乐等产生的相关数据都是互不关联的。随着手机的智能化和电子产品的多样化，民俗体育爱好者的互联网行为数据越来越出现碎片化的趋势。单纯以某个单项或者某个类型的数据进行分析在很大程度上得不到任何有用的信息，更别谈充分利用这些数据了。当然，如果我们能将体育爱好者在互联网上的碎片化数据整合起来利用，再运用一定的算法进行分析就可以勾勒出一幅的完整的、详尽的网络足迹图。网络足迹图能够准确地反映民俗体育爱好者的性别、爱好、性格、健康状态、消费习惯等一系列特征。民俗体育工作者就可以根据这些数据，再结合某一民俗体育的特点进行“点对点”的高效传播和传承。现实的情况是数据壁垒、数据鸿沟等现象较为普遍。数据壁垒和数据鸿沟已经严重阻碍了民俗体育的传播和传承。在这种情况下，大数据中蕴藏的价值很难充分发挥出来，给民俗体育的资源传播和数据共享带来了很大的困难。如何打破数据壁垒，将政府、企业、部门、组织等多方的数据资源整合起来，真正地让民俗体育数据发挥作用是大数据时代必须解决的问题。③数据质量良莠不齐。数据质量的高低决定了民俗体育文化数据的质量。因为数据量比较大，在收集数据的时候难免存在一些错误的数据、不准确的数据、垃圾数据、虚假数据等。这些问题数据常常混杂在没有问题的数据中，如果不经过认真的处理则必定会给数据使用人员造成损失。出现这些问题的原因是方方面面的，主要表现为以下形式：因为民俗体育数据资源丰富，种类繁多，在采集民俗体育数据资源时常常受到多方面因素的干扰。例如，我们在对某个少数民族的民俗体育活动进行数据收集时，会受到少数民族的语言、风俗习惯、信仰等的限制，由于对其不懂或者一知半解，在将其翻译成汉语的过程中难免会使其信息有所流失；有的民俗活动由于本身传承人的信息就已经不完整或者式微，这样收集的数据就是不完整的，也有可能是错误的，这种情况也会导致数据出现问题；对同一项民俗体育文化，不同知识背景的人的认识和理解也可能存在偏差，尤其是关于一些民俗体育活动的起源问题。例如，关于赛龙舟活动的起源、关于舞狮活动的起源等目前无论在民俗体育学术界还是在民间都存在多种不同的说法。单就舞狮活动来说，关于其起源就有五种不同的说法。这一点无疑为舞狮起源的相关研究造成了极大的困扰，也就会干扰影响民俗体育数据的质量。因此，可以说，民俗体育数据、质量的把控难度将是其在大数据技术环境下面临的一个挑战。④缺乏综合型人才。民俗体育知识是核心数据，民俗体育数据人才则是核心资源。一切工作的开展都是以人为中心的。人才是用大数据技术来解决民俗体育数据化问题的，所以一个符合要求的民俗体育数据人才必须具备相关技术，同时还要掌握民俗体育的相关知识，才能满足大数据技术环境下民俗体育发展对人才的需求。由于大数据技术环境下数据量十分庞大，数据的价值密度不高，数据类型十分多样，加上数据收集的时间限制，我们要快速、准确地从海量、多样化的数据中筛选、甄别出有用的数据，就离不开既懂民俗体育文化又懂数据挖掘技术的复合型高端人才。目前的情况是懂得民俗体育文化的人不懂得大数据技术的运用，而大数据方面的专业人才又不懂得民俗体育文化，这就是民俗体育在大数据环境下面临的较为尴尬的处境。复合型人才的缺乏可以说是民俗体育与大数据技术结合所面临的一个挑战，也可以说是最大的挑战。笔者认为，一个复合型的民俗体育数据人才应该具备以下能力：计算机技术；数学、统计、数据挖掘等技能；数据可视化技术；民俗体育相关知识。其中，计算机技术、数据挖掘技术是必须掌握的技术，要从海量、多样的数据中发现我们所需要的数据，这两项技术是必不可少的，也是最基本的；数据可视化技术主要是将关系复杂的数据用简洁明了的图形展示出来。目前，高等学校的民俗体育专业中几乎没有设置数据分析相关课程或者相关专业。一些民俗体育方面的数据分析人才大多是计算机专业的背景。他们精通计算机技术、大数据技术、移动互联网技术等，但是对民俗体育的了解却十分有限。如果要从事这项工作，而不了解民俗体育活动的历史背景、文化渊源、技术要领、所具有的特点就很难从民俗体育活动的视角对数据进行收集、整理和分析。这样的话，分析所得到的数据就与实际情况有所偏差甚至相去甚远，这些数据的使用价值也无法体现。虽然民俗体育工作者或者研究人员十分了解民俗体育的相关知识和文化背景，不过因为大多数的民俗体育工作者或者研究人员不懂得相关计算机技术、大数据技术、可视化技术，就很难获得想要的数据，把民俗体育通过简单易懂的图形呈现出来就无从谈起。这样的情况下，让民俗体育数据的使用者直接去看数字就很难发现其中隐藏的关系，自然也就谈不上利用大数据的优势了。

⑤法律法规不健全。目前，我国有关民俗体育数据使用的相关法律还有待加强。这一点使得那些需要民俗体育数据的企业或者单位会有所顾忌。这个原因主要体现在两个方面：一是数据权属规定不清，这一点可以理解为民俗体育数据的所有权与使用者无关，使用后可能会产生纠纷；二是一些数据会涉及隐私、伦理等较为敏感的话题。随着大数据技术的发展，越来越多的民俗体育信息被数字化，大量数据的出现使得建立、健全数据管理的法律法规越来越

重要。这些法律法规主要解决的是数据安全、数据隐私、知识产权和责任等问题。另外，大数据技术的飞速发展还带来了隐私和数据间作出选择的问题。大数据的技术环境下民俗体育的数据化需要所收集的数据越全面、越完整越好，平台可依据民俗体育爱好者的年龄、兴趣爱好、学历等个人信息向其推选民俗体育相关的旅游信息、民俗体育纪念产品广告等。但是这样就难免会触碰个人隐私数据，极容易造成个人隐私的泄露，给用户个人带来损失。不过，民俗体育爱好者也将这些类别的数据视为个人隐私，对个人隐私信息是否会泄露存有担忧。另外，数据的所有权也是必须面对的问题。因为民俗体育的信息一旦转化为数据就极易被复制或者下载，这样就极容易造成知识产权的流失。例如，有的民俗体育爱好者在观看民俗体育活动的过程中拍摄出相关比赛视频或者图片，当平台利用这些民俗体育视频或者图片获取相关收益后该如何对这些收益进行分配呢？这些收益是归拍摄者所有，归民俗体育比赛者所有，还是归网站的运营方？民俗体育数据的知识产权问题是一个必须面对的问题，因为它是民俗体育文化保护的核心所在。此外，还有与责任相关的问题：例如，相关的数据分析报告在交付使用后产生了极大的问题和不良的后果，这个责任是数据提供方来付，还是数据分析方来付呢？责任人又该承担多大的责任？这些法律问题应该首先规定清楚。有了法律保障的前提，民俗体育的数据服务才能够安全、高效地进行。

三、大数据技术与冰雪民俗体育的传承

当前，民俗体育传承工作出现了一定的困难，这个结果既有必然性因素也有偶然性因素。对于民俗体育传承来说，大数据技术可以说既带来了挑战，也带来了机遇。面对新的形势和环境，我们应该积极探索民俗体育与大数据技术结合的方法和成果，为民俗体育文化的传播与传承寻找更多的可能性。

1. 建立民俗体育数据库

建立民俗体育文化数据库，对大数据技术条件下的民俗体育传承和保护

工作意义重大。建立数据库分类整理民俗体育资源是提高民俗体育文化利用数据的基本条件。例如，知识分享类的数据库或者网站代表是百度百科。截至目前，百度百科总共收录了1300多万条名词词条，这些词条的编辑涵盖各个领域、各个方向，在这个过程中有近600万人次参与了相关词条的编撰和上传工作。可以说，这种百科式的数据库对民俗体育的数据库建设也是一个很好的启示。具体启示主要有以下几点。

（1）民俗体育数据架构设计。民俗体育数据库的设计理念强调分享、合作、平等、自主。每个民俗体育爱好者都可以以相互平等的身份参与建立、修改、完善民俗体育的数据库。人们通过协作编写、知识共享等让每个民俗体育爱好者都能够在这个数据库中获得想要的知识、服务和附加值。应用民俗体育数据库能够刺激每一个民俗体育爱好者的智慧、灵感和创造能力，激发民俗体育爱好者的积极性和热情，帮助民俗体育爱好者团体搭建起高效的沟通机制和交流平台，最终满足多个层次、多个文化背景的民俗体育爱好者的知识需求。从这个角度来看，民俗体育爱好者不但是民俗体育数据库的建设者和缔造者，还是民俗体育数据库的受益者。民俗体育的数据库主要包括名词词条模块，相关民俗体育展示文字、图片、音频和视频等模块，民俗体育爱好者论坛模块，网站运营管理模块等。随着这些模块的完善和充实，民俗体育爱好者就能够在数据库中搜索相关内容，进行学习和交流，并能够将一些新的数据补充到这个数据库中来，以此分享给其他民俗体育爱好者查阅、使用。

民俗体育数据库运作程序如下。

第一，规范词条编辑。我们应该加强对民俗体育词条的编辑管理，以防止无效的词条和广告性词条出现。制定民俗体育词条编辑的规则和规范，促使民俗体育词条的创建、编写规范有序。这样做的主要目的在于提高词条的质量。民俗体育词条的构成主要包括参考资料、项目名称、项目内容、项目简介、扩展链接等条目。

民俗体育活动词条数据库建立应该符合以下标准：①数据库中各个项目

的名称分类准确、清晰、规范、合理、完整，这样才能够方便民俗体育爱好者检索信息。②项目的概述应该权威、全面、完整、规范。作为民俗体育数据库的第二级别检索条件，要求概述部分内容必须准确概括民俗体育活动的特征、概况、现状、趋势、前景等。③项目内容应该尽可能全面、翔实、准确。项目内容主要包括项目的演变和发展历史，项目的规则和玩法，项目技术要领，项目的技巧。这些内容的数据形态可以是文字性的、图片性的，也可以是视频和音频、三维动画等。从媒体形态来说，可以是图书、纪录片，也可以是广播、电视、电影等。④链接模块要求所链接的内容具有相关性，且是对该数据库的补充和强化。这个模块的目的在于满足民俗体育爱好者对于相关知识或者信息进行更进一步的了解和获取需求，同时还能够让数据库针对不同民俗体育活动的不同性质、特点来链接相关的民俗体育文化。因此这个模块可以实现资源整合。例如，龙舟比赛爱好者在检索龙舟比赛词条的相关数据时，数据库就可以将包含龙舟比赛的期刊、图书、纪录片、电影、广播节目等推荐给龙舟比赛的爱好者，以最大限度地节省人们的时间，提高检索效率。⑤参考文献这个模块设置的主要目的是预防相关的知识产权侵权活动，以此来保护民俗体育数据原创者的合法权益。其次，建立编审系统及投诉系统。这个模块设置编审系统的主要目的是提高民俗体育相关词条的质量和权威性，还可以对知识产权进行保护。该模块设置投诉系统的主要目的是方便人们及时反映相关问题，并与数据库管理者进行交流和沟通。因为对民俗体育词条进行编辑的人水平参差不齐，高低有别，所以民俗体育数据库中的相关词条的质量和权威性难免会受到影响，同时因为法律意识等的问题，在进行民俗体育词条编撰的过程中难免存在侵犯别人知识产权的行为。因此，编审系统和投诉系统的设置就可以解决这两方面的问题。最后，民俗体育的词条可以呈现为多语种，以满足不同语言环境人群的需要。大数据的技术环境下，我们构建民俗体育数据库应该具备国际视野，放眼世界相关领域的前沿技术和先进做法，与世界性的平台相融合，以便其向全世界传播。建立民俗体育数据库的前期，我们应该充分考虑做出中英文对照的形式。当民俗体育数据库完善并走向成熟后就可以考虑将其翻译成其他语种的文字。多语种翻译的目的在于满足世界各国民俗体育爱好者。

第二，建立激励体系。由于进行民俗体育词条编辑很难获得直接的经济效益，因此，为了使民俗体育数据库具有更大的吸引力，拥有更多的粉丝，提高粉丝的积极性，笔者认为，还应当制定一套完善的民俗体育激励措施。首先，建立了奖罚体系。设立虚拟货币或者积分奖励参与民俗体育数据库编辑的爱好者。网站可设立一个专门的虚拟商店，可根据民俗体育爱好者的个性化需求从头像类型、皮肤、等级、称号、民俗体育活动图片等数字化产品对那些对数据库作出贡献者进行奖励。民俗体育爱好者在完成特殊的任务后能够获得体育民俗相关头像、相关称号、相关荣誉等。这种做法主要根据参与者对民俗体育所作贡献的多少进行评价，将对民俗体育贡献突出的呈现出来。

根据对民俗体育的爱好程度，我们可以将一些特殊的民俗体育爱好者分为以下两类。①核心民俗体育爱好者。核心民俗体育爱好者是从所有民俗体育爱好者中选拔出的表现积极者。这些表现积极者对民俗体育活动的常识十分了解，也具有很好的整理和撰写民俗体育文字信息的专业能力。达到一定级别的民俗体育爱好者就可以申请核心成员的资格。在获得批准后就享有民俗体育核心成员的身份与特权。这些特权主要包括：得到核心成员的身份认证和标识的相关证件；加入民俗体育核心成员阵地；获得补充相应词条或信息，并对其进行修改、完善的权利。②数据整理分类爱好者。此类民俗体育爱好者主要是选拔出来对于民俗体育活动的数据整理和分类工作，并针对不同民俗体育爱好者的需求开展推荐和编辑工作。假如民俗体育爱好者特别对民俗体育数据库的项目或者领域有所专长，并自主进行申请担当某一项工作，就可以在组织批准后进入团队。

第三，开展相关特色活动。到目前，笔者认为，民俗体育吸引人民群众的工作可以从以下方面开展：建立民俗体育多语种对照词条；选拔并认证优秀民俗体育爱好者；积极开展民俗体育特色活动。开展民俗体育特色活动不仅能激发人民群众的积极性、活跃度，在人民群众的积极性提高后还可以丰富民俗体育的词条，丰富民俗体育数据库的内涵。这里我们针对民俗体育相关特色活动的开展提出以下几条措施：①设立任务发布平台。根据采集整理民俗体育活动的不同情况，一些民俗体育活动的数据会因为收集的难度而出现空缺。要想不断充实民俗体育的数据库，增强民俗体育数据库的用户体验感，笔者认为，数据库运营者可定期对体育数据库的民俗体育词条空缺者或那些人民群众满意度不高的词条作出标记，并择机进行完善和补充。②评选“民俗体育之星”。评选“民俗体育之星”这一做法的目的是激励优秀的民俗体育爱好者。这种评选工作可以每周进行一次，也可以每月进行一次或者两次。③精彩推荐。设置这个模块的目的是将优秀民俗体育传播到更多的民俗体育爱好者中间。“精彩推荐”所推荐的内容可以推荐给民俗体育爱好者，也可以根据近期民俗体育领域热度较高的民俗体育活动作为推荐的对象。精彩推荐的内容在完成审核后就可以被放在网站首页的推荐模块上。进入大数据的技术环境下以后，民俗体育数据库可以被看作民俗体育传承的基础。民俗体育数据库的优势在于它能够极大地增强民俗体育的网络化和数据化，有利于民俗体育在大数据的技术环境下的传承和传播。

（2）民俗体育数据库可行性分析。①互联网的普及。从 1969 年诞生到如今的近 50 年时间里，互联网取得了迅猛的发展。互联网对全社会的作用有目共睹，它的传播能力大大超越了以往的任何一种媒介，如报纸、广播、电影、电视等。互联网从萌芽阶段主要应用于军事领域，到现在已经在政治、文化、科研、经济、教育等方面发挥着巨大的作用。发展到现在，互联网已经与人民群众的生活息息相关。我们每天的生活几乎可以说，都离不开网络。从获取新闻资讯到进行网络社交活动，从相关信息检索、查询到电视节目、电影等几乎社会生活的方方面面都被搬上了网络，人民群众的许多需求都可以借助互联网来实现。

目前，互联网的影响力不断加大、互联网应用的领域也不断拓展，应用的程度也不断加深。可以说，互联网已成为我国经济增长、社会发展的助推器。2018年的互联网统计报告中显示，2017年年底我国网民的规模达到7.51亿，互联网的普及率已经达到54.3%。其中，乡村网民的占比达到了26.7%。在我国使用手机上网的人达到7.24亿，我国网民中96.3%选择手机作为上网设备。这些数据告诉我们，我国的互联网发展已经进入大繁荣、大发展的层次。我国互联网的普及率已经相当高。其中，在乡村地区手机是主要的终端设备，乡村地区的互联网发展十分迅速。民俗体育活动大多数发源于乡村，与乡村关系密切，乡村地区互联网的迅速发展为建立民俗体育数据库提供了基础条件，让乡村地区的民俗体育爱好者有了参与民俗体育数据库建立的可能性。②智能终端的普及。智能终端——手机的大力普及为建立民俗体育数据库提供极其便捷的工具。当前，通过手机来上网的网民越来越多，手机的智能化给人民群众的生产、生活带来了极大的便利，当然也为民俗体育数据的收集、整理、发布、传播等带来了极大的便利。2018的互联网调查报告已经表明，2017年我国网民通过手机上网的比例高达96.3%。智能手机以其便捷、方便、功能完善、易于携带等明显的优势逐渐成为人们最主要的上网设备。智能手机照相、视频、录音等功能越来越完善，对民俗体育活动一般数据的采集和发布来说绰绰有余。人们随时随地都可以将身边正在发生的民俗体育活动记录下来，作为民俗体育数据库的一部分保存下来。在手机这种智能终端流行之前，人们主要用照相机、摄像机来对民俗体育活动进行记录。尤其一些过去的大型庙会或者重大节日庆典上，由于当时的照相机和摄像机的价格昂贵，乡村几乎没有这种设备，所以很难应用到民俗体育的保护上。随着智能手机等智能终端在乡村地区的普及，民俗体育数据收集工作如同有了翅膀，将显得轻而易举。

2. 整合数据资源，打造民俗体育平台

整合民俗体育现有的数据资源，打造民俗体育平台。这一措施指的是通过建立多功能的网络数据平台将所有民俗体育相关数据整合起来，重新配置数据资源、优化数据资源以达到最终数据增值的目的。民俗体育数据共享平台可以将民俗体育相关数据进行整合，并应用到民俗体育的传承工作中。大数据平台的建立宗旨在于实现民俗体育文化数据资源的共享，有利于加强对民俗体育活动的追踪、跟进、数据收集、数据分析，最终实现民俗体育数据资源的增值。大数据整合分析技术可以提高民俗体育数据资源利用效率，挖掘许多新的价值，促进数据价值的最大化。因此，本书以国内大数据平台的相关设计、建设的经验为基础，结合民俗体育传承中的实际需求提出民俗体育大数据平台构想。我们将民俗体育大数据平台分为以下组成部分：数据存储平台、数据计算平台、数据调度平台、数据服务平台。民俗体育的相关数据收集结束要集中到数据存储平台中。数据存储平台主要用于保存各种各样的民俗体育数据；数据存储平台还可以给以后留出相关的扩展接口，以便以后扩展功能时使用；数据存储平台还可以将其他的存储功能置于这个平台下，以充实其功能。数据计算平台这个模块的主要功能是对民俗体育数据进行分析。数据计算平台下面包括两个板块：一是数据请求板块。数据请求板块主要是将使用者所请求的数据从多个角度做出确切的界定。大数据平台依据所提交的数据分析需求计算出所需要的结果，然后将相关结果在数据查询板块提供给数据需求者。假如有不符合要求的数据就可以与数据分析人员进行直接沟通与交流。数据调度平台主要功能是协调处理各种外部数据。该模块主要借助通信查询协议将外部数据调入大数据平台进行计算。数据调度平台是民俗体育大数据平台的关键和中枢，它能打破各个数据源间的数据壁垒和数据鸿沟，真正地将数据平台中收集的全部数据资源充分利用起来，实现数据的最大价值。数据服务平台是大数据平台的门户。数据服务平台主要包括三个模块：交流模块的功能是满足民俗体育爱好者交流经验、互相学习、组织活动所需；广告模块的功能主要是宣传和推广民俗体育活动，其内容主要包括各种民俗体育活动的音频和视频、大型赛事视频等，广告模块可结合数字博物馆或者智慧博物馆等展示手段实现宣传、推广民俗体育活动的目的；查询板块则可以搜索到所需要的信息，这些信息包括相关民俗体育活动的历史知识、活动视频、教学课程、场地信息、天气预报、讲座预告等功能多样的查询模块。

（1）大数据存储平台。

大数据存储平台是大数据平台的根基和基础，主要满足民俗体育数据信息的存储。存储平台的功能主要在于存储民俗体育文化数据、民俗体育比赛相关数据、民俗体育爱好者的身体状况数据、民俗体育服务相关数据等。当然，存储平台是开放式的平台。这种开放式的平台对后期民俗体育数据的持续采集和更新十分有利。这种开放的平台能够把民俗体育相关的数据收集进来，对民俗体育研究、信息服务、问题分析、用户服务等都能提供强有力的数据支持。例如，大数据存储平台对舞狮的传承将大有裨益。借助相关平台，舞狮爱好者就可以了解舞狮文化、舞狮的规范操作、舞狮的动作要领、舞狮的窍门。在了解了这些基础信息之后，舞狮爱好者还可以借助平台找到自己满意的舞狮师傅，来对自己的舞狮学习进行相关的指导。另外，练习舞狮需要一定的场地，这些场地要求有梅花桩等基础设施。这些信息都可以借助存储平台找到。例如，我们可以根据当天的天气选择是进行室内活动还是室外活动；我们还可以根据场地信息选择合适的场地开展活动。这样就不会受到场地的限制和影响。这些都是摆在民俗体育爱好者面前的现实问题。假如我们能够把所有的相关数据都存储在大数据平台中，就可以实现民俗体育活动的一体化服务。这样就可以减少外部条件改变而失去民俗体育爱好者。

（2）大数据计算平台。

数据计算平台主要是为个人、民俗体育传承者、企业、政府部门提供计算服务端口。一旦这个数据计算平台存储一定量的民俗体育数据就可以开展各种数据计算服务。民俗体育器材的生产企业离不开丰富多样的销售数据，以根据器材使用者的反馈来调整相关产品研发的策略或者研发、改进新的体育器材。例如，抖空竹是受到广大人民群众喜爱的民俗体育形式，假如空竹的器材既美观又舒适，就可以吸引更多的人参与到民俗体育文件中来，推动民俗体育运动的发展和传播。抖空竹运动发展到今天玩法越来越多，样式越来越丰富。由于空竹分布很广，老少皆宜，因此其传播和传承的情况较好。这是因为，学习层次、年龄、性别的不同对空竹的外观、质量、颜色、大小等要求完全不同。这个问题，数据计算平台通过将不同地域的空竹爱好者的反馈评价计算出最准确的产品需求。这一点对企业、空竹爱好者和抖空竹活动都是十分有利的。数据计算平台还能向爱好者提供相关民俗体育项目的数据使用者，这些个人数据可以帮助判断出最普遍人群的运动强度与运动时间，还可以根据总体的数据分析民俗体育活动的发展情况，并对其进行分析研究，提出有针对性的优化措施。

（3）数据调度平台。

数据调度平台是可以真正打破数据壁垒的重要措施。由于种种原因导致大数据技术运用的初期数据壁垒林立，很难真正发挥民俗体育数据的潜在价值。数据调度平台将制定各数据库的数据共享和交流规则，使得各个企业和部门开放数据接口，实现资源共享。

（4）数据服务平台。

数据服务平台是大数据平台的灵魂和核心。数据存储平台、数据计算平台、数据调度平台是大数据平台的强力支撑。大数据平台可以借助数据服务平台来实现大数据平台的落实，大数据的应用就体现在服务上。数据交流模块能够提供民俗体育与政府、民俗体育工作者间、民俗体育工作者与企业、国内外民俗体育爱好者间的沟通与交流。数据宣传板块是民俗体育的宣传平台。这个平台可以根据不同的宣传需求选择不同的媒体。例如，传统互联网和移动互联网的终端都可以作为宣传板块的主要载体。数据检索板块主要方便民俗体育数据的使用者对相关数据进行搜索使用。大数据平台是强调交互性。数据查询模块既可以为用户提供数据查询的接口，还可以结合数据库中所记录的查询数据来进行下一步的分析，优化查询内容，分析关注热点，为大数据平台的进一步优化升级提供数据服务。

3. 培养综合型人才

大数据的技术环境是一次科技应用水平的质的提升。这一点对于大数据平台的人才队伍提出了全新的、高规格的要求。大数据技术不仅要求使用者深入理解并熟练掌握大数据技术，还要求我们能高效、快速地从民俗体育数据库中检索到所需要的数据，并对数据进行分类、整理、存储、分析。对于民俗体育传承而言，能够快速搜集、检索到有效的数据并进行整合、处理、分析，就可以高效率地掌握民俗体育传承的历史脉络、现状、特征、不足与成因，从而为民俗体育的研究提供强有力的支撑。由于民俗体育传承的专业化、长期性特征，笔者认为有必要完善科学合理的民俗体育人才体系，一步步促进民俗体育人才的专业化、职业化、规模化。另外，我们还应该结合高等院校和科研机构来探索更多的发展模式，以此推动大数据的技术环境下民俗体育的保护、传承与发展。建立人才长效培养体系要求我们必须根据我国民俗体育的发展现状出台人才培养规划。完善民俗体育的人才培养和评估体系。优秀的民俗体育人才应具备基础扎实的专业知识、强力的管理能力与实践能力。因为社会的发展日新月异，知识的更新也相当迅猛，我们要解决民俗体育人才的基础知识更新滞后的状况，就必须探索成立民俗体育人才的继续教育体系。例如，成立国家级或者省级的民俗体育人才培训体系，设置满足当前民俗体育实际工作需求的继续教育课程，以提升各地工作人员的民俗体育数据分析和项目管理能力为主，为民俗体育的保护和传承工作培养拥有大数据思维、掌握娴熟的大数据技术等的综合型、复合型管理岗位人才。另外，需要注意的是，民俗体育的人才还必须具备高水平和优秀的实践调研分析能力。关于上述人才培养，笔者认为可以依托高等院校和科研机构将人才培养与民俗体育传承工作紧密结合，统筹协调推进。因为许多外国机构将民俗体育归到非物质文化遗产的范畴，所以我国民俗体育学科的构建可以把非物质文化遗产教育的相关经验作为参考，立足我国国情的实际来设置民俗体育相关的专业。高等院校和科研机构应该根据自身的实际情况和当地民俗体育发展的实际情况来确定科研方向，以便能够充分发挥自身的优势为社会培养高质量、高素质、专业化的民俗体育人才。高等院校还可与民俗体育组织合作成立民俗体育科研小组，有针对性的对某项或相似性强的多项民俗体育活动进行长期追踪，将最新的成果应用到民俗体育的保护和传承工作中。

4. 形成以法律为主的制度配套体系

民俗体育传承是系统工程，它需要长期坚持和不断加强。随着大数据技术和云计算技术的迅猛发展和应用越来越广泛，对大数据技术使用安全性也提出了新的要求。网络安全、信息安全等都是大数据的技术环境下需要关注和解决的重大问题。不过目前这个阶段，网络安全和信息安全主要存在的问题为：大数据信息保护系统还不够完善；大数据的信息保护模式还较为单一。要想使大数据技术得到更加安全、高效、规范、广泛的应用，我们就应该尽快采取相应措施，制定相关法律法规及相关行业的标准。首先，完善法律体系。大数据的技术环境下主要会产生数据版权问题、数据涉密问题、数据涉及个人隐私的问题等。因此，我们应该针对大数据的应用进行立法，对数据版权、数据应用、数据违法犯罪等进行规范与约束，为大数据技术的广泛应用提供法律依据。目前已有的法律法规对大数据领域的规范和约束能力还有待提高，因此我们应当针对互联网建立完善、科学、系统的法律法规，从根本上做到有法可依，为数据资源的开发和利用提供法律保障。其次，建立相应的行业自律机制。要明确的是建立相关的大数据法律法规并不能完全解决大数据所遇到的问题，法律毕竟不能全部覆盖大数据相关的行业行为，对于那些可能违规却并不违法的行为无法做出相应的制裁。所以大数据在加强立法的同时还应在重点行业和企业树立规范和典型，建立贯穿行业内部的自律机制，以行业和企业规章制度的形式，形成规范的书面文件范本，对其行为和员工起到约束作用。而后推广至非重点行业和企业，形成层次推广，逐级覆盖的模式，形成自律机制。这样一来，可以充分发挥企业自身作为主体的灵活性和专业性优势，弥补政策法规的滞后性。最后，建立相应的监管平台。政府应当成立相应的监管机构和服务机构，提高监管力度和专业水平。再完善的法律如果没有执行和监管就会形同虚设，如果执法不公、监管不力就可能出现权力寻租的现象，破坏大数据的制度环境，最终会危及大数据的发展。搭建公民和企业信息安全机构保护平台，同步实施监控和测评，实时监控安全漏洞的发生。鼓励第三方企业的加入，成立相关的中介方和中间人提供系统服务，比如法律咨询、专业取证和司法援助等。

第二节　黑龙江民俗体育传承

一、民俗体育文化面临的问题

我国的民俗体育文化项目根据文化的差异性可以分出很多种，有舞狮子、跳皮筋、踢毽子、打铁球、转陀螺、赛龙舟、打沙包等。在 1982 年的《中华民族传统体育志》中提到过我国的传统体育文化项目，种类繁多竟然达到 977 种。民俗体育文化在我国传统文化中占有关键的地位，是其重要组成部分，同时对于我国体育事业的发展也起到了重要的推动作用，具有无法估量的挖掘潜力。随着社会的发展，民俗体育活动越来越多，而且民俗体育活动也被纳入了非物质文化遗产。2006 年 5 月 20 日，武术、杂技、秋千、蹴鞠等运动形式的多项民族体育活动被国务院收录到我国第一批国家级“非物质文化遗产名录”中。这一项决定充分表明了民俗体育文化的重要性和社会地位。民俗体育文化往往代表着一个民族的发展，民族发展旺盛，也就推动着体育文化的进步，同时生活习惯、价值观念也会对民俗文化带来促进作用。民俗体育文化在受到大众的关注之后，也成为学者和国家重点保护的对象。在 2011 年 2 月 25 日举行的全国人民代表大会常务委员会中就提到将民俗体育文化放在核心位置，重点发展，不偏不倚，使民俗体育文化面向大众。

对于民俗体育文化来说，最重要的就是其身处的环境和背景。现代社会经济体制的改革，政治上的变动，人们文化思想观念的转变等无疑不是块影响民俗体育文化发展的绊脚石。首先，经济发展迅猛，社会改革较快，人们已经追不上时代潮流更新换代的速度，致使民俗体育文化被大众所遗忘，消费市场也逐渐减少，所能开发的资源也得不到人们的重视，使民俗体育文化项目呈现出萎缩的趋势。其次，国际政局也影响着发展动态。国际上都追求潮流化、时代化，这让我国的传统民俗体育文化不能传播到国外，不能更好地与国外文化开展合理有效的交流与碰撞，发展停滞。最重要的还是在于人们思想观念的不断转变。随着现代体育文化的传入，人们对于民俗体育文化的关注越来越少，不断淡化甚至演变为不了解这到底是什么。对此产生兴趣的人也逐渐减少，这就让我国的民俗体育文化的传承问题越发明显。如何解决这些问题，正是现在应该关注的。

二、民俗体育文化的发展价值

民俗体育文化的发展体现了中华民族共同的民族精神和民族面貌，代表了我国民族文艺世界和现代体育社会的精髓之处。发展民俗体育文化还是有很大好处的。民族体育文化为现代枯燥乏味的生活附上了点睛之笔，活跃了社会生活的气氛，有效地缓解了面对生产力的高度发展，人们需求的不断变化所产生的压力和疲劳。我国的传统体育文化还是比较死板的，固定的项目，一成不变的规则，注重健身性，打压着人们的创新精神和爆发力。而不同于这一点的是，民俗体育文化具有娱乐性。因此，多举行民俗体育文化活动对于我国总体的体育运动的发展是有帮助的，丰富了它的内涵，也为人们提供了多样的选择。民俗体育文化能够帮助我国加强与国际上关于文化的交流力度，但要保证我国文化不被国际潮流文化趋同化，使其失去自身的特色和只有自己才具有的韵味。开展民俗体育文化活动能够提高人们的生活质量，强身健体，减缓压力，使人们的生活状况和精神状况都得到显著提高。在交际方面，民俗体育文化同样能加强人与人之间的交流，拓宽自己的朋友圈，陶冶情操，愉悦身心。

三、黑龙江民俗体育文化的传承与发展

对于文化，要想让它发扬光大，被众人熟知，首先要做的就是将其传承和发展下去。对于黑龙江来说，可以通过以下措施来解决民俗体育文化的传承和发展问题。

1. 加强民俗体育活动普及

人们对于黑龙江民俗体育文化的了解比较浅薄，首先向大家介绍关于此项目的概念和内涵，了解黑龙江的风俗习惯，知道它的体育活动的由来，将一些基本知识普及给大众。

2. 引进学校体育活动

将中小学里面的体育活动引进到生活中，使得民俗体育文化变得更加丰富多彩，提高人们的兴趣程度和参与度。

3. 开发黑龙江民俗体育文化旅游业

旅游业的发展对一个地方的经济来说推动作用是很大的，外地人到这个地方来，消费是必不可少的，促进了消费市场的发展，也带动了这个地区的经济发展，从而更有利于文化的传播。人们来到这个地方，亲眼看见、亲身经历民俗体育文化的美妙之处，从而使其对于该种民俗体育文化的接受程度也提高了。

4. 设置管理机构

文化的发展离不开人们的管理，管理机构的设立有利于民俗体育文化发展更具有效性和正确性，不会步入歧途，越走越偏。管理人员应该制订正确的策略和计划，为民俗体育文化的未来发展做出合理的规划，并保证该文化的未来发展道路呈现不断上升的趋势。

5. 规范民俗体育活动发展

民俗体育活动要发展，政府的支持也是必要的。政府应加大投入的力度，保证民俗体育文化能够发展起来。一套完整的政策和规范也为该项目的发展助一臂之力。

我国民俗体育文化应在现代体育文化的强力冲击下仍在国际文化中占有

一席之地。加强对民俗体育文化的保护工作迫在眉睫，不能因为这项工作复杂且艰巨就松懈，因为稍稍有个漏洞，我国民俗体育文化的发展就会受到限制。在这种情况下，政府和公民都应该具有奉献精神，有权利并且有义务去发挥自己所能够发挥的一切力量来保护传承和发展民俗体育文化。面对时代的变迁，让民俗体育文化保持该民族特有的性质和时代的特征也是一种不错的做法。民俗体育文化的产生和成长都是在社会环境不断变化的背景下开展的。现代社会对于政治、经济和文化需求的日益更替，时时刻刻都在变化中，这就要求民俗体育文化跟得上时代的发展潮流，顺应其发展环境。并在此种情况下茁壮成长，不会被任何挫折和社会中的污染所影响，从而发挥出它本身所具有的强大作用来推进社会文化进步。

第三节 黑龙江冰雪民俗体育文化传承

冰雪民俗体育文化作为体育文化的重要组成部分，体现了冰雪体育与日常出行、节日和礼仪等生活风俗相互交融发展，是各民族之间重要的交流手段和沟通桥梁，在世界各国体育运动的发展中起着非常重要的作用。黑龙江省历来是冰雪运动强省，《黑龙江省冰雪体育发展规划（2016—2022）》指出，到 2022 年，每年省内有 2000 万人次参与群众性冰雪体育活动，能吸引省外 5000 万人次来黑龙江参与冰雪体育活动；2016 年，省人大常委会以立法的形式，将每年 12 月 20 日定为“黑龙江省冰雪活动日”，组织发动全省百姓广泛参与冰雪运动；2017 年年底，国家体育总局和黑龙江省政府联合开展了“赏冰乐雪”系列活动，其中包含冰雪民俗体育项目 20 余项。为深入贯彻落实习近平总书记提出的“三亿人参与冰雪运动”指示精神的需要做好冰雪民俗体育文化的发掘、保护、传承和发展工作，特提出如下对策建议。

一、健全机制，加强对冰雪民俗体育文化项目的发掘和保护

1. 建立冰雪项目发掘与保护名册制度

政府相关部门应制定冰雪民俗体育文化发掘制度，组建专家团队对省内冰雪民俗体育文化进行全面的深度发掘和整理，将发掘出的冰雪民俗体育运动项目分门别类地纳入《濒危冰雪民俗体育项目名册》《重点保护冰雪民俗体育项目名册》《推荐申请非物质文化遗产名册》《群众最喜爱冰雪民俗体育项目名册》等名册中。

2. 建立黑龙江冰雪民俗体育文化数据库

对于入选《濒危冰雪民俗体育项目名册》《重点保护冰雪民俗体育项目名册》《推荐申请非物质文化遗产名册》的冰雪民俗体育运动项目，采用文字、照片、录音、录像等现代技术立体地记录下来，避免传承中出现异化。同时搜集和收藏冰雪民俗体育文化代表性实物，拍摄和制作冰雪民俗体育器械制作过程的音像制品，建立黑龙江冰雪民俗体育文化数据库。

二、政府主导，加强对冰雪民俗体育文化传承人才的保护和培养

文化的传承以人为载体，冰雪民俗体育文化传承离不开专门化人才和大众化人才。政府应发挥主导作用，不仅要保护好冰雪民俗体育文化的传承人，而且要有计划地培养冰雪民俗体育文化的接班人。

1. 保护专门化的冰雪民俗体育文化传承人

政府可以倡导建立新兴职业——冰雪民俗文化传承人，并给予较高薪酬待遇，目的是鼓励青年人对濒危冰雪民俗体育项目的游戏规则、器械制作及使用方法等的学习与传承，吸引更多的人投入到冰雪民俗体育文化的传承中。

2. 培养大众化的冰雪民俗体育文化接班人

充分利用教育的优势资源，在大中小学校积极开展冬季冰雪教学，普及

冰雪民俗体育运动，在普及的基础上创新，使优秀的冰雪体育人才脱颖而出，加强大众化冰雪传承人的培养。将传统冰雪民俗体育项目引入体育课堂，既丰富了冬季学生体育课堂的内容，增加了体育锻炼时间，又能传承民俗体育文化，赋予冰雪民俗体育运动以强大的生命力，使其得以持续发展。

三、企业参与，加强对冰雪民俗体育文化市场的培育和开发

1. 出台政策支持冰雪民俗体育赛事开放

政府出台政策，鼓励有条件的企业承办各种冰雪民俗体育运动会，设置简单易行、娱乐性强的冰雪民俗体育项目，如滑冰、滑雪、闯下坡、皮爬犁、追鹿、抽冰尜、冰滑梯等，鼓励全民参与。公益赛事扩大了冰雪民俗运动的知名度，促进体育消费，培育体育市场，倡导健康新理念，鼓励和引导社会各行业参与体育市场开发，投资冰雪民俗体育文化产业，最终实现经济振兴和冰雪民俗体育文化发展双赢。

2. 举办冰雪民俗体育运动会

建议采取政府主办、企业承办的方式，举办乡镇、县（市）、市（地）乃至全省性的冰雪民俗体育运动会，并将列入 2018 年度“赏冰乐雪”系列活动内容，通过简单易行、娱乐性强的冰雪民俗运动项目来吸引全民参与。运动会可在“黑龙江省全民冰雪日”之前召开，个人参赛项目包括滑冰 400 米、滑雪板滑雪 400 米、狗拉爬犁 400 米、滑雪跳远、闯下坡、皮爬犁、追鹿、抽冰尜、冰滑梯等，团体参赛项目包括冰上赛龙舟、雪仗、滑冰接力 4×100、滑雪接力 4×100、雪地足球、雪地曲棍球等。冰雪民俗体育运动会能够吸引更多的群众和企业关注冰雪民俗体育运动，对传承冰雪民俗体育文化、开拓冰雪体育市场、壮大冰雪体育产业等具有积极意义。

四、拓宽渠道，加强对冰雪民俗体育文化的宣传和推广

1. 推动运动场馆开放与建设

与冰雪大世界、雪博会、冰球联赛、雪乡之旅等冰雪文化活动相比，群众更需要在各小区、生活广场建立冬季健身场所，如小型冰场应是加强冰雪民俗体育文化基础设施建设中的重点。可以要求中小学以及高校将冰雪体育运动场馆对市民进行无偿或有偿开放，还可依赖自然环境条件，在学校、公园、山林等处建成一些滑冰场、滑雪场。

2. 加大相关场馆建设的资金投入

一是政府部门要加大对冰雪民俗体育基础设施建设的资金支持，设立专项建设基金；二是鼓励企业参与冰雪民俗体育基础设施建设；三是小区居民集资建设冰雪民俗体育基础设施；四是体育彩票应加大对冰雪民俗体育基础设施建设的资金支持。

3. 做好媒体宣传推广工作

通过电视、广播、网络等信息媒介宣传冰雪民俗体育文化，对入选《重点保护冰雪民俗体育项目名册》的运动项目，可以借助微信公众账号和微博等手段进行项目介绍，实现冰雪民俗体育文化数据库的资源共享，吸引更多人传承冰雪民俗体育文化。选择传承度高的项目入选《群众最喜爱冰雪民俗体育项目名册》，可以开发冰雪民俗体育文化 App，进行专门的冬季户外运动场地预定和运动器械私人订制等服务，对项目进行大力推广。

4. 促进冰雪民俗体育文化与冰雪旅游有机融合

一是将“玩雪”打造成冰雪旅游的重要内容。冰雪民俗体育活动来源于冰雪资源与生产生活的结合，冰雪体育文化的推广也会让冰雪旅游产品更容易被大众所接受，让冰雪休闲成为人们生活的日常。二是打造以冰雪民俗体

育文化为主要内容的冰雪体育旅游拳头产品。三是在景区或雪场加入冰雪民俗体育运动项目，让游客除了去冰雪大世界看看冰灯，去雪乡看看雪以外，也能在参与冰雪民俗体育运动项目中获得更好的旅游体验。

五、打造特色冰雪体育文化的发展方式

1. 文化与科技的结合

文化与科技结合，是增强文化产业核心竞争力的重要途径。黑龙江省有多家以科技创新为主体的公司和企业，在国内外享有声誉。例如黑龙江新洋科技有限公司生产的以宣传北方独特的冰雪景观、冰雪运动和冰雪体育文化为主题的动画片《雪娃》荣获黑龙江省第十一届全国美展银奖，主人公“雪娃”被指定为哈尔滨国际冰雪节吉祥物，并被评为“首届金鹏奖我国十大卡通形象”。我们应该充分利用这一资源，利用本土企业与冰雪体育文化产业的结合，创造出更多更具科技含量的产品；另外，利用科技的力量，注重环境保护，打造“冰雪低碳文化”品牌。可以考虑在一个景区之内将极具北方特色的项目小规模展示，使游客更为清楚地了解各个景区的特色，节省游客往来时间和经费。

2. 文化与旅游的结合

在旅游方面，打“特色牌”与“文化牌”。在旅游市场开发上，打特色旅游牌，突出黑龙江省冰雪、森林、湖泊、湿地、火山等丰富的生态旅游资源，全面展示粗犷豪放的生态风光和原始纯净的生态环境。包装设计别具特色的旅游产品和线路，提高黑龙江省冬季冰雪旅游、夏季养生度假旅游、“极地”旅游、边境旅游等特色旅游产品在国内重点客源市场上的知名度和影响力。例如，在冬捕渔场旁边建立室外餐厅，将冬捕冰雪民俗文化与餐饮文化相结合，如图 9-7 所示。

图 9–7 冬季室外餐厅

3. 文化与经济的结合

如果说冰雪旅游是冰雪体育文化推广的落脚点，那么冰雪体育赛事就是拉动冰雪体育文化大幅发展的突破点。大型综合性运动会推动承办城市的基础设施建设、科技信息产业、体育产业、传媒广告、环境保护、旅游产业、教育产业等多行业发展，并拉动周边经济圈和国内经济的快速增长。大冬会召开期间，黑龙江省共接待游客约 76.5 万人次，同比增长 21.1%；旅游收入约为 6.1 亿元人民币，同比增长 21.2%。我国长期以来，在培育符合我国文化特征的、深受人们喜爱的精品赛事方面有所欠缺，特别是冰雪精品赛事的缺乏严重制约了冰雪体育竞赛表演业的发展。一方面，需要政府牵头，积极引进多项高水平冬季赛事，在资金投入、场馆及配套设施建设等方面都加大投入，对冬季项目赛事管理上放松准入制度；另一方面，需要本土企业积极参与，带动市场繁荣度，政府给予企业一定的政策优惠和奖励政策，提高其参与积极性。

4. 文化与居民的结合

文化想博大精深，必须深入于民。一方面，可以实行大范围的文化普及工作，如在各大旅游景点，采用我国大部分旅游城市实行的本市居民免费的政策，吸引冰雪体育文化潜在消费群；另一方面，合理规划文化资源，创造和开发一些更具民间气息的冰雪体育文化活动，加大在社区推广冰雪体育文化活动的范围和频率，采取丰富多样的活动形式，使本市居民更了解冰雪体育文化和习俗，提高其参与冰雪体育文化和推广文化的积极性和热情。

我国冰雪体育文化传统虽然由来已久，但是由于地域等因素的影响，我国的冰雪体育文化目前只限于北方和部分经济较发达地区，文化根基还很薄弱，在群众中的影响力还很小。黑龙江省要想打造极具特色的冰雪体育文化传统，一定要加强文化与科技、文化与旅游、文化与经济、文化与居民之间的结合。要想真正使冰雪体育文化走上规范化、可持续发展道路，一定要加强组织领导，充分利用协会和各大民间团体的作用；同时充分发挥政策的引导促进作用，建立合理、规范的市场竞争体系，通过市场选择和配置文化资源，进一步理顺冰雪体育文化发展过程中的问题和矛盾；切实鼓励本土原创冰雪特色产品的开发和创作，加大宣传和推广力度，扩大优秀本土文化产品的知名度和竞争力，打造极具北方特色的冰雪体育文化传统。

冰雪旅游已经成为黑龙江省发展速度最快、关联带动作用较强、最具发展潜力的产业，成为新的经济增长点。黑龙江省冰雪旅游一直稳步上升。要实现黑龙江省旅游的长足发展，必须坚持走可持续发展之路。旅游的可持续发展同样离不开旅游人才的培养。首先，树立正确的人才观；其次，抓好旅游人才建设工程；再次，全面提升旅游从业人员素质，完善旅游企业的用人制度；最后，改进旅游高等院校人才培养的机制。防止现有冰雪旅游人才的流失，吸引更多人才的加入。

目前，黑龙江省冰雪旅游处于稳步上升的阶段，在对旅游产品结构进行改善的同时，也要注意产品的市场营销，而市场营销最基本的方式就是做好对产品的宣传工作，提高消费者对产品的了解度。冰雪体育是风行世界的被广大群众喜欢的活动，是一项集休闲、健身、娱乐等于一体的运动项目。冰雪体育活动的开展，有助于增进国民身心健康、提高生活质量和弘扬民族传统文化。

参考文献

[1] 李磊 . 民俗体育的昨天与今天［N］. 我国体育报，2002-09-10（6）.

[2] 李新秀，陈克耀 . 对古希腊奥运会和我国春秋战国时期体育的文化比较［J］. 南京体育学院学报，2002，16（1）：9-11.

[3] 李磊 . 北京胡同游要添民俗体育［N］. 我国体育报，2002-09-10（6）.

[4] 徐永昌 . 文物与体育［M］. 北京：东方出版社，2000.

[5] 钟敬文 . 民俗学概论［M］. 上海：上海文艺出版社，2002：10-25 .

[6] 乌丙安 . 我国民俗学［M］. 沈阳：辽宁大学出版社，2003：42-49.

[7] 王娟 . 民俗学概论［M］. 北京：北京大学出版社，2002：36-3 8 .

[8] 叶涛 . 民俗学导论［M］. 济南：山东教育出版社，2002：9-30 .

[9] 田晓岫 . 我国民俗学概论［M］. 北京：华夏出版社，2003：15-23 .

[10] 苑利 . 我国民俗学教程［M］. 北京：光明日报出版社，2003：33-45 .

[11] 我国体育史学会 . 我国古代体育史［M］. 北京：北京体育学院出版社，1990：24-36 .

[12] 我国体育史学会 . 我国近代体育史［M］. 北京：北京体育学院出版社，1992：12-20 .

[13] 周传良 . 我国民族传统体育概论［M］. 北京：高等教育出版社，2003：26-35 .

[14] 姚重军 . 少数民族传统体育文化研究［M］. 北京：民族出版社，2004：18-29 .

[15] 雷军蓉 . 舞龙运动［M］. 北京：北京体育大学出版社，2004：1-15 .

[16] 我国体育科学学会 . 体育科学词典［M］. 北京：高等教育出版社，2000：19 .

[17] 罗廷华 . 论民族传统体育［M］. 贵阳：贵州民族出版社，2001：15-28 .

[18] 余万予 . 对中华民俗体育的初步研究［C］. 武汉：第六届全国体育科学大会论文集，2000：38-40 .

[19] 蔡宗信 . 民俗体育范畴与特征之探讨［J］. 台北：国民体育季刊，1995（3）：68-76 .

[20] 高丙中 . 民俗文化与民俗生活［M］. 北京：中国社会科学出版社，1994.

[21] 卢元镇 . 我国体育文化纵横谈［M］. 北京：北京体育大学出版社，2005.

[22] 胡小明 . 民族体育集锦［M］. 成都：四川民族出版社，1989.
[23] 郑传锋 . 看民俗体育的发展［J］. 陕西师范大学继续教育学报，2006（4）.
[24] 张同宽 . 海岛渔村原生态海洋民俗体育特征的研究［J］. 山东体育科技，2011（2）：86-89.
[25] 岳游松 . 关于我国体育文化研究的现状分析［D］. 武汉：华中师范大学，2004.
[26] 柯玲，邵荣 . 体育民俗学初探［J］. 体育与科学，2006（3）.
[27] 钟敬文 . 民俗学概论［M］. 上海：上海文艺出版社，1998.
[28] 张岱年 . 中国文化概论［M］. 北京：北京师范大学出版社，1994.
[29] 杨凤，周道平，蒋作文 . 区域民俗文化与体育旅游开发——以湘西自治州为例［J］. 山东体育科技，2010（1）：91-93.
[30] 乌丙安 . 中国民俗学［M］. 沈阳：辽宁大学出版社，1985.
[31] 孟庆宁 . 民俗体育的当代价值［J］. 山西高等学校社会科学学报，2006（11）.
[32] 涂传飞 . 民间体育、传统体育、民俗体育、民族体育概念再探讨［J］. 武汉体育学院学报，2009，41（11）：27-33.
[33] 涂传飞，陈志丹，严伟 . 民间体育、传统体育、民俗体育、民族体育的概念及其关系辨析［J］. 武汉体育学院学报，2007，39（8）：24-31.
[34] 饶永辉，郎勇春，李伟艳 . 新语境下的民俗体育文化发展［J］. 江西师范大学学报：哲学社会科学版，2010，35（6）：101-106.
[35] 韦光辉，李锋 . 论少数民族民俗体育的当代价值及传承策略［J］. 当代体育科技，2014（11）132-133.
[36] 冷超，王克臣 . 促进我省冰雪民俗体育文化发展的建议［N］. 黑龙江日报，2018-08-10（007）.
[37] 丘大为，黄国阳 . 民族传统体育对全民健身的影响［J］. 湖南农业大学学报：社会科学版·素质教育研究，2008（5）.
[38] 陶炬 . 民族传统体育在全民健身活动中的优势与改革思路［J］. 体育文史，1999（3）.
[39] 李花，王韶峰 . 黑龙江民俗体育发展研究［J］. 体育文化导刊，2014（10）:44-47.
[40] 李花 . 黑龙江特色民族民俗体育发展研究［J］. 当代体育科技，2016（36）:169-170.
[41] 锡伯族嘎拉哈的历史传承与影响研究 . 沈阳老付 .（http://blog.sina.com）
[42] 赵德龙，潘宏伟，崔性赫 . 黑龙江赫哲族传统体育状况与特点的研究［J］. 佳木斯大学社会科学学报，2009（2）:91-92.

[43] 朱艳雁 . 达斡尔族舞蹈的流变与传承［D］. 哈尔滨：哈尔滨师范大学，2010.

[44] 内蒙古民俗与文化 .（http://www.docin.com）

[45] 马连鹏，马爱军 . 民俗体育文化的开发与发展［J］. 陕西师范大学学报：自然科学版，2006（12）：224-226.

[46] 樊敏 . 我国民俗体育的文化资源开发研究［J］. 体育世界：学术版，2009（5）.

[47] 刘少英，龙佩林，白晋湘，等 . 民族传统体育的人文内涵与文化素质教育［J］. 体育文史，2001（7）.

[48] 林顺治 . 从体育强国视角论中国民俗体育文化的发展［J］. 山东体育学院学报，2010（3）.

[49] 自明 . 非遗保护视角下龙江民俗体育的开发研究［J］. 当代体育科技，2015（11）.

[50] 丁宝震 . 黑龙江民俗体育文化的传承与发展研究［J］. 体育世界：学术版，2016（2）.